LA PREDICACIÓN QUE AVIVA

Lecciones de Jonathan Edwards

Ernest Klassen

editorial clie

EDITORIAL CLIE
C/ Ferrocarril, 8
08232 VILADECAVALLS
(Barcelona) ESPAÑA
E-mail: clie@clie.es
http://www.clie.es

© 2016 Editorial CLIE

LA PREDICACIÓN QUE AVIVA. Lecciones de Jonathan Edwards
por Ernest Klassen
Depósito Legal: B 13703-2016
ISBN: 978-84-944527-9-6
Ministerios crsitianos
Predicación
Referencia: 224959

Impreso en USA / Printed in USA

ÍNDICE

RESEÑA BIOGRÁFICA DEL AUTOR

El Reverendo Dr. Ernest (Ernie) Klassen nació el 30 de Diciembre de 1954 en Canadá. Casado con Marilyn Goerz durante casi 39 años, es padre de dos hijos casados, Daniel (Jessica) y David (Boyda), y abuelo de Kaden (hijo de Daniel y Jessica). Es autor de la obra titulada «Características auténticas de un avivamiento» y estudioso ferviente de la vida y escritos de Jonathan Edwards, pastor, teólogo, defensor y crítico del avivamiento conocido como El Primer Gran Despertar que tuvo lugar en su época (1703-1758). Actualmente, Ernie es misionero de la Alianza Cristiana y Misionera de Canadá y profesor y decano académico en INFORMA (Instituto de Formación Ministerial de la Alianza; www.informa-online.org) en España e Inglaterra. Ha sido misionero en varios países latinoamericanos como Perú y México durante 25 años, sirviendo en áreas de pastorado, enseñanza, conferencias, plantación de iglesias y evangelismo y tras los que volvió, junto con Marilyn, a Canadá para servir como pastor en una iglesia de la Alianza. Obtuvo su Doctorado en Ministerio en el 2006 en el Seminario Teológico de Asbury (Wilmore, Kentucky, EEUU) centrado en la predicación y realizó estudios pos-doctorales en Yale Divinity School (New Haven, Connecticut, EEUU). Obtuvo una Maestría en Divinidades en el 2001 y otra Maestría en Misiología en el 1980, ambos títulos del Seminario Canadiense de Teología de Regina, Saskatchewan, en Canadá. Ama a

Dios y tiene pasión por el avivamiento, la predicación y el estudio de la figura de Jonathan Edwards.

DEDICATORIA

La obra *La predicación que aviva. Lecciones de Jonathan Edwards* está dedicada a mis colegas en la tarea de la predicación en el mundo de habla española. Que estas reflexiones de las Sagradas Escrituras y de los sermones de Jonathan Edwards nos capaciten a todos para ser más eficaces y más fieles para cumplir con el mandato que Pablo dio a Timoteo y también a nosotros:

> [4] Te encargo solemnemente, en la presencia de Dios y de Cristo Jesús, que ha de juzgar a los vivos y a los muertos, por su manifestación y por su reino: [2] Predica la palabra; insiste a tiempo y fuera de tiempo; redarguye, reprende, exhorta con mucha paciencia e instrucción. [3] Porque vendrá tiempo cuando no soportarán la sana doctrina, sino que teniendo comezón de oídos, acumularán para sí maestros conforme a sus propios deseos; [4] y apartarán sus oídos de la verdad, y se volverán a mitos. [5] Pero tú, sé sobrio en todas las cosas, sufre penalidades, haz el trabajo de un evangelista, cumple tu ministerio (II Tim. 4:1-5, BDLA).

Quisiera agradecer públicamente a la Misión Alianza Cristiana y Misionera por su apoyo en este proyecto.

Gracias, Marilyn, por 40+ años de vida juntos.

Que nuestro Dios Trino sea glorificado por la predicación fiel de Su evangelio y Su Palabra. Que le plazca utilizar estos pensamientos para estimular un avivamiento que honre al Padre, sea Cristocéntrico y donde el Espíritu Santo fluya con tal poder que conduzca a la revitalización de la iglesia y el despertar y subsiguiente salvación de muchas almas.

Recibiría con agrado sus comentarios y preguntas:
revernieklassen@gmail.com
Ernie Klassen
Septiembre, 2016

PRÓLOGOS

Kenneth P. Minkema

Una de las grandes herramientas, creo que grandemente subestimadas, que los pastores cristianos poseen para brindar renovación y avivamiento, es el pasado. Pueden contemplar a significativas figuras de la historia para aprender qué es lo que les «funcionó», en qué circunstancias, y por qué. Una figura de esta clase que hallamos en la tradición cristiana es Jonathan Edwards, el teólogo, predicador, avivador y misionero norteamericano del siglo XVIII.

Estimando la intersección entre el avivamiento, la predicación y Edwards, Ernie Klassen provee «lecciones» que los líderes religiosos pueden tomar de las experiencias y escritos de Edwards como consejero del alma y como «científico» de la conversión. Él obtuvo esas experiencias, escribió y publicó copiosas y detalladas observaciones reflexionando en su estrecha lectura de la Escritura, durante los despertares que surgieron en el oeste de Nueva Inglaterra a mediados de la década de 1730, comenzando en su iglesia de Northampton, Massachusetts, y extendiéndose a través del famoso «Gran Despertar» transatlántico de la década de 1740. Hay mucha sabiduría que extraer de sus reflexiones sobre la naturaleza de la conversión, del avivamiento, y de la espiritualidad, obtenidas de su experiencia práctica como pastor local.

El Reverendo Klassen está en una situación excelente para proveer esta introducción de Edwards y a la predicación de avivamiento, especialmente a pastores y líderes religiosos del mundo de habla hispana. Como misionero de larga trayectoria, predicador, y pastor en Sudamérica, Canadá y España, Ernie aporta su propio llamamiento y experiencia para esta tarea. También aporta una profunda valoración de Edwards dirigida a través de su lectura independiente de los escritos de Edwards y de su asistencia a series de cursos estivales sobre Edwards en los que tengo el placer de compartir enseñanza en *Yale Divinity School*.

Es mi deseo y mi oración que este libro pueda servir a las iglesias, y encontrar su camino en lugares en los que, como Edwards diría, «pueda hacer el mayor bien.»

Dr. Kenneth P. Minkema
Centro Jonathan Edwards
Universidad de Yale

Kenneth Minkema realizó sus estudios doctorales sobre la vida y tiempos de Jonathan Edwards, y es ampliamente reconocido entre los eruditos edwardsianos y «aficionados» como la voz principal de la investigación edwardsiana, escribiendo y enseñando. Kenneth actualmente enseña en *Yale Divinity School* y preside el centro de estudios de Jonathan Edwards ubicado allí. Ha sido un privilegio del autor haber podido estudiar bajo la tutela de Kenneth y haber sido guiado por él durante su investigación sabática de los sermones de Edwards antes y durante el Gran Despertar. Para más información, ver http://divinity. yale.edu/minkema.

Doug Sweeney

Para mí es un placer recomendar este libro a mis hermanos y hermanas en España y Latinoamérica. Aquellos de nosotros que vivimos en el Oeste tenemos gran necesidad de Dios. Los eruditos dicen que hemos crecido secularizados. Nuestro mundo se haya desencantado y «aplanado» por la vida moderna. Hemos perdido nuestra anterior fe en la providencial presencia de Dios en nuestros asuntos cotidianos. Como el apóstol Pablo de la Biblia, caminamos alrededor con escamas en nuestros ojos. Nuestra visión de la realidad ha sido saturada de desconcierto, ensimismamiento, y de deseo de medicarnos y entretenernos nosotros mismos para distraernos. Necesitamos nuevos ojos para ver las cosas con claridad. Necesitamos el coraje de mirar fijamente tal y cómo son las cosas. Necesitamos un avivamiento y lo que Edwards llamó regeneración.

El libro que sostienes entre tus manos está lleno del consejo del propio Edwards sobre la predicación denodada de avivamiento. Edwards creía que el propósito principal de la predicación cristiana es mover el corazón de la gente con la verdad que proviene de Dios. Él deseaba inspirar a los predicadores cristianos para que fuesen fieles a esa verdad tal y como está expuesta en las Escrituras. Esperaba y oraba que la predicación fuese usada por Dios para levantar a las personas de su moderna incredulidad, de su superficialidad espiritual, y de su existencia sin sentido. Espero y ruego que la predicación vital sea usada por Dios para levantar a mucha gente en España y Latinoamérica hoy en día. Que Dios mueva vuestros corazones y eleve vuestras mentes mientras leéis, redireccionando vuestros deseos, y llenando vuestras vidas con cosas divinas, las únicas cosas que realmente satisfacen.

Dr. Doug Sweeney
Cátedra de Historia de la Iglesia y del Departamento de Historia
del Pensamiento Cristiano
Profesor de Historia de la Iglesia y de la Historia del
Pensamiento Cristiano
Director del Centro
Jonathan Edwards Trinity Evangelical Divinity School

El Dr. Sweeney (Maestría en Filosofía y Letras, Doctorado por la *Vanderbilt University*) llegó a *Trinity* desde la Universidad de Yale, donde editó Las obras de Jonathan Edwards y sirvió como lector de Historia de la Iglesia y Teología Histórica. Sus áreas de experto incluyen la historia de la teología, la historia del cristianismo y la historia de la iglesia americana. Doug ha asesorado y dirigido a Ernie en su lectura y ha sido un amistoso «animador» a lo largo del camino de estudiar y escribir sobre Edwards. Para más información, ver: http://divinity.tiu.edu/academics/faculty/douglas-a-sweeney-phd/.

Gerald R. McDermott

Dios sabe que este mundo occidental necesita un avivamiento. No un encuentro superficial con asuntos espirituales que cambien ligeramente la moralidad o la visión de la vida. No simplemente una nueva conciencia de lo que sucede tras la muerte. Necesitamos un profundo y amplio avivamiento que reoriente de manera fundamental tanto las vidas de los individuos como la dirección de la sociedad. No existe mejor pensador cristiano en el que podamos prepararnos para predicar hacia esa clase de avivamiento que Jonathan Edwards (1703-1758). Más que ningún otro en la historia de la iglesia, Edwards fue un teólogo del avivamiento. Si deseamos entender el avivamiento y cómo buscarlo, debemos volver a Edwards. Este libro del Dr. Klassen podrá ayudar a cada lector a conseguir estas cosas.

Dr. Gerald R. McDermott
Coautor, La teología de Jonathan Edwards
(Oxford University Press)
Jordan-Trexler Profesor de Religión/Filosofía; Roanoke College

Gerald enseña en cursos sobre Teología Cristiana, Religión Americana e Historia del Cristianismo y otras religiones, como Religión en América (Protestantes, Católicos y Judíos); Nuevas Religiones en América (Mormones, Testigos de Jehová, Ciencia Cristiana, Musulmanes Negros, New Age, Cienciología, Davidianos *et al.*); Teología Cristiana de las Religiones. También enseña la Teología de Jonathan Edwards. Ver:

http://roanoke.edu/Academics/Academic_Departments/Religion_and_Philosophy/Faculty/Dr_McDermott.html

Raymond E. Ebbett

La segunda epístola de Pablo a Timoteo está generalmente considerada como el último de los escritos hallados en el Nuevo Testamento. Justo antes de su muerte, una de las exhortaciones finales del apóstol Pablo a Timoteo fue: «Que proclames el mensaje e insistas tanto si parece oportuno como si no lo parece. Argumenta, reprende y exhorta echando mano de toda tu paciencia y competencia en enseñar» (2 Timoteo 4:2). Tristemente, el ministerio de la predicación bíblica está cayendo en desgracia en la moderna cristiandad. El pensamiento postmoderno, el relativismo cultural y los valores seculares están influyendo en nuestras iglesias, pastores y líderes más de lo que nos gustaría admitir.

Las iglesias cristianas actuales harían bien en prestar atención a la apasionada exhortación del apóstol Pablo de «predicar la Palabra». Necesitamos volver a capturar la centralidad de la verdadera predicación bíblica. Este oportuno libro sobre «La predicación que aviva» del Dr. Ernie Klassen nos anima a movernos en esta dirección. Lo hace enfatizando de una manera única la relación existente entre la predicación y el avivamiento, tal y como ha ilustrado a través de la notable predicación y el ministerio avivador de Jonathan Edwards.

Tal vez uno de los más grandes dones de Edwards fue una vida que ilustró cómo una mente pensante y un corazón reavivado no se oponen el uno al otro. ¡Ambas deben ir de la mano! No es sorprendente que el apóstol Pablo escribiese a Timoteo: «Porque no es un espíritu de cobardía el que Dios nos otorgó, sino de fortaleza, amor y dominio de nosotros mismos.» (2 Timoteo 1:7). La Palabra de Dios, inspirada por el Espíritu de Dios (2 Timoteo 3:16) nos desafía a vivir y servir en el poder de Dios.

No solo necesitamos desesperadamente una predicación bíblica en nuestras iglesias, ¡necesitamos una predicación bíblica llena y ungida del Espíritu! Leyendo este libro somos retados no solo a recapturar la predicación bíblica, sino también a orar por un avivamiento y orar para esforzarnos por una predicación llena del Espíritu que produzca un avivamiento.

He tenido el privilegio de haber servido con el Reverendo Ernie Klassen aquí en España y puedo aseguraros de que él busca practicar en su propio ministerio estas lecciones de valor incalculable que podemos aprender todos de Edwards. Recomiendo altamente este libro.

Reverendo Raymond E. Ebbett, Director
Campo de España de la Alianza Cristiana y Misionera
Madrid, España

Raymond y su buena esposa Mary nos recibieron en su casa y demostraron la más cálida hospitalidad mientras buscábamos una casa y comenzaron nuestra orientación a la cultura española tras ocho años en Canadá y veinticinco años en Latinoamérica. Sus años de ministerio con la Alianza en Latinoamérica y España además de sus experimentadas capacidades de liderazgo hicieron nuestra transición mucho más agradable. El perfil de «*Linked In*» de Raymond indica que sus puntos fuertes son la teología, la predicación, el cuidado pastoral, el discipulado y las misiones.

www.linkedin.com/pub/raymond-ebbett/13/b73/798.

Javier Cortázar Balta

«La predicación que aviva. Lecciones de Jonathan Edwards» aborda la tensión entre predicar y anhelar un avivamiento, entre pensar, sentir y hacer. Me trae a la mente un pensamiento poderoso de Thomas Goodwin, que predicó del avivamiento en el siglo XVII. «Cuanto más pensaba más me enardecía» (Salmo 39:3), de modo que los pensamientos son el fuelle que aviva e inflama los afectos, y si estos se inflaman provocan que los pensamientos hiervan…» . Y por otro lado John Piper señala «…tratar cualquier tema sin hacer referencia a la gloria de Dios no es erudición sino insurrección».

Creo que aquí tenemos dos parámetros que necesitamos cultivar de modo que estén presentes siempre en nuestra predicación: pensar con profundidad acerca de la verdad de Dios y sentir la pasión del amor de Dios. Los enemigos de la predicación contemporánea se llaman pragmatismo, el énfasis en el hacer, y el subjetivismo, la tendencia a enfocarnos en nosotros mismos. Este libro nos lleva a la mente y al corazón de un maestro en este tema como es Jonathan Edwards, que fundamenta la predicación en la verdad y en el Espíritu, y nos anima a continuar manteniendo las brasas encendidas del anhelo de un genuino avivamiento espiritual en estas tierras!

Rev. Javier Cortázar Balta
Pastor ACYM Monterrico,
Presidente Confraternidad Latinoamericana de la Alianza-CLA

Emilio José Cobo Porras

Con el sugerente título de esta obra llena de Edwards y de pasión por predicar el fuego del avivamiento, «La predicación que aviva» ha supuesto, en mi lectura progresiva, un soplo de aire fresco dentro del panorama de la predicación en España. No cabe duda de que los referentes del pasado han quedado lamentablemente en el olvido de una memoria que no aprende de sus tropiezos y batacazos homiléticos pretéritos. Por ello, poder contemplar toda una vida dedicada a la predicación enfocada a despertar conciencias y a levantar muertos espirituales de sus blanqueados sepulcros, como fue la de Jonathan Edwards, se me antoja un ejercicio que más de un predicador evangélico debería realizar, y pronto.

El ejemplo paradigmático de Edwards y las doce lecciones que el Reverendo Ernie Klassen ha sabido sutil y sabiamente entresacar de la ingente obra de Jonathan Edwards, son una poderosa herramienta para releer nuestra práctica homilética, nuestra orientación teológica y nuestro enfoque cristocéntrico. Creo firmemente que es necesaria una reflexión higiénica y sincera entre aquellos que han sido llamados para proclamar el evangelio, de tal suerte que puedan aspirar a vivir y pregonar las virtudes de un Dios, cuyo Espíritu Santo desea provocar e inflamar los corazones y mentes de una España que tanto necesita de Cristo. Finalmente decir que ha sido un placer haber podido contribuir con mi humilde traducción a esta obra que espero sea de referencia para predicadores que anhelen hallar la esencia del avivamiento en sus sermones.

Emilio José Cobo Porras
Estudiante de Teología en la Facultad de Teología Protestante
Unión Evangélica Bautista de España (UEBE)
Alcobendas
Traductor de la presente obra del Inglés al Español
(Madrid)

Testigo Ocular de la Prédica de Edwards

Si entiendes por elocuencia, lo que normalmente se entiende por ello en nuestras ciudades; él no tenía pretensiones de tenerla. No estudió variaciones de voz, ni fuertes énfasis. Él verdaderamente podía haber gesticulado o incluso podía haberse movido; pero no hizo el intento, por la elocuencia de su estilo, o la belleza de sus descripciones, de gratificar el gusto, o fascinar la imaginación. Pero, si entiendes por elocuencia el poder de presentar una importante verdad ante un auditorio, con abundante peso de argumentos, y con una intensidad tal de emotividad que el orador es llevado dentro de cada parte de la concepción y de la entrega, y que la solemne atención de todo el auditorio es cautivada, de principio a fin, y que las impresiones son expresadas sin que puedan ser destruidas, el señor Edwards fue el hombre más elocuente que jamás he oído hablar.

«Sus palabras,» escribió su primer biógrafo, Hopkins, «a menudo descubrían una gran cantidad de fervor íntimo, sin mucho ruido o emoción externa, y caían con gran peso sobre las mentes de sus oyentes; y él habló para revelar las fuertes emociones de su propio corazón, las cuales tendían, en la más natural y efectiva manera, a mover y afectar a otros.» Esta clase de comunicación emocional de verdad sentida fue, de hecho, precisamente lo que los puritanos tenían en mente cuando hablaban de «poderosa» predicación.

Dr. J. I. Packer

A Quest for Godliness (Una Búsqueda por la Piedad), p. 314.

Juan Zuñiga Villeno

La predicación bíblica que provenga de una mente y un corazón inflamados por el Espíritu de Dios hará siempre un efecto enorme en los hombres y mujeres de cualquier época. España la necesita, ni la fría exposición ortodoxa, ni una desprovista de verdadero contenido bíblico podrán cambiar el corazón de la nación. No se desarrollará una iglesia vigorosa a partir de la importación de una serie de estrategias y métodos carentes de un púlpito avivado, aparentemente podrán funcionar, pero a la larga caerán en descrédito por no trascender y dejarán intacto el corazón no regenerado. Jonathan Edwards parece hablar a nuestra época en la que la predicación no sólo se ha apagado sino que ha sido sustituida por eventos en donde ni siquiera se abre la Biblia. ¿Cómo puede llegar un avivamiento sin una oración y predicación ferviente, bíblica y profunda? Se necesita urgentemente volver a la predicación viva por encima de eventos y cultos cargados de emocionalismo pero con pobre profundidad bíblica y con una pasión espuria.

Conozco el agudo trabajo de Ernie Klassen sobre Jonathan Edwards, habiendo sido mi mentor y amigo por muchos años, por lo que estoy seguro que el libro que publica no defraudará a sus lectores.

Dr. Juan Zuñiga Villeno
Rector: Instituto de Formación Ministerial de la Alianza
(INFORMA) (Madrid y Barcelona)
Pastor de la Alianza Cristiana y Misionera de «Vida y Familia»
Presidente de la Federación de Iglesias de la ACyM
de España (FIACME)
Mentor y Amigo de Varios Líderes Emergentes en España

INTRODUCCIÓN

I. Introducción al tema

«La mejor manera de avivar la iglesia
es restaurando el fuego en el pulpito» (Moody).

«Si el Señor volviese de nuevo,
él no limpiaría el templo, limpiaría el púlpito» (Anónimo).[1]

Si hombres y mujeres han de venir a Cristo en gran número, en un gran despertar, hará falta un avivamiento previo del pueblo de Dios. El avivamiento y el despertar están en el corazón de Dios y él desea que estos temas estén en el corazón de cada creyente, especialmente en el corazón de cada predicador. La predicación es uno de los muchos elementos que contribuyen o limitan el avivamiento y el despertar. En este estudio analizaremos lo que es la predicación de avivamiento eficaz. De todos los predicadores que pueden enseñarnos mucho sobre este tema, tal vez ninguno podría hablar con mayor autoridad que Jonathan Edwards.

---

[1] Esta es una cita extraída de una compilación de mensajes poderosos y profundamente emotivos del Avivamiento. Si el lector entiende el inglés, puede escucharlos en: (http://gnli.christianpost.com/video/christians-preaching-a-powerfull-message-14780).

Cuando mucha gente piensa acerca de la predicación de avivamiento y de Edwards, se queda en blanco o sus pensamientos gravitan en torno a la recolección de una porción de su más famoso sermón: «Pecadores en Manos de un Dios Airado. Aquí hallaremos esta clase de poderosa retórica:

Por eso es que, esos hombres naturales están *suspendidos en la mano de Dios sobre el abismo del infierno*; han merecido el abismo encendido, y a él han sido condenados; y Dios ha sido provocado terriblemente, su ira es tan grande contra ellos como para aquellos que ya están sufriendo los cumplimientos de la ferocidad de su ira en el infierno, y no han hecho lo más mínimo para apaciguar o abatir esa ira, ni Dios está mínimamente comprometido por ninguna promesa para que los sostenga por un momento; el diablo está esperándolos, el infierno está abierto para ellos, las llamas se reúnen y resplandecen por ellos, de buen grado caerán sobre ellos, y se los tragarán; el fuego contenido en sus propios corazones pugna por salir; y ellos no tienen interés en ningún mediador, no existen medios que puedan alcanzar en los que hallar seguridad. *Resumiendo, no tienen refugio, nada a lo que aferrarse, lo único que los preserva en cada momento es la mera voluntad arbitraria y la paciencia no pactada ni tampoco obligatoria de un Dios enfurecido.* (Stout WJE 22: 409, Sermón: «Pecadores en las manos de un Dios airado»).

> ¡Oh, pecador! Considera el peligro temible en el que estás: Existe un gran *horno de ira*, un *abismo sin fondo* abierto, lleno del *fuego de la ira*, que tú estás sujeto por la mano de este Dios, cuya ira ha sido provocada y está enfurecida contra ti y contra muchos de los condenados al infierno; *cuelgas de un fino hilo* con *las llamas de la ira divina parpadeando a su alrededor*, y preparadas *a cada momento para quemarlo* y reducirlo a cenizas; y no tienes interés en ningún mediador *ni nada a lo que aferrarte para salvarte a ti mismo, nada que te mantenga alejado de las llamas de la ira, nada tuyo, nada que puedas hace, que mueva a Dios a evitarlo por un momento* (Stout WJE 22: 412) (Sermón: «Pecadores en las manos de un Dios airado»)

Por causa de esta caricatura de la predicación edwardsiana, (realmente es una caricatura), y, en cierto modo, de la manera arcaica y enrevesada como que Edwards se expresa, y que 300 años nos separan de Edwards

(1703-1758) y del Gran Despertar (1734/35 y 1740/41/42), algunos pueden tener cierta aversión a este tema. Confío en que tú examines el tema conmigo y estoy convencido de que si te esfuerzas en los retos y perseveras, tu *mente* será favorablemente estimulada, tus *sentimientos religiosos* profundamente conmovidos y tu *voluntad* poderosamente comprometida. Confío especialmente en que si eres un predicador incipiente, o un predicador más experimentado, con un anhelo por una mayor vitalidad espiritual y efectividad en tu propia predicación, serás motivado a cultivar y desarrollar elementos de la «predicación de avivamiento» que aprenderás de Edwards. Muchas iglesias necesitan hoy un avivamiento y el mundo necesita un despertar. Que el resultado final de este viaje con Edwards a la «predicación de avivamiento» sean predicadores avivados y despiertos, iglesias avivadas y despiertas y finalmente dirigidas a un despertar de los perdidos y su salvación, en último término para la gloria de Dios.

Punto de vista

Este *no* es principalmente un libro sobre predicación. Este *no* es principalmente un libro sobre el avivamiento. Este *no* es principalmente un libro sobre Edwards. Este sí es un libro sobre la intersección de estos tres temas.

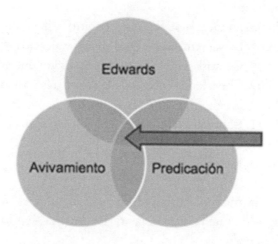

Lo que queremos decir con predicación será definido en nuestro capítulo inicial. Lo del avivamiento y despertar será también definido. Entonces consideraremos qué queremos decir con «predicación de avivamiento». Al centrarnos en Edwards, tomaremos un tiempo para presentarlo a nuestros lectores, incluyendo sus raíces en el puritanismo y en la teología reformada. Al centrar la atención en aquellos sermones predicados por Edwards durante el Gran Avivamiento, dedicaremos un tiempo identificando la naturaleza y los parámetros de esta «obra sorprendente de Dios», y consideraremos en términos generales sus perspectivas acerca de la predicación. Una vez hayamos hecho todo esto, fundamentalmente para «preparar el camino» para nuestro enfoque, ahondaremos en aquellos elementos de la predicación de avivamiento que Edwards nos enseña. En esta etapa simplemente deseamos introducir esos elementos:

- Capítulo 01. Apología de la predicación patética
- Capítulo 02. Oración, ayuno y predicación que aviva
- Capítulo 03. Predicando sobre el fuego del infierno
- Capítulo 04. El papel de la Palabra en la predicación que aviva y despertar de Edwards
- Capítulo 05. El papel del Espíritu Santo en la predicación de avivamiento
- Capítulo 06. La mezcla de Palabra y Espíritu y la predicación
- Capítulo 07. La supremacía de Dios en la predicación
- Capítulo 08. Edwards, el hombre y la predicación que aviva
- Capítulo 09. Conectando soberanía de Dios y responsabilidad humana
- Capítulo 10. La importancia de la aplicación
- Capítulo 11. El orgullo espiritual y la predicación que aviva
- Capítulo 12. Cristocentrismo
- Capítulo 13. Reflexión final

Tal vez una manera de visualizar este estudio es ver estos temas como pedazos de una tarta, con la «tarta» misma siendo *12 lecciones de Jonathan Edwards*.

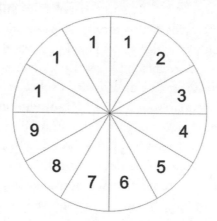

Doce aspectos de la predicación que aviva – Lecciones de Jonathan Edwards

Tras reflexionar sobre estos doce elementos de la «predicación que aviva» de Edwards, queremos reflexionar sobre la predicación actual y preguntarnos algunas cuestiones de aplicación para el predicador contemporáneo.

1. ¿Qué correlación existe entre la predicación y el avivamiento? ¿Qué clase de predicación facilitó el avivamiento en el pasado? ¿Qué podemos aprender de Edwards y del Gran Despertar que facilite el despertar en nuestros tiempos? ¿Existen algunas aplicaciones prácticas de nuestro estudio que sean pertinentes para nuestro entorno postmoderno?
2. ¿Qué implicaciones prácticas, cambios y aplicaciones tiene este estudio sobre los predicadores actuales en España, en Latinoamérica y en Norteamérica?

Metodología

Lo que intentaremos en este estudio es tratar un particular aspecto o elemento que explique la visión de Jonathan Edwards sobre la predicación de avivamiento, y entonces diseccionarlo contemplándolo desde varias perspectivas. Existe una perspectiva **bíblica**, en la cual enfatizamos significativos textos escriturales que muestran la importancia del punto en particular y qué papel jugó en el ministerio de la predicación de los personajes bíblicos. En donde sea posible y útil, incorporaremos **comentarios de Edwards** sobre estos pasajes particulares. También recurriremos a las **70 Resoluciones** de Edwards, si es posible y relevante hacerlo, para demostrar la correlación entre el hombre y su convicción sobre la predicación de avivamiento. Intentaremos proveer **citas específicas del mismo Edwards** o **citas de eruditos edwardsianos** que enuncien su comprensión de la predicación de avivamiento. También trataremos de proveer, donde sea posible, **ilustraciones relevantes de los sermones disponibles de Edwards** para demostrar el caso en cuestión.

Tal vez debamos decir algo sobre lo que hay de racional tras incorporar las resoluciones de Edwards en el punto particular sobre la predicación de avivamiento. Hay una ley fundamental que dice que «el hombre es el mensaje» o que «el intermediario es el mensaje». Creemos que en un sentido definitivo, la verdad de la palabra de Dios es el mensaje, la verdad del evangelio es el mensaje. Sin embargo, un aspecto muy importante de la predicación es que existe una profunda interrelación entre lo que has vivido y lo que estás viviendo, y el efecto de tu ministerio en la predicación. La predicación de avivamiento eficaz fluye a través del hombre que vive y crece en esa verdad. Consideremos las referencias de Pablo a «mi evangelio»:

• **Romanos 2:16:** «En el día en que Dios juzgará por Jesucristo los secretos de los hombres, conforme a *mi evangelio*», y de nuevo en
• **Romanos 16:25:** «Y al que puede confirmaros según *mi evangelio* y la predicación de Jesucristo, según la revelación del ministerio que se ha mantenido oculto desde tiempos eternos», y de nuevo en
• **2 Timoteo 2:8** donde leemos «Acuérdate de Jesucristo, del linaje de David, resucitado de los muertos conforme a *mi evangelio*.»

Vemos que en tres ocasiones Pablo se refiere al evangelio como «mi evangelio». ¿Por qué? Creemos que Pablo se identifica con el evangelio, que está profunda y personalmente afectado por el evangelio, tan plenamente identificado con la divina comisión de predicar el evangelio, que lo posee y lo identifica como «mi evangelio». Creemos que *esto* es un elemento absolutamente indispensable para la predicación de avivamiento eficaz. No podemos transmitir efectivamente lo que no hemos experimentado, y creemos que existe una definitiva correspondencia entre el grado en el que el predicador experimenta el mensaje y el grado de efectividad que posee al comunicar el mensaje.

Bounds dice esencialmente lo mismo: «Pablo lo designa «mi evangelio», no por una excentricidad personal o por una apropiación egoísta, sino porque fue puesta en su corazón y en su alma una confianza personal que se reflejaba en sus cartas paulinas, inflamadas y potenciadas por la fogosa energía de su alma ardiente» (Bounds: 7).

Aludir a las resoluciones y al testimonio personal de Edwards es un largo camino que lleva a clarificar y reforzar esta premisa fundamental, la cual creemos que fue una de las convicciones fundamentales que él abrazó, lo motivó profunda y abiertamente a ser una persona de profundidad espiritual; él sabía y creía que había sido llamado a ser un ejemplo. El mismo Edwards afirmó: «...el ministro, demostrando estas excelencias santas, enseña a su pueblo a imitar a Cristo en su acercamiento a Dios» (Westra: 16). Edwards tenía una visión de la predicación muy «encarnacional». De acuerdo a Westra, Edwards veía al ministro como «una clase de salvador subordinado» (Sermón sobre Hechos 20:28, Westra: ix), «su propósito expreso es el de preparar los corazones para la Palabra, comunicar con máxima integridad las relaciones y conexiones vitales entre las palabras dichas y escuchadas y sus definitivos significados en la mente y en la voluntad de Dios, la cual es la Palabra tanto creativa como redentora» (Westra: ix): «En la predicación el ministro fielmente intenta externalizar el mundo espiritual de la voluntad y la mente de Dios y a la vez demostrar una respuesta obediente, de gracia y personal a la infinita perfección y gloria de Dios» (Westra: x). Como Westra apunta «para él (Edwards) la línea entre su vida personal y vocacional a veces se convertía en algo virtualmente indistinguible: el oficio absorbió al hombre, el hombre al oficio» (3). Edwards tiene un fuerte punto de vista sobre el ministro como modelo y es llamado a ejemplificar las verdades enunciadas. Existe una eco fundamental entre el mensaje predicado y la vida del predicador. Este es un asunto fundamental de la integridad espiritual. La predicación de avivamiento requiere que vivamos el mensaje que deseamos comunicar. Ninguno de nosotros lo vive perfectamente, pero según la medida en que ejemplificamos el mensaje, hasta esa medida influimos.

Conclusión

Comencemos nuestro viaje planteando el contexto y estableciendo nuestros términos. Necesitamos reflexionar brevemente sobre quién es Edwards, qué fue el Gran Despertar, incluyendo sus parámetros, y entonces pasar a definir lo que queremos decir por predicación, lo que queremos decir por avivamiento y despertar, lo que es la «predicación de avivamiento» y entonces proceder a reflexionar sobre lo que podemos aprender sobre la «predicación que aviva» en Jonathan Edwards, tal como se vio en el Primer Gran Despertar.

II. Presentando la tesis de este libro

«En Iconio acudieron también a la sinagoga judía
y hablaron con tal persuasión, que fueron
muy numerosos tanto los judíos como los griegos
que se convirtieron»
(Hechos 14:1).

*«Un ardiente amor a Cristo y hacia las almas
calentó sus pechos y animó sus trabajos. Dios ha hecho
de estos sus ministros activos espíritus, una llama
de fuego a su servicio; y su palabra en sus bocas ha sido como
un fuego; y como un martillo que quiebra la roca en pedazos*
(Jer. 23:29)» (Cooper, en su prefacio a la
«Las Marcas Distintivas» de Edwards describiendo
el Gran Despertar; Goen WJE 4: 218, 219).

La predicación de avivamiento es la predicación que contribuye al avivamiento del letárgico creyente y fomenta el despertar y la subsiguiente salvación de los perdidos.

Multiplicidad de factores que contribuyen al avivamiento

Creemos que existen muchos elementos que contribuyen al avivamiento y al despertar espiritual, incluyendo elementos tales como: circunstancias históricas, oración, circunstancias providenciales poco comunes, agitaciones sociales violentas, penurias económicas, crisis políticas y de liderazgo, informaciones sobre avivamientos y despertares conetáneos en otras latitudes, informes de avivamientos y despertares históricos, personas que se sienten poderosamente movidas a buscar a Dios de maneras misteriosas, la lectura de la palabra de Dios, una adoración poderosa, el testimonio de niños, jóvenes y adultos, y muchos otros factores. Estos y otros importantes elementos dan credibilidad al hecho de que «el viento sopla donde quiere; oyes su rumor, pero no sabes ni de dónde viene ni a dónde va. Lo mismo sucede con el que nace del Espíritu» (Juan 3:8, BLP).

Misterio en la soberanía de Dios

Indudablemente hay un elemento de misterio en la obra de Dios, y este es especialmente patente cuando estudiamos, analizamos y explicamos los principios de un avivamiento. El profeta Isaías, tratando de entender los caminos de Dios, afirma: «Verdaderamente, oh Dios de Israel, nuestro Salvador, tú obras de maneras misteriosas» (Nueva Traducción Viviente). La NASB traduce este versículo así: «¡Verdaderamente, Tú eres el Dios que se esconde a sí mismo, oh Dios de Israel, Salvador!» (Isaías 45:15). El escritor de himnos captó esta verdad cuando escribió: «Dios se mueve de manera misteriosa para realizar sus maravillas» (William Cowper; 1731-1800). Las Escrituras, describiendo el éxodo bajo el liderazgo de hombres como Moisés y Aarón, establece: «Tu camino estuvo en el mar, y tu senda en las grandes aguas, Y tus pisadas no fueron conocidas» (Salmo 77:19). Isaías confirma la misteriosa naturaleza de los designios de Dios cuando establece «Mis planes no son vuestros planes, mi proyecto no es vuestro proyecto, dice el Señor. Cuanto se alza el cielo sobre la tierra, así se alzan mis proyectos sobre los vuestros, así superan mis planes a vuestros planes» (Isaías 55:8-9, BLP). Intentando comprender los designios misteriosos de Dios, el apóstol Pablo, esa gran mente del cristianismo, concluye: «¡Qué profundas la riqueza, la sabiduría y la ciencia de Dios! ¡Qué insondables sus decisiones y qué irrastreables sus caminos! Porque: ¿Quién conoce el pensamiento del Señor? ¿Quién fue jamás su consejero?» (Romanos 11:33, 34, BLP).

Mientras estos pasajes enseñan que los caminos de Dios son generalmente misteriosos, creemos que estas mismas verdades son aplicables al estudio de los avivamientos y despertares. Aunque creemos que el cuidadoso estudio de las Escrituras y de la historia de los avivamientos de la iglesia, desde una perspectiva sociológica, teológica e histórica, produce principios muy útiles, y haremos bien en perseguir la aplicación de estos principios, permanecerá un elemento de misterio en el entendimiento de los caminos de Dios, especialmente de sus caminos en el avivamiento y el despertar.

Misterio en la soberanía de Dios en el avivamiento y el despertar

Necesitamos afirmar un elemento de misterio en la comprensión de los caminos de Dios en general, y este es el que creo que es una de las grandes lecciones de la Escritura. Dios «contestó» a las reclamaciones llenas de dolor de Job, no con respuestas, sino con 66 preguntas (ver los Discursos Divinos, capítulos 38, 39, 40 y 41 de Job). Y aunque nuestros corazones puedan estar llenos de dolor y apenados por la situación de la iglesia hoy en día y en el mundo actual, no seremos capaces de discernir la solución divina de modo que nuestras mentes finitas puedan entender. Aún con la asistencia de la palabra de Dios y del Espíritu de Dios, existen aspectos del avivamiento y del despertar que desafían nuestra comprensión. Como investigadores del avivamiento y del despertar, hacemos bien, como Job, en humillarnos y en reconocer nuestras limitaciones. Hay una de las 66 cuestiones que Dios trata con Job que creo que es particularmente relevante para nuestro estudio: Job 38:37,38.

> «¿Quién sabe enumerar las nubes
> E inclina los cántaros del cielo,
> Cuando el polvo se funde en una masa
> Y se pegan los terrones entre sí?»

¡Aquí hay algo misterioso en las nubes, el viento y la lluvia! Nadie entiende completamente la dinámica de la lluvia; ¡incluso los más capaces meteorólogos se equivocan! De nuevo se nos recuerdan las palabras de Jesús: «El viento sopla donde quiere; oyes su rumor, pero no sabes ni de dónde viene ni a dónde va. Lo mismo sucede con el que nace del Espíritu» (Juan 3:8, BLP). Cuando damos a este pasaje una aplicación espiritual y consideramos el «paisaje» de la iglesia y el mundo de manera similar al lecho de un río seco cuando el polvo se endurece como un bloque y las nubes se agolpan por falta de lluvia, haremos bien en recordar que aquí hay un elemento de misterio en la descarga de los cántaros de agua de los cielos. La lluvia avivadora es lo que se necesita para brindar refresco a un paisaje árido. Pero como Job necesitaba aprender, existen elementos de misterio en la gerencia del mundo físico y espiritual, y por ello, todas nuestras deliberaciones, especulaciones y propuestas deben estar enmarcadas por esto. Dios es soberano. Dios es soberano en el avivamiento y en el despertar espiritual. Dios siempre ha sido y será soberano.

Predicación y avivamiento

Dicho esto, queremos hablar de un factor único que juega un papel catalizador significativo en el avivamiento y el despertar espiritual. Mencionamos anteriormente los numerosos elementos que ayudan a entender los orígenes de un avivamiento y de un despertar espiritual. Es un asunto complejo. Sin embargo, trataremos de tomar una porción del pastel, recordando que es solamente *una* porción de pastel, y que estudiaremos esta porción. Nos referimos al rol único que la predicación tiene como catalizador del avivamiento y del despertar espiritual.

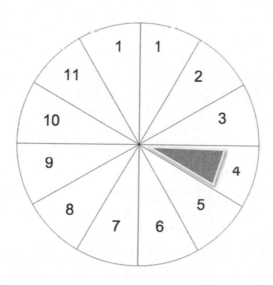

La Predicación que Aviva – Sólo un aspecto que explica los orígenes del avivamiento – Pero un aspecto muy importante

¿Hay alguna evidencia bíblica clara que relacione la predicación con el avivamiento y el despertar espiritual?
¿Cuál es la evidencia que conecta la predicación de avivamiento con el avivamiento en el Antiguo Testamento? (Tal vez las dos mejores obras que tratan los avivamientos en el Antiguo Testamento son las de Kaiser y Autrey. Nosotros recomendamos especialmente el estudio de estas tres obras. Ver Bibliografía Kaiser 1986, Kaiser 1999, Autrey).

Autrey cree que hubo un avivamiento bajo el liderazgo espiritual de Moisés (Ex. 32:1-35 y 33:1-23) que él atribuye a la predicación de la ley por Moisés. Autrey atribuye el avivamiento bajo Samuel (1 Samuel 7:1-17) a su predicación directa (7:3); el clásico caso del retorno de Israel a su Dios tras un prolongado periodo de apostasía fue debido al liderazgo espiritual y la proclamación del ministerio de Elías (1 Reyes 18:1-46); el despertar en Nínive fue debido al ministerio de predicación del reticente profeta de Dios, Jonás. La población entera de una ciudad fue perdonada por causa del arrepentimiento del rey y «los habitantes de Nínive creyeron a Dios;» (Jonás 3:5). Hubo un notable avivamiento bajo el rey Asa (2 Crónicas 15) por medio de la convincente predicación de Azarías (2 Crónicas 15:2). El avivamiento fue guiado por el rey Ezequías (2 Crónicas 29:1-35; 30:1-27; y 31:1-12) respaldado por los profetas Isaías y Miqueas. Autrey afirma que el avivamiento «sin duda fue grandemente potenciado por una gran predicación,...» (Autrey: 113). El avivamiento bajo Josías (2 Crónicas 34:1-33; 35:1-19) fue en parte debido a la profética predicación de una profetisa, Hulda (2 Crónicas 34:22-28). Autrey describe el retorno de los exiliados bajo el liderazgo y la predicación de Nehemías y Esdras como un poderoso ejemplo de avivamiento (Nehemías 8:1-18). Añadiendo al excelente estudio de Autrey, el erudito del Antiguo Testamento Kaiser ha realizado un estudio significativo de los avivamientos del

Antiguo Testamento. Estos avivamientos adicionales que él resalta incluye el avivamiento bajo el liderazgo de Zorobabel con la participación profética de Hageo y Zacarías. Un cuidadoso estudio de todos estos avivamientos y movimientos de despertar del Antiguo Testamento indican el papel estratégico de la predicación profética.

¿Cuál es la evidencia que conecta la predicación de avivamiento con el avivamiento en el Nuevo Testamento? (Tal vez la mejor obra que trata los avivamientos en el Nuevo Testamento y la predicación es también la de Kaiser).

Kaiser volvió a revisar su estudio original de los avivamientos en el Antiguo Testamento en su maravilloso libro: *Avívanos de Nuevo – Reflexiones Bíblicas Para Fomentar la Renovación Espiritual*. Kaiser organiza como episodios del avivamiento en el Nuevo Testamento lo siguiente: Avivamiento bajo Juan el Bautista (Mateo 3:1-14); avivamiento bajo el apóstol Pedro en Pentecostés (Hechos 2:1-47); avivamiento bajo Felipe en Samaria (Hechos 8:1-25); Avivamiento bajo el apóstol Pedro en Cesarea (Hechos 10) y finalmente avivamiento bajo Pablo y Silas en Europa (1 Tesalonicenses 1:2-10, Kaiser 1999: 173-228).

Podemos ver en el libro de los Hechos cómo el Espíritu Santo ungió la predicación de la palabra para promover el despertar del pecador y la revitalización del creyente, como en la predicación de Pedro en el día de Pentecostés. Algo típico de Hechos es lo que pasó en Iconio donde Pablo y Bernabé «acudieron también a la sinagoga judía y *hablaron con tal persuasión, que fueron muy numerosos tanto judíos como griegos los que se convirtieron*» (Hechos 14:1). La expansión del reino de Dios en el libro de Hechos (2:41,47; 4:4; 5:14; 11:24, 12:24, 16:5; 17:4; 17:12; 17:34; 19:20) está estrechamente ligada a la predicación eficaz (Hechos 2:14ad, 2:42; 4:1,2; 5:12; 11:19, 20, 21; 14:1; 16:4; 17:1-3; 17:10; 17:16-31; 19:8. De manera ferviente animamos al lector a no obviar estas referencias en Hechos, sino más bien a reflexionar sobre cada cita). «En efecto, la palabra de Dios es fuente de vida y de eficacia; es más cortante que espada de dos filos y penetra hasta dividir lo más íntimo que el ser humano tiene, hasta llegar a lo más profundo de su ser, poniendo al descubierto los pensamientos e intenciones más secretos» (Hebreos 4:12). La tesis fundamental bajo la que esta investigación ha sido construida es la premisa de que la predicación de la Palabra ungida por el Espíritu es frecuentemente el instrumento de Dios para producir un avivamiento y un despertar. (No todos los avivamientos comenzaron con la predicación; de hecho, algunos avivamientos no tienen un fuerte componente de predicación. Sin embargo, en muchos casos puede ser llevado a cabo por el significativo papel de la predicación, la cual forma parte del comienzo y la supervivencia de muchos grandes avivamientos; la oración es imprescindible y fundamental, pero también la predicación lo es). Queremos explorar lo que significa la predicación ungida por el Espíritu. En particular, deseamos explorar la predicación durante el periodo de tiempo en el que hubo un notable y efusivo derramamiento del Espíritu en el avivamiento y despertar, conocido por los historiadores como el Gran Despertar. Consideraremos el papel clave que Jonathan Edwards jugó como protagonista principal del Gran Despertar, y cuidadosamente consideraremos su predicación en relación con el Gran Despertar. Es su ejemplo y su llamamiento a una predicación sensible lo que exploraremos, una especie de defensa de la predicación patética (que será definida más adelante).

¿Hay alguna clara evidencia histórica que conecte la predicación con el avivamiento?

En cuanto a la historia de la predicación de avivamiento y sus predicadores, existen muchas opciones, algunas más conocidas que otras. Nuestro mirada está puesta en Edwards, pero quisiera que el lector se familiarizase con algunos de los predicadores «campeones» del avivamiento en la historia. (Algunos de estos son más expositores, que quizá no han sido promotores de avivamiento o despertar espiritual. Mucho depende de cómo se definan los términos. ¿Fue la Reforma un avivamiento? Ciertamente hubo elementos de avivamiento dentro de la Reforma. Para un completo estudio de la historia de la predicación, consultar «*El Manual Wycliffe de Predicación y Predicadores*» por Wiersbe y Perry, Moody Press, 1984). Aquí hay una lista de mis favoritos, algunos de los cuales son predicadores más expositivos, otros son evidentemente predicadores del avivamiento (designados con un *), y algunos son predicadores más teológicos, pero todos son predicadores.

PREDICADORES ANTERIORES A LA REFORMA

Tertuliano* (c.160-c.225), **Ambrosio de Milán***, (c. 340 – 4 de Abril de 397), **Juan Crisóstomo*** (347-407), **Agustín de Hipona*** (354-430), **Bernardo de Claraval** (1090 – 20 de Agosto de 1153); **San Francisco de Asís** (1181/1182 – 3 de Octubre de 1226); **Tomás de Aquino,** (28 de Enero de 1225 – 7 de Marzo de 1274); **Juan Wyclif**** (1330-1384); **Juan Huss****(1373-1415);

PREDICADORES DE LA REFORMA

Girolamo Savonarola**(1452–1498); **Ulrico Zwinglio** (1484-1531); **Hugh Latimer** (1485-1555); **William Tyndale** (1494-1536); **Juan Calvino*** (10 de Julio de 1509 – 27 de Mayo de 1564); **Martín Lutero*** (10 de Noviembre de 1483 – 18 de Febrero de 1546), **John Knox** (1513-1572); **John Jewel** (1522-1571); **Thomas Cartwright** (1535-1603); **John Gillespie**** (1580 - 12 de Agosto de 1627).

PREDICADORES PURITANOS que más influenciaron la vida de Edwards o que ministraron en el s. XVI-XVII

William Perkins (1558-1602); **Joseph Hall** (1574-1656); **William Greenhill** (1581-1677); **Thomas Goodwin** (1600-1680); **Thomas Shepard** (1605 - 1649); **Richard Baxter** (1615-1691); **John Owen** (1616-1683); **Thomas Manton** (1620-1677); **Thomas Watson** (1620-1686); **John Bunyan** (1628-1688); **Stephen Charnock** (1628-1680); **John Gill** (1697-1771); **Matthew Henry** (1662-1714); **Isaac Watts** (1674-1748); **Griffith Jones** (1683-1761);

PREDICADORES CONTEMPORÁNEOS de Edwards (SS. XVII-XVIII)

Increase Mather (21 de Junio de 1639 – 23 de Agosto de 1723); **Cotton Mather** (12 de Febrero de 1663 – 13 de Febrero de 1728); **Solomon Stoddard** (27 de Septiembre de 1643 – 11 de Febrero de 1729); **Timothy Edwards** (1668–1759); **Nikolaus Ludwig von Zinzendorf**** (26 de Mayo de 1700 – 9 de Mayo de 1760); **Theodore Frelinghuysen**** (1691-1747); **John Wesley**** (28 de Junio de 1703 – 2 de Marzo de 1791); **Charles Wesley**** (18 de Diciembre de

1707 – 29 de Marzo de 1788); **Daniel Rowland**** (también llamado Rowlands; 1713 – 16 de Octubre de 1790); **Howell Harris** (1714-1773); **George Whitefield**** (1714-1770); **David Brainerd** (20 de Abril de 1718 - 9 de Octubre de 1747); **Peter Cartwright** (1 de Septiembre de 1785 – 25 de Septiembre de 1872); **Charles Grandison Finney** (29 de Agosto de 1792 – 16 de Agosto de 1875); **Christmas Evans** (1766-1838); **Charles Simeon** (1759-1836);

PREDICADORES DE AVIVAMIENTO DEL S. XIX

William C. Burns (1815-1868); **Alexander Whyte** (1836-1921); **George Müller** (1805-1898); **John A. Broadus** (1827-1895); **A. W. Pink** (1886-1952); **D. L. Moody** (1837-1899); **Charles Haddon Spurgeon** (1834-1892); **Robert Murray McCheyne** (1813-1843); **John C. Ryle** (1816-1900), **Charles J. Vaughan** (1816-1897); **Joseph Parker** (1830-1902); **Reuben Archer Torrey** (28 de Enero de 1856 – 26 de Octubre de 1928).

PREDICADORES MODERNOS Y DE AVIVAMIENTO

Martyn Lloyd-Jones (1899-1981); **John Robert Walmsley Stott** (1921-2011); **Harry Allan Ironside** (1876-1951); **Donald Grey Barnhouse** (1895-1960); **James M. Gray** (1881-1935); **William Bell Riley** (1861-1947); **Alexander Maclaren** (1826-1910); **Wallie Amos Criswell** (1909-2002); **James Denny** (1856-1917), **George Campbell Morgan** (1863-1945); **William Graham Scroggie** (1877-1958); **William Franklin «Billy» Graham, Jr.** (nacido el 7 de Noviembre de 1918).

Rastreando la influencia de la predicación de avivamiento durante el Primer Gran Despertar

Existen muchos aspectos del Primer Gran Despertar que merecen ser estudiados cuidadosamente. También existen muchos aspectos de Jonathan Edwards que merecen un estudio continuado. Aunque su pensamiento ha sido investigado por muchos filósofos, teólogos, evangelistas e historiadores, sin mencionar a pensadores cristianos, creemos que todavía existen significativas joyas que descubrir y compartir con la comunidad de fe. Nuestro foco en este estudio es la perspectiva de la práctica de Jonathan Edwards sobre la predicación y el avivamiento. Muchos predicadores necesitan leer a Edwards. (La excelente obra de John Carrick en «*La predicación de Jonathan Edwards*», Banner of Truth Trust, 2008, provee de un excelente fundamento para construir una teología edwardsiana de la predicación de avivamiento.)

¿Qué clase de sermones fueron predicados antes, durante y tras el Gran Despertar? ¿Qué temas y qué textos fueron predicados? ¿Qué asuntos se trataron? ¿Cómo trató Edwards el tema de la predicación en general? ¿Cuál fue su filosofía de la predicación? ¿Cómo trató Edwards el tema de la predicación antes, durante y tras el Gran Despertar? ¿Qué lecciones hay para nosotros como predicadores hoy? ¿Qué podemos aprender del Gran Despertar que pueda facilitar el despertar hoy en día? ¿Qué conexión existe entre su predicación y el avivamiento? ¿Qué hizo que sus sermones fuesen tan eficaces? ¿Por qué Dios pareció complacerse en derramar el avivamiento usando estos sermones? Lo que ocurrió con Edwards como hombre trae luz a la conexión existente entre predicación y avivamiento. Aunque reconocemos la compleja naturaleza de los avivamientos y despertares, y los aspectos polifacéticos que explican su eclosión y desaparición, aunque reconocemos la misteriosa naturaleza de los movimientos de avivamiento, en los que el viento sopla de donde quiere, pero no puedes decir de dónde viene ni a dónde va, aunque asumimos que Dios es soberano y entendemos que un mayor estudio del avivamiento necesita aceptar un estudio cuidadoso del contexto histórico y de un análisis biográfico, aun así, con todas estas advertencias, creemos que existe una significativa conexión entre cierta clase de predicación y los movimientos de avivamiento y despertar.

Hay una evidencia interna significativa de que el Primer Gran Despertar fue el resultado de una buena predicación. En su prefacio a la «*Las Marcas Distintivas*» de Edwards, Cooper comenta: «*Predicaban* el evangelio de la gracia de Dios de un sitio a otro con *un celo y una denuedo poco comunes*. Las doctrinas en las que insistían, son doctrinas de la Reforma, bajo la influencia que surge del poder de la santidad tan floreciente en el último siglo. Los puntos sobre lo que *predicaban* principalmente eran tan importantes como son: los de la culpa del hombre, la corrupción, y la impotencia; la sobrenatural regeneración del Espíritu de Dios y la libre justificación por la fe en la justicia de Cristo; y las marcas del nuevo nacimiento. *El modo en el que predicaban no tenía nada que ver con las seductoras palabras de la sabiduría humana: al contrario, ellos "hablaban de una sabiduría que estaba por encima de ellos, la cual es perfecta"* (1 Co. 2:4,6). *Un ardiente amor a Cristo y hacia las almas calentó sus pechos y animó sus trabajos. Dios ha hecho de estos sus ministros activos espíritus, una llama de fuego a su servicio; y su palabra en sus bocas ha sido como un fuego; y como un martillo que quiebra la roca en pedazos* (Jer. 23:29)» (Énfasis mío, Goen WJE 4: 217, 219).

¿De dónde sacaremos nuestras ideas sobre la predicación de Edwards? Como fuentes primarias, acudimos a (1) los manuscritos de sus sermones, (2) notas de otros acerca de sus sermones, (una práctica altamente desarrollada en la América colonial), (3) su valoración del despertar en su libro «Narrativa Fiel», (4) sus cartas, (5) su diario, (6) sus escritos en general y (7) sus tres cuadernos manuscritos, «… una especie de diario literario, revelando los pensamientos de Edwards sobre el sermón y los deberes del predicador, semana tras semana» (Kimnach 1975). También nos ayudaremos de fuentes secundarias que han investigado el Gran Despertar, a Edwards y a su predicación. Algunos de los mejores recursos están localizados en la bibliografía.

Creemos que existe una estrecha conexión entre la predicación y el avivamiento. Esta obra trata sobre esta *clase* de predicación que tiende hacia el avivamiento y el despertar espiritual. Examinaremos cuidadosamente la óptica y la práctica de Edwards en la predicación de avivamiento. Observaremos variados aspectos de su predicación. Haremos ciertas alusiones históricas, y usaremos ciertos términos. Ahora que ya nos hallamos en la misma página haremos bien en establecer el contexto histórico y definir cómo usaremos ciertas claves y determinados términos. Para hacer esto hemos dedicado un capítulo preliminar a las «Definiciones», en las que nos centraremos ahora.

III. Definiendo nuestros términos

Cuando uno escribe es indispensable definir los términos para facilitar la comunicación. Existe una variedad de términos y expresiones significativas que vamos a emplear a lo largo de este libro que requieren ser definidos. Queremos aportar definiciones claras y precisas cuando hablamos sobre (1) Predicación, (2) Avivamiento, (3) Despertar, (4) la relación entre Avivamiento y Despertar, (5) Predicación que aviva, y finalmente (6) el Primer Gran Despertar.

Definiciones

1.Predicación

Lo que sigue es un número de definiciones precisas que han elaborado predicadores experimentados. Servirán para ayudarnos a llegar a nuestra propia definición.

- **John Stott** posee una concisa definición de la predicación: *«Exponer la Escritura es abrir el texto inspirado con tanta fidelidad y sensibilidad que la voz de Dios sea escuchada y que su pueblo la obedezca.»* En su obra maestra *«Entre dos mundos: El arte de predicar en el siglo veinte»*, Stott define la predicación como «construir puentes» (Stott: 137) en el que uno se esfuerza en exponer cuidadosamente el texto de las Escrituras en su contexto, con una relevante aplicación para el marco cotidiano del oyente; o en otras palabras, la predicación es construir puentes entre dos mundos, como asevera el título del libro.

• **Haddon Robinson** define la comunicación eficaz de la Palabra así: «*una predicación expositiva que comunica* un concepto bíblico, derivado y transmitido a través de un estudio histórico, gramatical y literario del pasaje en su contexto, el cual el Espíritu Santo primeramente aplica a la personalidad y experiencia del predicador, y que luego a través del predicador se aplica a los oyentes» (Robinson: Predicación Bíblica: 29).

• **Martyn Lloyd Jones** escribió un maravilloso tratado sobre la predicación titulado *«La Predicación y los Predicadores»* en el que afirma: «Cualquier definición veraz de la predicación debe decir que ese hombre está ahí para entregar el mensaje de Dios, un mensaje que parte de Dios para ese pueblo. Si prefieres el lenguaje de Pablo, él es "un embajador de Cristo." Eso es lo que es. Ha sido enviado, es una persona comisionada, y está de pie ahí como el portavoz de Dios y de Cristo para guiar a ese pueblo» (Martyn Lloyd Jones: *Los predicadores y la predicación*, 1971: 53.)

• **Martín Lutero** afirmó la presencia de Cristo en la predicación de la Palabra. De nuevo, Cristo está verdaderamente presente en la exposición. Por ello Lutero elaboró una doctrina adicional de la presencia real llamada «la real presencia de Cristo en la proclamación…» Esto significa, de acuerdo a Fred W. Meuser, «que en el sermón uno suele encontrarse con Dios» (Beach: 79).

• **Juan Calvino**: A causa de la influencia que Calvino tuvo en el puritanismo y en Edwards, necesitamos poner cuidadosa atención al concepto de predicación de Calvino. «Porque, por encima de los muchos y excelentes dones con que Dios ha adornado a la raza humana, es un singular privilegio que él se haya rebajado a consagrarse a sí mismo en las bocas y lenguas de los hombres de modo que su voz pudiese resonar en ellas» (Calvino: *Instituciones* 4.1.5). Calvino, como Lutero, reconoció la unión que existe entre la obra de Dios y la obra del hombre en la predicación bíblica. No vio razón de ser remilgado o retraído acerca de esta unión; más bien, él creyó que los creyentes debían humillarse ante ella. De hecho, ¿qué podríamos hacer si la voz de Dios tronase desde los cielos para nosotros, como en el Sinaí? ¿Quién podría resistirla? En lugar de ello, conociendo nuestra debilidad, Dios, de manera misericordiosa, habla a su pueblo a través de un medio humano. Él nos ministra sus palabras por el ministerio de la Palabra, y esto quiere decir que él ministra a través del ministerio de hombres, lo cual implica una fiel exposición y aplicación de la Santa Escritura. Calvino no niega que Dios pudiese ministrar su palabra directamente; en lugar de ello, Dios resolvió ministrar su palabra a través de la mediación de los hombres. «Dios mismo podría haber llevado a cabo su obra (por ejemplo, la obra del ministerio), si así lo hubiese determinado; pero lo ha delegado al ministerio de los hombres… lo cual es la voluntad de Dios.» Comentario sobre Efesios, 4:12 (Beach: 95).

• **Greg Heisler**: Un tratamiento más contemporáneo de la predicación da una definición neumatológica (un fuerte énfasis en el Espíritu Santo) de la predicación expositiva como «…la proclamación facultada por el Espíritu de la verdad bíblica derivada de la guía iluminadora del Espíritu Santo por medio de una exposición versículo a versículo, con vistas a aplicar el texto por medio del poder convincente del Espíritu Santo, primero en el propio corazón del predicador, y después al corazón de cualquiera que escuche, culminando en un auténtico y poderoso testimonio de la palabra viva, Jesucristo, y también culminando en obediencia, viviendo llenos del Espíritu» (Heisler: 21).

• **John Edwards** (no confundir con Jonathan Edwards). De acuerdo al erudito edwardsiano, Kimnack, que ha estudiado la predicación de Edwards más que cualquier otro, Jonathan Edwards fue profundamente influenciado por otro Edwards (John), quien escribió un tratado sobre la predicación que influyó poderosamente en Jonathan: *El predicador* por John Edwards (Londres, 1705). John Edwards afirma que «los ministros del evangelio deben ser muy amorosos y afectuosos, y han de comportarse a sí mismos con amor y mansedumbre: porque haciendo esto, se aplican a sí mismos lo más adecuado del hombre racional, que ha de ser dirigido, no obligado; que sigue la guía de la razón en vez del de la fuerza.» En términos generales, «un predicador es alguien que debe tener el don de la persuasión, y debe operarlo despertando las *pasiones* de sus oyentes.» Para poder predicar persuasivamente, Edwards insiste, el predicador debe creer y sentir intensamente lo que predica; entonces debe conectar sus sentimientos personales con el mensaje para que predique también experiencia…» (John Edwards, citado por Kimnach: WJE nº 10: 17). Creemos que esta descripción/definición de la predicación de John Edwards refleja la visión de Jonathan Edwards sobre la predicación. Como Kimnach afirma: «…así como para *El predicador*, hay demasiados ecos de sus expresiones personales en los cuadernos de Edwards como para tener dudas sobre la importancia que él les concedía» (Kimnach 1999 WJE 10: 16).

• **Conclusión:** Veremos en el transcurso de este estudio varios aspectos o elementos que servirán para clarificar nuestra comprensión del concepto de predicación que tenía Edwards. Un buen ejercicio aquí podría servir para reflexionar sobre los variados elementos de las definiciones dadas anteriormente, aislarlos, describir su importancia en la empresa de la predicación, y entonces pasar a crear una definición propia de la predicación.

2. Avivamiento

Al escribir sobre la relación existente entre predicación y avivamiento, o sobre la predicación de avivamiento, estamos asumiendo en este concepto de avivamiento que en él se dan tanto el estímulo o revitalización de los regenerados como la conversión o despertar de los degenerados. Identificaremos y definiremos nuestros términos más cuidadosamente y con brevedad, aunque basta decir aquí que en el avivamiento Dios usa la predicación bíblica para impactar *a ambos*, a *los salvos y a los perdidos*.

Avivamiento: Existen muchos y bellos textos que tratan sobre la naturaleza del avivamiento. Uno de mis favoritos es Isaías 57:15: «Pues esto dice el Alto y Excelso, el que vive por siempre, de nombre Santo: Yo habito en las alturas sagradas, pero miro por humildes y abatidos, para *reanimar* el espíritu abatido y para reanimar el corazón humillado.» La naturaleza de la palabra, tanto en hebreo, griego, inglés y en español sugiere que reanimar significa restaurar la «vida» y la «vitalidad» de alguien (o de un grupo) que ha estado languideciendo o palideciendo. Un fuego tiende a apagarse hasta que es repuesto con combustible nuevo, nueva leña. Cuando se provee de madera y de oxígeno, esas titilantes y pálidas ascuas vuelven a arder con una gran llama. Cuando Pablo anima a Timoteo a «reavivar el don que Dios te otorgó» (2 Ti. 1:6), emplea un término griego (αναζωπυρειν) que significa precisa y literalmente hacer que el fuego vuelva a la vida de nuevo (ανα + ζω + πυρειν, de nuevo + vida + arder). En un sentido estricto, cuando hablamos de avivamiento, nos referimos a los regenerados, los que han nacido verdaderamente de nuevo, aquellos cristianos que experimentan un resurgimiento, una revitalización o una renovación de su vida espiritual. El avivamiento, en el más estricto de los sentidos, es para el cristiano individual o para la iglesia que tiene vida espiritual, que es genuinamente regenerado y nacido de nuevo, pero que ha dejado que la llama de la pasión espiritual flaquee y palidezca.

Las referencias bíblicas al avivamiento son sorprendentemente limitadas. Una simple concordancia proporciona siete referencias a la palabra «avivar» (NVI):

- **Génesis 45:27** «Pero ellos le repetían una y otra vez todo lo que José les había dicho. Y cuando su padre Jacob vio los carros que José había enviado para llevarlo, se *reanimó*.»
- **Jueces 15:19** «Entonces Dios abrió la hondonada que hay en Lehí, y de allí brotó agua. Cuando Sansón la bebió, recobró sus fuerzas y se *reanimó*.»
- **1 Samuel 30:12** «Y le ofrecieron una torta de higo y dos tortas de uvas pasas, pues hacía tres días y tres noches que no había comido nada. En cuanto el egipcio comió, *recobró las fuerzas*.»

- **Salmo 80:18** «Nosotros no nos apartaremos de ti; *reavívanos*, e invocaremos tu nombre.»
- **Salmo 85:6** «¿No volverás a *darnos nueva vida*, para que tu pueblo se alegre en ti?»
- **Isaías 57:15** «Porque lo dice el excelso y sublime, el que vive para siempre, cuyo nombre es santo: Yo habito en un lugar santo y sublime, pero también con el contrito y humilde de espíritu, para *reanimar* el espíritu de los humildes y *alentar* el corazón de los quebrantados.»
- **Oseas 6:2** «Después de dos días nos *dará vida*; al tercer día nos levantará, y así viviremos en su presencia.»

Un estudio de estas palabras sugiere una restauración de la vida, lo cual es lo que avivamiento literalmente significa: re + vivere = vivir de nuevo.

Hay bastantes *episodios* significativos del avivamiento recogidos en las Escrituras en los que el lector podría investigar mejor, ya que esos episodios históricos enriquecen nuestra comprensión del avivamiento (Ezequías: 2 Cr. 29,30; Josías: 2 R. 22:23; 2 Cr. 35; Pentecostés y más allá: Hch. 2 ss).

También existen bastantes *imágenes* significativas que la Biblia emplea para expresar el concepto de avivamiento: la transformación del invierno en primavera (Cant. 2:11); la recuperación de un enfermo en su lecho para estar en un estado de salud y vitalidad (Job 11:13-20); la revitalización y fructificación de la vegetación (Os. 14:5-7); la caída de la lluvia (1 R. 8:35-36); el descenso del fuego (Hch. 2:3-4); la resurrección de un valle de huesos secos (Ez. 37), etc.

Hay varias *definiciones* de avivamiento. Lo que sigue son algunas definiciones clásicas del avivamiento. Cada una de ellas es útil a la hora de dar sentido a lo que llamamos avivamiento.

a. La palabra avivamiento significa actualmente «una restauración de uso, aceptación, actividad, o vigor tras un periodo de oscuridad o inactividad» (Diccionario Heritage Americano de la Lengua Inglesa, 4º Ed. Copyright ©2000 por Houghton Mifflin Company).

b. «*La visitación estimulante de Dios a su pueblo, tocando sus corazones y profundizando su obra de gracia en sus vidas*» (J. I. Packer).

c. «*El acto soberano de Dios, en el cual restaura su propio pueblo infiel al arrepentimiento, fe y obediencia*» (Stephen Olford).

d. «*Tiempos de refresco desde la presencia del Señor*» (Hch. 3:19; J. Edwin Orr).

e. «*El retorno de la Iglesia de sus infidelidades, y la conversión de los pecadores.*» «*Un nuevo comienzo de obediencia a Dios*» (Charles Finney).

f. «*Un extraordinario movimiento del Espíritu Santo produciendo resultados extraordinarios*» (Richard Owen Roberts).

g. «*Una comunidad saturada por Dios*» (Duncan Campbell).

h. «*La obra del Espíritu Santo restaurando al pueblo de Dios a una vida espiritual más vital, al testimonio más vital, y a la obra más vital a través de la oración y la Palabra tras el arrepentimiento en la crisis de su declive espiritual*» (Earle Cairns).

i. «Un verdadero avivamiento del Espíritu Santo es un notable incremento de la vida espiritual de un gran número del pueblo de Dios, acompañado por una formidable sensación de la presencia del pecado con un apasionado deseo de santidad y una eficacia poco común en el evangelismo, llevando a la salvación de muchos incrédulos» (Brian Edwards).

j. Edwards: Edwards clarifica su concepto de avivamiento cuando hace referencia a su oración avivadora: «…que pueda aparecer en su gloria, y favorezca a Sión, y manifieste su compasión al mundo de la humanidad, por *un abundante derramamiento de su Santo Espíritu en todas las iglesias, y en toda la tierra habitable*, para *reavivar la verdadera religión en todas las partes de la Cristiandad*, y para liberar a todas las naciones de sus calamidades y miserias espirituales tan grandes y múltiples, y *bendecirlos con los inefables beneficios del reino de nuestro glorioso Redentor, y llenar toda la tierra con su gloria…*» (Énfasis mío) (Stein WJE 5: 321). Edwards vio al ministro como una luz ardiente y brillante, cuyos efectos eran similares tanto en el reino espiritual como en el natural: «Si le place hacer de ti una luz ardiente y brillante en esta parte de su iglesia, y por la influencia de su luz y calor (o mejor por su divina influencia, con tu ministerio) haga que esta naturaleza brote y florezca como la rosa, dándole la excelencia del Carmelo y de Sarón y propiciando que brilles en medio de su pueblo con calidez y fulgor, con excitantes y confortantes rayos, haciendo que sus almas florezcan con gozo y fructifiquen, como un jardín de deliciosos frutos, bajo los rayos del sol» (Kimnach 2006 WJE 25: 99). El avivamiento es como la primavera para Edwards. ¡Qué figura tan hermosa!

Conclusión: El avivamiento es primordialmente la revitalización del cristiano lánguido y decaído. Pero el impacto sobre el salvo normalmente se traduce en un desbordamiento para despertar del perdido. Volvemos a considerar las dimensiones del término «despertar».

3. Despertar

a. Perspectiva bíblica: Necesitamos tomar un instante para diferenciar entre avivamiento y despertar. Primero, aunque la Biblia no usa el preciso término de «despertar», se asemeja al despertar de Dios, de los salvos y de los perdidos.

1. El salmista solicita al mismo Dios que se despierte. En el Salmo 44:23 leemos: «¡Despierta! ¿Por qué sigues dormido? ¡Ponte, Señor, en acción! No nos rechaces para siempre.» El Salmo 78:65 afirma: «Pero el Señor *despertó* como quien duerme, cual guerrero aturdido por el vino.» En un muy real, y no obstante metafórico y antropomórfico sentido, el Señor es quien se despierta. El contexto del Salmo 78:65 sugiere con fuerza un periodo previo de declive espiritual en el pueblo de Dios (ver 78:56-64).

2. Isaías 26:19 afirma: «Tus muertos revivirán y se alzarán sus despojos, *despertarán* clamorosos los que habitan en el polvo. Pues tu rocío es rocío de luz y el país de las sombras parirá.» Tal vez

estaba en la mente de aquellos que primeramente emplearon el término «despertar», con una clara alusión al muerto recibiendo vida. Parece que esta referencia al despertar del no regenerado puede leerse a los efesios, a los cuales Pablo exhorta en Efesios 5:14: «Por eso dice: *"Despierta* tú que estás dormido, levántate de la muerte, y te iluminará Cristo.»

3. Romanos 13:11: «Conocéis, además, el momento especial en que vivimos: que ya es hora de *despertar* del sueño, pues nuestra salvación está ahora más cerca de nosotros que cuando empezamos a creer.» Los creyentes, tal y como aparece en el contexto, son exhortados a despertarse, a levantarse.

b. Históricamente, el término «despertar» ha sido utilizado por los historiadores para describir un periodo de inusual fervor o efervescencia espiritual. La Wikipedia, a pesar de que no siempre es fiable, define un despertar religioso como «una *experiencia religiosa* (a veces conocida como experiencia *espiritual, sagrada, o mística*) como *experiencia subjetiva* en la que un individuo relata un contacto con una *realidad trascendente*, un encuentro o unión con lo *divino*.» Los historiadores se refieren al «Gran Despertar» o «el Primer, Segundo o Tercer Despertar» por el impacto general que tiene lugar primero en medio del pueblo de Dios y después en el perdido. Frecuentemente la obra comienza entre aquellos que son cristianos nominales (cristianos de nombre solamente sin una genuina experiencia de conversión) o con aquellos que, habiendo experimentado la gracia de la conversión, han crecido fríos, indiferentes o apáticos para con las cosas de Dios.

c. El término «despertar» es un término apropiado para describir la reacción espiritual de un pueblo que, por un periodo de tiempo, parece estar en estupor o somnolencia. Es significativo que a finales del siglo XVII y en la primera mitad del siglo XVIII muchos pastores y creyentes de mentalidad espiritual aseguraron que el estado de la iglesia era como una «fiesta de pijamas» o un velatorio (un ambiente de muy poco ánimo). Describiendo el periodo que precedió al gran despertar de 1734, Edwards escribe: «Tras la muerte de mi abuelo, parecía que había una extraordinaria tibieza en la religión. El libertinaje durante muchos años había prevalecido entre la juventud del pueblo. Muchos tenían la costumbre de juntarse, en reuniones de ambos sexos, para disfrutar y pasarlo bien, a lo cual llamaban retozar; y así les daba las tantas de la noche, sin pensar en las familias a las que pertenecían» (Goen WJE 4: 115). Las iglesias son descritas como «somnolientas» (Murray: 155). «Cerca de la década de 1730, el estado de los cristianos profesos en muchas partes del mundo angloparlante parecía una reminiscencia de las vírgenes sabias y las imprudentes, "todos se adormilaban y se dormían"» (Murray: 125). La respuesta del pueblo a esta sorprendente obra de Dios podría ciertamente haber descrito un despertar del letargo y la somnolencia espiritual.

4. Relacionando los términos «avivamiento» y «despertar»

Exactamente, ¿cuál es la diferencia entre un «avivamiento» y un «despertar» si es que la hay? Un moderno historiador y erudito del avivamiento, James Edwin Orr, sugirió que la distinción debería hacerse entre el avivamiento de un creyente y el despertar de un incrédulo (los creyentes todavía tienen vida espiritual, pero «re-vivir» es necesario cuando esa vida comienza a dormirse, como un árbol que posee vida pero que aparentemente duerme y está muerto en el invierno, sólo para «re-vivir» en primavera. La primavera es ciertamente una poderosa analogía del avivamiento). La distinción teológica reside en que los creyentes no necesitan regeneración, pero sí avivamiento, ya que todavía tienen vida. Son los no regenerados, aquellos sin vida espiritual, los que necesitan más que re-vivir. Ellos necesitan «vida», es decir, la infusión de vida espiritual, necesitan nacer de nuevo. Orr se refiere a la extraordinaria obra entre los creyentes de un mover espiritual como el avivamiento, y se refiere a la extraordinaria obra de Dios entre los incrédulos como el despertar (Lovelace: 48ss). Pero debemos tener cuidado y no trasladar una buena distinción elaborada por

Orr al tiempo pasado en la historia. Llegados a este punto queremos preguntar ¿qué entendía Edwards por «avivamiento» y «despertar»?

La distinción de Edwards entre la obra de Dios en el degenerado y en el regenerado

Ciertamente Edwards entendió la distinción teológica entre ser degenerado y ser regenerado, y lo hizo más claramente que la mayoría, si no todos, como la única y distintiva obra que sucede en el estímulo del regenerado así como en la conversión del no regenerado. Sin embargo, los documentos históricos que se refieren a esta obra sorprendente (el Gran Despertar) como un despertar parece abrazar a ambos grupos, y a veces no parece que haga diferencias entre ellos. Los santos somnolientos son despertados. Los incrédulos no regenerados son avivados.

Conclusión

El término «despertar» es apropiado para ser aplicado tanto a la revitalización de los santos como a la conversión de los regenerados, aunque teológicamente lo que está sucediendo en la conversión es único y distinto de lo que está sucediendo en la revitalización y estímulo de los santos.

Tradicionalmente, hemos entendido que el avivamiento entre el pueblo de Dios sirve para llevar al despertar de los perdidos, algo representado por este gráfico:

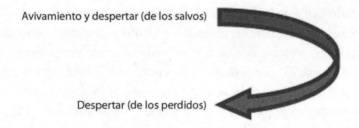

Avivamiento y despertar (de los salvos)

Despertar (de los perdidos)

Edwards emplea estos términos con un mayor grado de flexibilidad. Él habló sobre el despertar del creyente así como del despertar del no regenerado o cristiano nominal (todavía no regenerado).

De todos modos, existe una cierta relación simbiótica entre avivamiento y despertar. El avivamiento del creyente decaído y de la iglesia lánguida lleva al despertar y a la evangelización del mundo, algo bastante cierto; pero esa dinámica evangelística y misionera produce un impacto sobre la iglesia, resultando en una revitalización mayor. Tal vez un gráfico de representación más preciso de la relación entre avivamiento y despertar podría ser retratado como sigue (Ver gráfico abajo). También existe un impacto circular asombroso en esta «predicación despertadora» (predicación evangelística con un énfasis en el perdido y el regenerado) que frecuentemente resulta en el avivamiento o despertar del cristiano. El avivamiento es la causa del despertar, y a la vez el efecto del mismo.

5. ¿Qué es la predicación que aviva?

Habiendo definido lo que es la predicación, el avivamiento, el despertar y cuál es la relación existente entre avivamiento y despertar, procederemos a definir lo que queremos decir con predicación de avivamiento, que es el título de este libro y el corazón de nuestro estudio. La predicación de avivamiento es la exposición especial del texto de las Escrituras que, en su aplicación por el Espíritu Santo al corazón del predicador y a través del predicador a su audiencia intenta y, por la gracia de Dios, resulta en el avivamiento del pueblo de Dios y el despertar del perdido.

La predicación evangelística pone el énfasis principal en la conversión del perdido, del no regenerado.

Sin embargo, históricamente se ha hablado tanto de la «predicación de avivamiento» como de la «predicación de despertar» como fusionadas juntas, de tal modo que el avivamiento del cristiano individual y de la iglesia abatida lleven al despertar del perdido.

6. ¿Qué es el Primer Gran Despertar?

Antes de pasar a explorar las predicaciones de Edwards, algunos otros conceptos necesitan ser definidos. Cuando hablamos del Gran Despertar, nos referimos a un tiempo extraordinario de fervor espiritual en ambos lados del Atlántico durante la primera mitad del siglo xviii. Más específicamente, para nuestros propósitos miraremos a Northampton, Massachusetts, donde Edwards fue pastor asociado de 1727 a 1729 y después fue pastor principal hasta su despedida en 1750. Durante su ministerio en Northampton hubo dos periodos de inusitada respuesta y actividad espiritual, de febrero de 1734 a mediados de 1735 (sobre 17 meses) y después de nuevo de octubre de 1740 hasta el final de 1742 (sobre 27 meses). A estos dos periodos comúnmente se les llama el Primer Gran Despertar. A efectos prácticos nos referiremos a ellos como Primera fase y Segunda fase, aunque, aunque algunos eruditos se refieren al primer movimiento de Dios como el Pequeño Despertar seguido por el Gran Despertar.

6a. ¿Qué criterio empleamos para definir estos parámetros?
¿Cuáles son los parámetros del Gran Despertar? ¿Qué criterio emplearemos para determinar los límites del Gran Despertar, en Primera y Segunda fase? Para aquellos que desean explorar este tema, que es interesante para los historiadores pero no para todos, hemos incluido una discusión en Apéndice nº 1.

6b. ¿Cuánto de «Grande» había en el Primer Gran Despertar? ¿Por qué es llamado el Primer Gran Despertar?
Edwards mismo dio cinco características de este inusitado movimiento de Dios, que lo cualificaba como grande en su mente. 1) Impactó en toda clase y edad. 2) 300 almas salvadas (sobre un cuarto de la población de Northampton en ese tiempo). 3) La sorprendente y veloz naturaleza de la obra. 4) El estímulo profundo de las emociones.

5) La extraordinaria extensión del avivamiento, tanto regional, nacional, como internacionalmente (Haykin: 17). ¿Cuántos se convirtieron? De 25.000 a 50.000 en Nueva Inglaterra, cuya población era de 250.000, lo cual indica que se convirtió entre el 10 y el 20% de la población (Haykin: 17). Esto no toma en cuenta las amplias dimensiones del Gran Despertar, afectando a Moravia (Zinzendorf y otros), Inglaterra (los Wesley, Whitefield y otros) y a otras latitudes y predicadores. Nuestro punto de interés es Northampton. El Primer Gran Despertar es «grande» por algunas otras razones. Tuvo, tiene y continúa teniendo un importante impacto misiológico. El Primer Gran Despertar produjo, en el crisol de la experiencia, algunas de las más profundas teologías sobre la naturaleza de la espiritualidad y del avivamiento (*Los sentimientos religiosos* y *Marcas distintivas*, ambas obras de Edwards) y una filosofía sobre la naturaleza de la voluntad (*La libertad de la voluntad*). Es tan grande que tenemos muchos documentos, cartas, sermones y tratados forjados en el yunque del Gran Despertar.

6c. ¿Por qué se le llama el Primer Gran Despertar?
No hay duda de que Dios ha estado despertando a tiesos pecadores y a santos adormecidos a través de la historia. Ha habido otros movimientos en los que Dios ha despertado a un buen número de congregantes e iglesias en una amplia área. Sin embargo, muchos historiadores están de acuerdo en que este es el Primer Gran Despertar por sus únicas características que rodean este extraordinario movimiento de Dios, tal y como se ha descrito arriba. Tal vez existan algunas referencias históricas a un «despertar» en correlación con la Reforma en Europa. Quizás exista un elemento de etnocentrismo en asumir que este despertar a ambos lados del Atlántico debería categorizarse como primero, así como es probablemente un elemento de etnocentrismo asumir que Europa es el Primer Mundo. Esto es algo que analizaremos más adelante.

6d. ¿Qué significa el término despertar? ¿Por qué es llamado el Primer Gran Despertar?
Ya hemos intentado definir los términos «avivamiento» y «despertar» anteriormente. Bastará aquí añadir lo siguiente. El término «desper-

tar» es un término apropiado para describir la reacción espiritual de un pueblo que por un periodo de tiempo parecía estar en estupor o adormilado. Es significativo que en los albores del s. XVIII muchos pastores y creyentes espiritualmente concienciados asegurasen que el estado de la iglesia era el de una fiesta de pijamas. La respuesta de la gente a esta sorprendente obra de Dios podría ciertamente ser descrito como un despertar de un letargo y adormecimiento espiritual.

El uso primario que Edwards hace del «despertar» tiene que ver con el proceso de un incrédulo saliendo de un estado de adormecimiento para entrar en un estado de incrementada conciencia de su necesidad de conversión. Ser despertado no necesariamente significa «conversión», aunque quiera decir que culmina en ella, y de ahí proceder a la santificación. Sin embargo, «si el ministro se empeña en mostrar al hombre natural (inconverso) la espantosa culpa que el pecado trae y lo espantoso de la ira de Dios, para despertarlos, las personas piadosas necesitarán ser despertadas al igual que ellos. Ellos también necesitan ser convencidos del gran mal del pecado y de lo espantoso de la ira de Dios» (Stout 2003, WJE 22: 199).

Conclusión

En este capítulo nos hemos esforzado por definir los siguientes términos y conceptos significativos: (1) predicación, (2) avivamiento, (3) despertar, (4) la relación entre avivamiento y despertar, (5) la predicación que aviva, y finalmente, (6) el Primer Gran Despertar. Será útil tener esto en mente cuando procedamos a reflexionar sobre la predicación de Edwards y mientras buscamos extraer de sus escritos y sermones aquellos principios y prácticas de la predicación que conducen al avivamiento y al despertar que anhelamos en nuestros días, tratando de perseguir el título de nuestro libro: *Predicación que aviva. Lecciones de Jonathan Edwuars.*

IV. Una Introducción a Jonathan Edwards

a. Principal Información Biográfica

Año	Edad	Acontecimiento
1703	--	Nace
1709	06	Aprende latín
1716	13	Ingresa en la Universidad de Yale
1716	13	Escribe un tratado científico sobre arañas
1717	14	Estudio de Locke: «Ensayo concerniente al entendimiento humano»
1720	17	Se gradúa en la Universidad de Yale
1722	19	Primeros escritos: sus famosos votos (Apéndice nº 2)
1734	31	Comienza el Gran Avivamiento
1740	37	Escribe su «Narrativa fidedigna del sorprendente trabajo de Dios en la conversión de cientos de almas en Northampton»
1741	38	Whitefield llega a América
1741	38	«Marcas distintivas» (Predicado en Yale en la Ceremonia de Graduación)
1741	38	Predica «Pecadores en las manos de un Dios airado» en Enfield
1742	39	«Algunos pensamientos concernientes al presente avivamiento religioso»

1742	39	Crítica sobre el «orgullo espiritual»
1746	43	Sentimientos religiosos
1747	44	Brainerd muere en casa de Edwards
1749	46	Requisitos para la comunión
1750	47	Termina su pastorado en Northampton
1751	48	Asume el pastorado y la misión en Stockbridge
1754	51	Escribe en cinco meses «Libertad sobre la voluntad»
1758	54	Muere repentinamente (22 de marzo) (Ver Epitafio)

b. Principales Escritos

• «Un humilde intento para promover un acuerdo explícito y visible de la unión de Dios y su pueblo en una oración extraordinaria para el avivamiento religioso y el avance del reino de Cristo.»
• «Narrativa fidedigna del sorprendente trabajo de Dios en la conversión de cientos de almas en Northampton.»
• «Marcas distintivas.»
• «Sentimientos religiosos.»
• «Libertad de la voluntad.» (Monumento de la filosofía Americana)

c. Contribuciones más importantes

• Confrontó y desafió la pérdida de poder espiritual del movimiento renovado entre los puritanos.
• Se opuso a la invasión humanística de la Ilustración.
• Fue el principal instrumento en la iniciación del Primer Gran Despertar.
• Fue un instrumento de defensa del Avivamiento.
• Fue integrante del pensamiento racional y del fervor espiritual (Corazón y Mente).

Introducción

Jonathan Edwards es un reconocido hombre de Dios. Su vida y pensamiento me han conmovido más que los de ninguna otra persona fuera de la Biblia. Nos enfocaremos en su vida, pensamiento y trascendencia con especial atención a su contribución y reflexión teológica sobre el avivamiento.

La Vida y Época de Jonathan Edwards

Edwards debe ser entendido en el amplio contexto del puritanismo calvinista reformado. Nació en Nueva Inglaterra, 83 años después del arribo de los peregrinos puritanos y creció viendo cómo el «espíritu soñador» influía a la comunidad religiosa de su época. El fervor inicial de los puritanos había sido eclipsado por una paz relativa, la prosperidad y la ausencia de persecución (Murray: 4). El pensamiento arminiano y liberal invadía rápidamente las iglesias. El fervor evangélico menguó.

Parece que Dios había preparado providencialmente a su siervo para ser uno de los principales instrumentos en el Primer Gran Despertar. Parte de esta preparación providencial incluyó su trasfondo. Su padre fue el que más influyó en su formación, quizás porque fue el único hijo varón entre diez hermanas. Con un énfasis fuerte en su educación, Jonathan aprendió latín cuando tenía solamente siete años de edad, y ya estaba inmerso en el *«Ensayo concerniente al entendimiento humano»* de John Locke cuando tenía catorce años. Este prodigio intelectual fue expuesto a una cálida formación espiritual evangélica en su casa (Murray: 12), la cual fue la base para su futuro. Sin embargo, como estudiante de pregrado advirtió que la frustración del orgullo y la vanidad estaban profundamente arraigados en él (Murray: 33), y por esto se dio cuenta de que su necesidad de liberación personal.

Conversión

Tuvo un encuentro profundo con 1a Timoteo 1:17, lo cual produjo su conversión: «He aquí vino dentro de mi alma y fue como si se hubiera extendido el sentimiento de la gloria de un Ser Divino» (Murray: 35). Con todo esto, él no entendió que ésta experiencia fuese en virtud salvadora, aunque su ser fue infundido por un hambre tremendo por meditar sobre Cristo, en particular...

> «*...sobre la belleza y excelencia de su persona*» (Murray: 36). «*El sentimiento que tenía sobre las cosas divinas frecuentemente era como si se encendiera inesperadamente un ardor en mi alma que no sé cómo expresar*» (Murray: 36). «*Esto me llevaba a una búsqueda de Dios que culminaba en un sentimiento muy dulce y abrasador de la majestad gloriosa y la gracia de Dios. La apariencia de cada cosa era cambiada, tuve sentimientos vehementes de mi alma hacia Dios y Cristo y después más santidad dentro de mí, mi corazón parecía estar tan lleno que pronto iba a explotar. Estaba en una constante oración dondequiera que me encontraba. Los deleites que sentía con estas experiencias espirituales fueron extremadamente diferentes a aquéllas otras que yo había mencionado anteriormente y que tuve de niño*» (Murray: 37).

Esto sucedió cuando Edwards tenía 19 años de edad en el año 1722. Edwards ejemplificó profundamente lo que también enseñó: que el creyente debería buscar apasionadamente a Dios.

> «*Las Escrituras por doquier representan la búsqueda, lucha y labor del cristiano como lo principal después de su conversión y su conversión como apenas el principio de su obra. Casi todo lo que está escrito en el Nuevo Testamento sobre hombres que luchan, se cuidan y se esfuerzan corriendo la carrera que está frente a ellos, luchando y agonizando, peleando no contra carne y sangre, sino contra principados y poderes de las tinieblas, poniéndose toda la armadura de Dios, peleando firmes con la mira hacia adelante, alcanzando en oración continua a Dios día y noche; yo digo que casi todo esto, que está escrito en el Nuevo Testamento acerca de todas estas cosas, ha sido dicho y dirigido a los santos*» (Murray: 260).

Las 70 Resoluciones

Edwards trabajó para completar su maestría en la Universidad de Yale. Fue durante este tiempo en el que escribió sus 70 famosas «resoluciones» (ver el apéndice n° 2). Providencialmente, después de un corto pastorado en New York donde experimentó un ardiente hambre de Dios, terminó su maestría (1723) y fue elegido como tutor (Murray: 55). Continuó estudiando a Locke, de quien obtuvo un placer más grande que «del más miserable materialista que se encuentra con las manos llenas de oro y plata» (Murray: 64). Durante este tiempo, es invitado a ser el asistente del venerado Salomón Stoddard, pastor titular de la iglesia de Northampton, quien demostró ser un mentor muy poderoso. Stoddard experimentó cinco «cosechas» (1679, 1683, 1696, 1712, 1718).

Stoddard creía que, «algunas personas, dando por sentado el conocimiento cristiano y la vida digna, pensaban que no se les debía exigir ninguna cosa adicional para llegar a ser buenos participantes de la Santa Cena» (Murray: 89). Esta clase de personas también eran conocidos como los «medio guardadores del pacto» (Hardman: 36). Edwards eventualmente adquirió una posición respecto a la «Santa Cena de creyentes» que le causó muchos problemas, y finalmente, la pérdida de su pastorado. Edwards fue ordenado en 1726, se casó en 1727 y asumió la posición de pastor principal en 1729.

Su Relación con Su Esposa Sarah

Con respecto a su «unión no común» (Tuttle: 15) con Sarah Pierrepont, mucho se puede decir. Frecuentemente el papel de una mujer de Dios en la biografía de tan eminente figura histórica es fácilmente ignorado. Desafortunadamente, este es el caso de la vida de Jonathan y Sarah. El trasfondo de Sarah era de los más aristocráticos, y existen evidencias contundentes para pensar que ella era la fortaleza de la casa, puesto que él se dedicaba 13 horas diarias a la preparación teológica y los sermones. Sarah fue profundamente afectada por el

Gran Avivamiento, y los estudiosos creen que Jonathan usó su ejemplo como un caso de estudio para demostrar las virtudes de un avivamiento auténtico. En toda la literatura que he leído con respecto a experiencias religiosas, muy poco se cuenta de la descripción del caminar espiritual de Sarah con Dios. Esto por sí sólo es un tributo explícito y significativo de la integridad espiritual de Jonathan. Las últimas palabras escritas que tenemos de Jonathan Edwards son un tributo dirigido hacia su esposa, las cuales tocan el corazón. «Dele mi cariñoso amor a mi querida esposa y dígale que la unión no común que ha sido muy larga entre nosotros es de tal naturaleza, que yo creo que es espiritual y que por esto continuará por siempre» (Tuttle: 17).

Crisis Personal de Edwards

Mientras pastoreaba su segunda iglesia, Edwards entró en un profundo «valle de humillación» donde vino a darse cuenta, de una manera profunda, de su depravación personal interior. Él usa la palabra «aborrecer» para describir su propia autoestima. «Cada pensamiento de cualquier gozo que aparece dentro de mí, sobre cualquier consideración de mi propia falta de amabilidad, actuación o experiencia, o cualquier bondad de mi vida y corazón es nauseabunda y detestable para mí. Y aun así todavía soy afligido en gran manera por un orgullo y un espíritu de sobreestima, mucho más sensible de lo que era antes» (Murray: 104). Parece que ésta fue la hora más oscura, previa al amanecer del Gran Avivamiento, en la que Dios quebrantó «el espíritu soñador».

Edwards y otros se quejaron de la pasividad espiritual en sus congregaciones y comunidades (Murray: 125). Había un grado considerable de contiendas y riñas entre los santos. «La contienda es directamente contraria a la suma de todo lo esencial que distingue al cristianismo verdadero y al espíritu de paz y amor. Por lo tanto nos damos cuenta de que el cristianismo no puede florecer en un ambiente de lucha y contienda entre los creyentes. No puede ser que religión y contienda vayan unidas» (Murray: 372).

El Primer Gran Despertar

La predicación muerta estaba produciendo creyentes muertos. Mucha luz, pero poco calor. En este contexto, Dios envió El Gran Despertar con una «cosecha» en 1736 (*Narrativa de Sorprendentes Conversiones*) y luego en 1740 y 1741. Whitefield demostró ser un evangelista clave al iniciar numerosos «despertares» entre los inconversos, y muchos creyentes también fueron avivados en su fe. Fue en este contexto en el que Edwards volvió a predicar su famoso sermón titulado «Pecadores en las Manos de un Dios Airado» (Murray: 168). La propia esposa de Jonathan fue poderosamente reavivada y afirmada en su caminar espiritual y logró adquirir una certeza sobrenatural de su intimidad con Dios (Murray: 195, 196). Sin embargo surgió mucho escepticismo acerca del avivamiento en sí. A manera de defensa, Edwards escribió «Las Marcas que Distinguen la Obra del Espíritu Santo de Dios» (1741) dirigida a los graduados de la Universidad de Yale. Más tarde vinieron «Algunos Pensamientos Concernientes al Presente Avivamiento Religioso en Nueva Inglaterra» en 1742, y luego un tercer análisis crítico del avivamiento, en lo que muchos consideran su obra culminante, «Sentimientos religiosos». Nadie realizó un análisis de reflexión teológica sobre el tema de la psicología de la religión como el que Edwards realizó. Meditaremos acerca de algunos de sus pensamientos sobre avivamiento en el siguiente fragmento de este escrito. Esencialmente, Edwards, un genio filosófico de primer orden, altamente instruido y bien preparado en teología racional y filosofía, convocó una defensa de la religión experimental, con una postura que unificaba mente y corazón. Las dos deben ir unidas.

Durante el desarrollo de su teología de la conversión, Edwards llegó a la convicción de que solamente los creyentes regenerados genuinamente participarían de la Santa Cena. El anterior patriarca de la iglesia, Stoddard, había enseñado lo contrario y esto molestó a algunos nominalistas indiferentes. Esto resultó ser el «pararrayos» de la tormenta que quebrantó su iglesia, y le costó gran sufrimiento y dolor. En su mensaje de despedida, Edwards hizo referencia a lo siguiente: «Que sea la reciente contienda acerca de los términos de la Santa Cena la más grande, pero que también sea la última» (Tuttle: 4).

Edwards aceptó el llamamiento para ser misionero en Stockbridge ministrando a la comunidad de los indios. Y fue en estos años de declinación de su ministerio en los que Edwards produjo algunos de sus grandes escritos teológicos, incluyendo la «*Libertad de la Voluntad*» Estuvo también en el proceso de escribir una obra extensa de teología combinada con un análisis histórico profundo titulado «La Historia de la Redención».

Desdichadamente, su vida fue muy corta; Edwards murió a causa de una vacuna contra la viruela que le produjo complicaciones.

El Pensamiento de Edwards

Es muy difícil sobreestimar la profundidad y la amplitud del pensamiento de Edwards. Su epitafio dice: «Por la agudeza de su intelecto, su juicio sagaz y su prudencia no habría otro entre ninguno de los mortales. Por su conocimiento brillante de la ciencia y el arte liberal, por la crítica eminentemente sagrada ha sido un distinguido teólogo sin igual». Sus escritos deben ser leídos despacio, meticulosamente y en oración para entender su profundidad.

En filosofía, ha sido juzgado como «el más profundo pensador y el mayor doctor, en mi opinión, que América ha producido» (Davies). Una opinión ofrecida más recientemente por uno de los gigantes intelectuales, Warfield, dice «Jonathan Edwards, santo y metafísico, avivador y teólogo, se mantiene como una de nuestras figuras reales más grandes de la vida intelectual de la América Colonial» (Warfield) (Murray: xvii).

Creo personalmente que nadie ha escrito un pensamiento tan incisivo sobre la psicología de la religión desde la perspectiva bíblica y evangélica como lo hizo Edwards. Tuvo un descomunal intelecto, así como un gran corazón. Sería muy difícil precisar si el fervor y la pasión espiritual de Edwards, junto con su prudencia y sabiduría, fueron superados por su teología lúcida y su intuición filosófica. Edwards combinó su cabeza con su corazón (Tuttle: 35). Para poder apreciar su fértil y prolífero cerebro, si conoce el idioma inglés, puede consultar «Las obras de Jonathan Edwards,» dos volúmenes «pesados» (sin la intención de hacer un juego de palabras) de un total de 1658 páginas de letra muy pequeña. Por otro lado, para poder apreciar su productividad, uno puede explorar todas las obras de Edwards en una página web dedicada a la tarea de preservar y difundir el pensamiento de Edwards:

> http://edwards.yale.edu/research<

Sus reflexiones sobre el criterio para discernir entre lo verdadero y lo falso son dignas de una atención especial. Su mensaje sobre «Las marcas que distinguen la obra del Espíritu de Dios» nos da un buen ejemplo de su sabiduría, prudencia, apertura y discernimiento del Espíritu, criterios para discernir si una manifestación o avivamiento es de Dios o no. Él habló de las «no señales» o del «falso criterio» para determinar si una obra era de Dios o no. Edwards criticó a aquellos que inmediatamente aprobaron o rechazaron un movimiento supuestamente basado en Dios, que en su opinión, estaba fuera del criterio bíblico. Afirmó que las «no señales» simplemente no proporcionaban un paradigma adecuado para rechazarlo o aceptarlo. Por lo tanto, designó como «no señales» aquellas que consistiesen en extraordinarias obras, manifestaciones físicas, exaltaciones, imaginaciones vívidas, testimonios contagiosos y extremos, ilusiones, apostasía y predicación ferviente. Todos estos «fenómenos» no son indicadores conclusivos, de una manera u otra, de la naturaleza de la obra. Entonces Edwards procedió a delinear lo que consideraba que eran las «sí señales», criterio válido para acertar si una obra particular era de Dios o no. El afirmó que cuando uno busca la exaltación de Jesús y la frustración del reino de las tinieblas, un inmenso amor por las Escrituras, el Espíritu de Verdad y una efusión de amor, entonces uno puede hablar de una auténtica obra de Dios, con o sin el acompañamiento de las «no señales.» El genio de Edwards radica en su habilidad para discernir y guiar ministros en este proceso de discernimiento, una ciencia y arte que se necesitaba desesperadamente en el ministerio, especialmente durante los tiempos de avivamiento y renovación de la iglesia.

Influencia de Edwards

Edwards ha tenido una influencia incalculable sobre el evangelismo inglés. Un erudito llamado Erskine puso los escritos de Edwards al alcance de los bautistas ingleses y los escritos de Edwards moldearon el pensamiento de los hombres que se reunieron a orar desde 1784 «para el Avivamiento General y esparcimiento de la religión.» Fueron estos bautistas ingleses quienes reeditaron el libro «Un intento humilde de Edwards para promover la oración extraordinaria» en 1789, y enviaron a William Carey a la India en 1793. Al menos un volumen de Edwards se fue con Carey en este histórico viaje» (Murray: 457).

El famoso misionero de los nativos norteamericanos, David Brainerd, estuvo durante sus últimos días en la casa de Edwards y le confió sus cartas y su diario, diciéndole que los distribuyese como mejor pensase que sirviese para el más alto interés de la religión para la Gloria de Dios (Murray: 307). Edwards los publicó en «*Un relato de la vida del Reverendo Señor David Brainerd.*» Según Murray, si el libro de Edwards «Intento Humilde» (Humble Attempt) promovía la intercesión, pocos libros han hecho tanto para promover la oración y la acción como el libro «La vida de Brainerd» (Murray: 307). En el impacto del libro sobre A.J. Gordon, leemos «Cuando cerramos el libro no estamos alabando a Brainerd sino que nos condenamos y procuramos que por la Gracia de Dios seguiremos de cerca a Cristo en el futuro» (Murray: 309). En círculos misioneros el ejemplo de Brainerd ha sido incalculable, por lo que estamos en deuda con Edwards por este legado.

Edwards ha dejado sus huellas en el pensamiento de los calvinistas reformados americanos, y continúa ejerciendo una influencia considerable sobre muchos líderes y teólogos evangélicos. Pensar en estudiar la teología americana sin entender a Edwards sería un grave error. Su contribución filosófica y teológica para el entendimiento de la voluntad humana continúa haciéndose notar en este siglo veintiuno. Esto viene a ser evidente cuando uno investiga los dos volúmenes de sus obras, publicadas por Banner of Truth (Estandarte de la Verdad).

El Primer Gran Despertar ha recibido, en muchos sentidos, una profunda influencia del entendimiento evangélico del avivamiento. Mientras el Señor continúe el avivamiento de su iglesia, Edwards habrá hecho una contribución significativa, especialmente en el área de la fenomenología religiosa y la psicología de la religión.

El pensamiento de Edwards sobre muchos temas es todavía profundamente relevante. Esto se confirma por el hecho de que su clásico «Las Marcas Distintivas» ha sido reeditado en inglés moderno por Crossway Books en el año 2000, y además existe un resurgir del interés en Edwards evidenciado por las publicaciones que tratan su pensamiento. Existe una gran cantidad de protagonistas y críticos de los movimientos y avivamientos contemporáneos que apelan a Edwards. Es crucial que Edwards sea estudiado a la luz de su contexto histórico, ya que de otra manera su pensamiento puede ser desviado sustancialmente por una tendencia personal. Además una cuidadosa reflexión histórica y bien documentada sobre estos principios bíblicos que Edwards expuso llevaría a cabo una buena e incalculable labor en nuestras comunidades evangélicas contemporáneas. Estoy convencido de que Edwards debería ser descubierto y redescubierto en América Latina y en España, donde las aberraciones sobre el avivamiento abundan creando un escepticismo sobre la obra inusual del Espíritu Santo entre ciertos evangélicos.

Resumen

¿Quién era Jonathan Edwards?

Pastor: Edwards pastoreaba una iglesia de corte calvinista en un pueblo que se llama Northampton, en el estado de Massachusetts, unos kilómetros al oeste de Boston, en la parte este de los Estados Unidos. La iglesia era congregacionalista. Fue pastor desde 1727 (a la edad de 24 años) hasta su despedida en 1750 (a la edad de 47). Durante su ministerio, fue testigo y protagonista de un gran movimiento conocido por los historiadores como El Primer Gran Despertar. Tuvo una esposa, Sarah, y 11 hijas.

Evangelista: Los ministros de la época no solamente ministraban en su iglesia local, sino que visitaban a las iglesias del distrito para predicar. Se nota en las predicaciones de Edwards que tienen una fuerte carga evangelística. El sermón más famoso de Edwards lleva como título «Pecadores en las manos de un Dios airado».

Misionero: Edwards, después de servir 23 años como pastor, a la edad de 47 años, aceptó el llamamiento para ser misionero en Stockbridge, ministrando a la comunidad de los indios. Era un hombre con una erudición y capacidad intelectual asombrosa que ministraba a personas humildes, la gran mayoría sin formación académica.

Filósofo: Edwards era un niño prodigio. A la edad de 6 años estudió latín. Fue discípulo de John Locke, a los 14 años. Algunos de los biógrafos de Edwards (como Perry de Harvard) sugirieron que Edwards era la mente más brillante que los Estados Unidos jamás había producido. Sus escritos filosóficos, especialmente sobre la naturaleza de la voluntad humana, son excelentes y siguen teniendo vigencia hasta el día de hoy.

Teólogo: Edwards es uno de los más brillantes teólogos que el mundo ha visto. Tiene la habilidad de integrar la filosofía, la psicología, y la historia para enriquecer nuestra comprensión de las Escrituras. Pero ante todo, es un hombre de la Palabra, profundamente versado en la Biblia y familiarizado con los escritos de los teólogos de la historia.

Escritor: La producción literaria de Edwards es realmente asombrosa. Cualquiera que invierte tiempo leyendo los escritos de Edwards se da cuenta de la agilidad mental que Dios le ha dado. Sus obras más importantes son «La Libertad de la Voluntad», y «Sentimientos religiosos». Dedicaba 13 horas cada día al estudio, para elaborar sus escritos y sermones.

Académico y Educador: Edwards fue el tercer presidente del College of New Jersey, (Seminario de Nueva Jersey) ahora Princeton, una de las universidades de más renombre en su época y, de hecho, una de las universidades más importantes en el desarrollo del pensamiento en los Estados Unidos.

Puritano: Difícil es entender a Edwards sin apreciar la doctrina de la Reforma, especialmente el calvinismo, y el puritanismo. El puritanismo fue «inicialmente, un movimiento dentro de la Iglesia Anglicana durante el reinado de Isabel I, cuyo propósito general era llevar a cabo una completa reforma calvinista en Inglaterra. El puritanismo se convirtió más tarde en un modo de vida, una interpretación del peregrinar cristiano con énfasis en la regeneración personal y la santificación, la oración en el hogar y una estricta moral» (Nelson: 880) (Diccionario de Historia de la Iglesia, Editorial Caribe).

Hombre de Dios: En los escritos de Edwards se manifiesta una calidad espiritual muy especial. Se percibe pasión por la gloria de Dios, y una comunión íntima con la Persona del Padre, del Hijo y del Espíritu Santo. Su vida de oración, su familiaridad con las Escrituras, su compromiso con la obra del Señor, su relación amorosa con su esposa, todo muestra un hombre de una profunda intimidad con Dios.

Apólogo y Crítico del Avivamiento: Edwards fue protagonista y testigo del Primer Gran Despertar. El avivamiento fue duramente criticado. Edwards dedicó su mente brillante y su corazón apasionado por las cosas de Dios a una evaluación bíblica del avivamiento. Aplicó su conocimiento de la Biblia, la historia, la sicología bíblica y los hechos del avivamiento para defender y justificar la legitimidad del Primer Gran Despertar. Luego, Edwards mismo criticó algunos excesos del avivamiento. Su perspectiva, su hermenéutica, su argumentación y su raciocinio son muy instructivos para la iglesia latina y española en la actualidad. Su espiritualidad, su experiencia pastoral y sus herramientas intelectuales lo cualifican de una manera especial para escribir sobre el avivamiento.

Legado: La influencia de Edwards se puede medir de varias formas. Consideremos el legado de su familia. «Jonathan Edwards... creía en una formación cristiana y se casó con una mujer de igual mentalidad. De esta unión se investigó que de 729 descendientes, trescientos de ellos llegaron a ser predicadores del evangelio. Hubo sesenta y cinco profesores universitarios, trece presidentes de universidades, sesenta autores de libros reconocidos, tres congresistas norteamericanos y un vicepresidente de los Estados Unidos. Es imposible desestimar la contribución que esta familia hizo al estado de Nueva York y al país. La familia Edwards es un ejemplo brillante del principio bíblico: "Instruye al niño en su camino, y aun cuando fuere viejo no se apartará de él" (Proverbios 22:6. LaHaye: 19, 20, *La Familia Sujeta al Espíritu).*

Mentor: Finalmente, Edwards es mi mentor personal. Al leer su libro «Sentimientos religiosos» me di cuenta de la importancia de una sana psicología bíblica. La biografía que hizo de su esposa es una de las piezas de más profunda espiritualidad que conozco. Sus escritos sobre el avivamiento son muy equilibrados y muy abiertos a lo sobrenatural. Su capacidad de integrar las varias disciplinas académicas al campo del avivamiento es muy enriquecedora.

Epitafio de Jonathan Edwards
Ubicado en Princeton, New Jersey
1703-1758

Conclusión: ¿Quién fue Jonathan Edwards? Tal vez lo que mejor lo define se encuentra en su epitafio: «¿Quiere saber, oh viajero, que clase de hombre fue el que está sepultado aquí? Un verdadero hombre de cuerpo alto y muy agraciado. Por la agudeza de su intelecto, su juicio sagaz y su prudencia no habría otro entre ninguno de los mortales. Por su conocimiento brillante de la ciencia y el arte liberal, por la crítica eminentemente sagrada ha sido un distinguido teólogo sin igual. Un inconquistable defensor de la fe cristiana, predicador serio, solemne y juicioso y, por la gracia de Dios, muy feliz y exitoso en los asuntos de su vida. Ilustre y piadoso, tranquilo en su manera de ser, pero hacia los demás, amistoso y benigno. Mientras vivió, fue muy amado y venerado y desgraciadamente tenemos que lamentar su muerte. El seminario y la iglesia lamentan pero el cielo se regocija de haberle recibido. Por lo tanto siga, oh viajero, sus piadosas pisadas» (Gestner 1991: 19, 20).

Fuente Bibliográfica

Edwards, Jonathan. *Jonathan Edwards on Revival*. The Banner of Truth Trust: 1965.

Edwards, Jonathan. *Religious Affections*. Barbour: 1999.

Gerstner, John. *A Theology of Jonathan Edwards*. (Video). Ligonier Ministries.

Gerstner, John. *The Rational Biblical Theology of Jonathan Edwards*, Vol. 1

Orlando Ligonier Ministries.

Hardman, Keith J. *Seasons of Refreshing*. Baker Books: 1994.

Hickman, Edward. *The Works and Jonathan Edwards*, Volumes I & II. The Banner of Truth Trust: 1974.

Murray, Iain H. *Jonathan Edwards, a New Biography*. Banner of Truth Trust: 1987.

Parrish, Archie. *The Spirit of Revival Discovering the Wisdom of Jonathan Edwards*. Crossway Books: 2000.

Tuttle, Mark H. Ed. Christian History Magazine, Vol. IV, n° 4 *Jonathan Edwards and the Great Awakening*. Christian History Institute: 1985.

V. La perspectiva de Edwards sobre la Predicación

Antes de analizar las actuales lecciones que podemos aprender de la predicación de Edwards durante el Gran Despertar, haríamos bien en reflexionar brevemente sobre la perspectiva de Edwards sobre la predicación en general.

Tal como vimos en nuestra introducción, Edwards era reformado y puritano en su teología. Siguió la tradición de Pablo, Agustín (354-430), y Calvino (1509-1564).

Cuando nos enfocamos en la reforma puritana de la que Edwards disfrutó, hemos de enfocarnos en nombres como **William Perkins** (1558-1602); **Joseph Hall** (1574-1656); **William Greenhill** (1581-1677); **Thomas Goodwin** (1600-1680); **Thomas Shepard** (1605-1649); **Richard Baxter** (1615-1691); **John Owen** (1616-1683); **Thomas Manton** (1620-1677); **Thomas Watson** (1620-1686); **John Bunyan** (1628-1688); **Stephen Charnock** (1628-1680); **John Gill** (1697-1771); **Matthew Henry** (1662-1714) **Isaac Watts** (1674-1748); and **Griffith Jones** (1683-1761). Todos estos hombres influyeron, en un grado u otro, en la perspectiva que Edwards tenía sobre la predicación.

Hemos de recordar que el padre de Edwards, Timothy, era predicador y maestro, y que Edwards indudablemente había recibido una influencia mayor de él que la de cualquier otro. Minkema observa la influencia de su padre en Edwards: «Como un vástago de una poderosa y extendida familia dentro de la élite ministerial de Nueva Inglaterra, a Edwards se le inculcó una ferviente piedad conversionista y una afición por llevar noticias particulares de cualquier señal de despertar entre individuos y grupos. Su padre, el reverendo Timothy Edwards, en aquel momento virtualmente desconocido, fue a la vez uno de los más exitosos evangelistas itinerantes en Connecticut, habiendo supervisado hasta cinco episodios de avivamiento en su iglesia de East Windsor» (Minkema citado en McClymond: 151).

Finalmente, el abuelo materno de Edwards, **Solomon Stoddard** (27 de septiembre de 1643 - 11 de febrero de 1729), que fue considerado «El Papa» del Valle de Connecticut, fue el pastor principal de la Iglesia Congregacional de Northampton y fue fundamental a la hora de considerar cinco «cosechas» reseñables (notables) durante sus 60 años pastoreando en Northampton (1679, 1683, 1696, 1712 y 1718). Mientras Stoddard fue el pastor principal de la iglesia a la que Edwards pertenecía, Edwards recibió de él un legado espiritual considerable. Stoddard escribió un significativo libro para predicadores titulado *«Defectos de los predicadores reprobados»*, (Ver Apéndice nº 3) el cual fue parte de su formación espiritual en Yale. La herencia de su padre y del padre de su madre «ciertamente contribuyó más al carácter de los sermones de Edwards que cualquier texto retórico o de homilética que hubiese podido estudiar en Yale College» (Kimnach Trumpet: 32). Todas estas fuentes alimentaron la perspectiva de Edwards sobre la predicación. ¿Qué podemos decir de manera sumaria sobre las perspectivas que estos mentores espirituales poseían sobre la predicación?

«Edwards también ve en sí mismo de modo vocacional, por encima de otras cosas, a un pastor, una trompeta, un padre espiritual, la boca o la voz de Dios, al embajador de Dios, al guardián de los oráculos de Dios, un oficial en el reino de Dios, la boca del pueblo de Dios, al esposo representante de la iglesia, el médico de la iglesia, el vigilante de Dios y una ardiente y brillante luz» (Westra: 11).

El apóstol Pablo consideraba la predicación de la Palabra como de primera importancia. Consideremos su exhortación a Timoteo:

«En presencia de Dios y de Cristo Jesús que ha de juzgar a vivos y muertos cuando se manifieste como rey, te suplico encarecidamente que *proclames el mensaje* e insistas tanto si te parece oportuno como si no. Argumenta, reprende y exhorta echando mano de toda tu paciencia y competencia en enseñar» (2 Ti. 4:1, 2, La Palabra – Versión España); «Toda Escritura está inspirada por Dios y es provechosa para enseñar, para argumentar, para corregir y para educar en la rectitud, a fin de que el creyente esté perfectamente *equipado para hacer toda clase de bien*» (2 Ti. 3:16, 17, La Palabra – Versión España). *Esta era la perspectiva de Edwards sobre la predicación.* Tenía un marcado sentido de haberle sido «encomendada» una solemne responsabilidad para predicar la palabra de Dios, con la convicción subyacente de que la palabra inspirada de Dios, aplicada por el mismo Espíritu que la inspiró, obra la voluntad soberana de Dios entre los oyentes.

En la primera edición de sus *Instituciones*, en lo concerniente a los ministros, Calvino escribe «toda su tarea se limita al ministerio de la Palabra de Dios, toda su sabiduría al conocimiento de su Palabra: toda su elocuencia, a su proclamación.» *Esta era la perspectiva de Edwards acerca de la predicación.* Calvino afirma: «Puesto que es casi su única tarea al desplegar la mente del escritor bíblico que ha propuesto a exponer, el predicador pierde el punto, o al menos se aleja de sus límites, si es culpable de guiar a sus lectores fuera del significado dado por su autor» (Comentario de Calvino a los Romanos 1). Él delinea la tarea del predicador de hablar por Dios en su comentario de Isaías 55:11: «La Palabra sale de la boca de Dios de la misma manera en que sale de la boca del hombre; porque Dios no habla abiertamente desde el cielo, sino que emplea hombres como sus instrumentos, para que por su agencia pueda hacer conocer su voluntad» (Juan Calvino), *Comentario sobre el Libro del Profeta Isaías* (22 vols., reimpreso; Grand Rapids: Baker, 1981). *Esta era la perspectiva de Edwards acerca de la predicación.* Predicar era ser la voz de Dios sobre el pueblo. Predicar la Biblia es ser la voz de Dios para ese pueblo.

En su excelente artículo titulado «Un análisis clásico de la predicación puritana», Joseph Steele realiza la siguiente observación: «...

tan esencial como es la fonología para enseñar a un niño a leer, así la Biblia era el *sine qua non* de la predicación puritana. Los puritanos no eran solo teocéntricos, sino que eran bibliocéntricos. Las implicaciones de la máxima de la Reforma «Sola Escritura» tuvieron una resonancia mayor en la predicación puritana. Las vidas de los puritanos estuvieron uniformemente conformadas por la voluntad revelada del Dios Trino contenida en sesenta y seis libros, los cuales ellos creían que habían sido preservados divinamente para el bien del pueblo de Dios. De acuerdo con esto, los puritanos «amaban, vivían y respiraban la Escritura, deleitándose en el poder del Espíritu que acompañaba a la Palabra. Ellos veían las Escrituras como si Dios les hablase como Padre, dándoles la verdad en la que podían confiar por toda la eternidad» (Steele). «La convicción puritana sobre la centralidad de la Biblia en la predicación estaba reforzada por la práctica de limitar los detalles del sermón al material bíblico.» La predicación puritana era expositiva por naturaleza, y por ello el sermón entero estaba inextricablemente atado al texto. El mero establecimiento de una conexión entre el sermón y el texto no era suficiente para los predicadores puritanos. Al contrario, de acuerdo a los puritanos, «el sermón no solo está unido por bisagras a la Escritura; el sermón existe literalmente dentro de la Palabra de Dios; el texto no es el sermón, pero el sermón es el texto… A modo de resumen podríamos decir que escuchar un sermón es estar en la Biblia» (Steele). *Esta fue la herencia de Edwards. Esta fue su perspectiva de la predicación.*

De acuerdo a Richard Baxter, «de toda la predicación del mundo, odio esa predicación que tiende a hacer a sus oyentes reír, o a mover sus mentes con una cosquilleante frivolidad y afectarlos como suele hacerse desde un escenario, en vez de afectarlos con una santa reverencia por el nombre de Dios» (Citado por Steele). *Esta fue la perspectiva de Edwards sobre la predicación.* Una de sus resoluciones universitarias fue la 38: «Resuelvo no hablar nada que sea ridículo, deportivo, *o que sea asunto de risa en el día del Señor*» (Tarde del Sabbath, 23 de diciembre de 1722). Parecería que se tomaba esto muy a pecho, no sólo en su conducta fuera de la iglesia, sino también dentro de ella. Como Piper nota: «Su predicación era totalmente seria de principio a fin. Buscarías en vano un chiste en los 12.000 sermones que conservamos» (Piper 1998: 47). Más que una aversión al humor, Edwards se hallaba cautivado por la solemnidad del oficio de predicación. Prince, historiador, decía de Edwards que él siempre exudaba una «habitual y gran solemnidad, mirando y hablando como si estuviese en la presencia de Dios, y con un importante sentido del asunto expuesto» (Westra: 17).

Edwards predicó en 1744 un sermón titulado «La verdadera excelencia de un ministro del evangelio», y provee de su más clara y convincente visión del predicador en un solo documento. Es significativo que su texto era «Él era una ardiente y brillante luz» de Juan 5:35. Como comenta Kimnach: «Su texto es «ardiendo y brillando», correspondiendo al ardor y la inteligencia o voluntad y entendimiento. Para Edwards, la cosa más importante es que las dos dimensiones de la luz (arder y brillar) han de estar equilibradas y unidas en un todo funcional. Por ello, el ministro ha de aprender de la Escritura y estar familiarizado con las «operaciones interiores» del Espíritu Santo; de tal manera, la doctrina que él predica debe ser tanto «brillante como plena», o puramente inspiradora y rica en contenido. El ministro debe dirigir su rebaño discretamente pero también presentar la verdadera religión de manera auténtica» (Kimnach 2006, WJE 25: 82).

Extraeremos varios puntos de este sermón que esclarecerán su visión de la predicación.

1. Primero, es significativo que Edwards use a Juan como paradigma del ministro cristiano. Fue Juan quién afirmó: «Él ha de *crecer*, y yo *menguar*» (Juan 3:30). La naturaleza del ministerio es apuntar a Cristo, no a uno mismo. Como Pablo afirmó: «Porque no nos anunciamos a nosotros mismos, sino a Jesucristo, el Señor, presentándonos como vuestros servidores por amor a Jesús» (2 Co 4:5). Indudablemente, Edwards escogió a Juan el Bautista como modelo del ministro por causa de esta faceta predominante en Juan: su cristocentrismo y su renuncia a sí mismo. Esta es la natural quintaesencia del ministerio en general, y del ministro predicador en particular.

2. El rol del predicador es el de *difundir luz*. Edwards afirma: «Los ministros han sido establecidos para ser luz a las almas de los hombres a este respecto, así como también ellos son los medios a través de los que se les imparte la verdad divina, y han de asistirlos en la contemplación de aquellas cosas que los ángeles desean ver; ser los medios a través de los cuales ellos obtienen ese conocimiento es infinitamente más importante, y más excelente y útil, que ser cualquiera de los más grandes estadistas o filósofos, incluso que aquel que es espiritual y docto. Han sido establecidos para ser medios que brindan a los hombres la salida de la oscuridad para entrar en la maravillosa luz de Dios, y que brindan la infinita fuente de luz, para que en su luz ellos puedan ver la luz. Han sido establecidos para instruir a los hombres, e impartirles ese conocimiento por el cual ellos pueden conocer a Dios y a Jesucristo, del que sabemos que es vida eterna» (Kimnach 2006, WJE 25: 90).

3. El papel del predicador es *embellecer la verdad,* así como embellece la luz. «Otro uso de la luz es revitalizar y deleitar a los observadores. La oscuridad es lúgubre: la luz es dulce, y qué cosa tan placentera es contemplar el sol. La luz está revitalizando a aquellos que durante mucho tiempo estuvieron sentados en la oscuridad» (Kimnach 2006, WJE 25: 90).

4. El ministro *guía a la verdad.* «Los ministros poseen el registro de Dios (la Biblia) entregado por Dios para con ellos, de tal modo que puedan extenderla, ya que Dios ha dado al hombre el ser como «una luz brillando en un oscuro lugar» (2 P 1:19), para guiarlos en el camino a través de este oscuro mundo para llegar a regiones de luz eterna» (Kimnach 2006, WJE 25: 91).

5. Los predicadores han sido llamados para ser *hombres de oración.* «Ministros, en orden a ser ardientes y brillantes luces, han de caminar estrechamente con Dios, y han de estar cerca de Cristo; para que puedan ser iluminados y encendidos por él. Y ellos han de buscar mucho a Dios, y han de conversar con él en oración, aquel que

es la fuente de la luz y del amor. Y sabiendo de su propio vacío y necesidad, deben ser siempre dependientes de Cristo; ser sensibles como Jeremías de que son niños, de que han de sentarse como los niños a los pies de Cristo para escuchar su palabra, y ser instruidos por él; y ser sensibles como Isaías de que son hombres de labios inmundos que buscan que sus labios puedan ser como si fuesen tocados con un carbón ardiente del altar, como así fue por medio del serafín brillante y ardiente» (Kimnach 2006, WJE 25: 100).

Conclusión: Esta perspectiva de Edwards sobre la predicación nos proporciona un excelente patrón dentro del cual buscamos las características de un predicador del avivamiento. Ha de notarse que los conceptos de luz y calor, tan centrales en su visión del ministerio de la predicación, están vitalmente ligados al avivamiento y al despertar. La luz y el calor van juntos para dar vida y crecimiento, avivamiento y despertar. Creo que es importante afirmar las observaciones particulares de la predicación de avivamiento derivadas de Edwards dentro del gran marco de su perspectiva acerca de la predicación en general.

CAPÍTULO 1

Apología de la predicación patética (predicación sensible)

«Nuestra gente no necesita tanto el tener sus cabezas llenas de cosas como que sus corazones sean tocados; y lo que más necesitan es esa clase de predicación que más intenta hacerlo» (Jonathan Edwards, Goen WJE 4: 388).

«El corazón es el Salvador del mundo: la cabeza, el genio, el cerebro o los dones naturales no salvan... Pues el evangelio sólo fluye a través de los corazones. Las fuerzas más poderosas son las fuerzas del corazón» (Bounds: 52).

«Existe hoy un racionalismo evangélico no muy distinto del racionalismo enseñado por los escribas y fariseos. Ellos dijeron que la verdad está en la palabra, y si quieres conocer la verdad, ve al rabí y aprende la palabra. Si aprendes la palabra, tienes la verdad... ¡Pero la revelación no es suficiente! Debe haber iluminación antes de que la revelación llegue al alma de una persona. No basta con que tome un libro inspirado entre mis manos. Debo tener un corazón inspirado. Aquí está la distinción, a diferencia del racionalismo evangélico que insiste en que la revelación es suficiente...» (Tozer: 23, 24).

Hemos llegado al punto en el que podemos comenzar a examinar los sermones y escritos de Edwards con el fin de verificar y extraer importantes lecciones sobre la predicación de avivamiento. Como indicamos anteriormente, nos preguntaremos ciertas cuestiones clave: ¿Qué clase de sermones se predicaron antes, durante y tras el Gran Despertar? ¿Qué temas y qué textos fueron predicados? ¿Qué asuntos se trataron? ¿Qué consideración dedicó Edwards a la predicación en general? ¿Cuál fue su filosofía de predicación? ¿Cómo consideró Edwards la predicación antes, durante y tras el Gran Despertar? ¿Qué lecciones podemos sacar para los predicadores actuales? ¿Qué podemos aprender del Gran Despertar que pueda facilitar el despertar en la actualidad? ¿Qué conexión hay entre su predicación y el avivamiento? ¿Qué hacía que sus sermones fuesen tan eficaces? ¿Por qué Dios parecía agradarse en derramar el avivamiento a través de la actuación de estos sermones? ¿Qué hay en Edwards como hombre que arroje luz sobre la conexión entre predicación y avivamiento?

Mientras suscitamos estas preguntas en nuestra investigación, hemos reconocido ciertas verdades sobresalientes relacionadas con la predicación de avivamiento de Jonathan Edwards. Creemos que estas verdades aportan valiosas lecciones para nosotros hoy día, y sobre todo para aquellos que tienen un ministerio y la responsabilidad de predicar. Echaremos un vistazo a doce de las más significativas.

Lo que intentamos hacer en este estudio es acercarnos a un particular aspecto o elemento que explica la perspectiva de Jonathan Edwards acerca de la predicación de avivamiento, y luego (1) **definirlo**, diseccionándolo y contemplándolo desde varias perspectivas. Existe una (2) **perspectiva bíblica**, en la cual resaltaremos significativos textos de la Escritura que muestran la importancia del punto en particular y cómo cumplen su papel en el ministerio de predicación de personajes bíblicos. Trataremos de proporcionar específicas (3) **citas del propio Edwards** o (4) **citas de eruditos edwardsianos** que enuncien su comprensión de la predicación de avivamiento. También hemos intentado proporcionar, hasta donde es posible, relevantes (5) **ilustraciones de los de los propios sermones de Edwards** para demostrar el caso en cuestión. Donde sea posible y útil, incorporamos comentaríos de Edwards en estos pasajes particulares. También aportaremos (6) las **70 Resoluciones** de Edwards, para mostrar la conexión entre el hombre y su convicción sobre la predicación de avivamiento. Nos proponemos reforzar este fundamental aspecto de la «predicación de avivamiento» desde (7) **otros autores**. Finalmente, daremos (8) nuestras **conclusiones** sobre el asunto.

¿Qué podemos aprender sobre la predicación de avivamiento de Edwards?

Edwards sobre El lugar de la pasión por predicar

Edwards creía en la importancia de la predicación apasionada. Él dijo algo sobre su visión de la predicación que cautivó mi atención y desencadenó este estudio. Aunque ya lo cité al principio de este capítulo, merece ser repetido de nuevo. Edwards dijo: «Nuestra gente no necesita tanto el tener sus cabezas llenas de cosas como que sus corazones sean tocados; y lo que sobre todo necesitan es esa clase de predicación que mejor intenta conseguirlo» (Goen WJE 4: 388). La predicación de avivamiento toca el corazón. Si esta cita fuese tomada fuera de su contexto, uno podría deducir que Edwards estaba denigrando el más racional o cognitivo aspecto de la predicación, en favor de un mayor llamamiento emocional y apasionado, un llamamiento al corazón en vez de a la mente. ¡Cualquiera que haya leído los sermones de Edwards, sabe con certeza que esta no era su práctica! No es una cuestión de uno u otro, es una cuestión de ambos. Ni hemos escogido ni debemos escoger entre cabeza o corazón, sino que hemos de tomar ambos en perspectiva. Hay una sólida evidencia en Edwards que indica que creía que el camino al corazón pasaba por la cabeza; lo que parece estar diciendo en la cita anterior es que los predicadores no deben simple y meramente mostrarse satisfechos con una seca, desapasionada e intelectual aproximación. Es evidente que en su ministerio y en el ministerio de otros la buena ortodoxia era abundante en los púlpitos de Nueva Inglaterra, pero que esto no producía el cambio.

1. Definiendo el concepto

Apología de la predicación patética

Una palabra clave que casi expresa este aspecto de la predicación de avivamiento es lo que podemos llamar «predicación patética (apasionada)». Las palabras cambian su significado a través del tiempo. Consideremos el título de este capítulo: *Apología de una predicación patética*. La palabra «apología» puede significar explicación, escrito en defensa de algo, *o* algo más como lo exactamente opuesto: admisión de culpa, búsqueda de perdón, arrepentimiento, confesión, acto de contrición, o expresión de vergüenza. De manera similar, la palabra «patética» puede significar «pobre, miserable, lúgubre, triste, deplorable, débil, inútil, enfermiza, y todo cuanto sea eludido y abandonado como horrible y miserable... *o*, en su sentido más tradicional y clásico, «patética» puede significar apasionada, emotiva, cordial, ferviente, denodada, ávida, cálida, ardiente, conmovedora, celosa, desgarradora, sentida, enternecedora, amante, tierna, y estimulante. Por ello, hago la siguiente pregunta: ¿Qué significa mi título?

1. Pidiendo perdón por la predicación pobre (patética) o
2. Pidiendo perdón por la predicación apasionada o
3. En defensa de una apelación a la predicación pobre (patética) o
4. En defensa de una apelación a la predicación apasionada.

En realidad, este capítulo está principalmente dedicado al punto 4, la defensa y el llamamiento a la predicación apasionada, emotiva, cordial, ferviente, denodada, ávida, cálida, ardiente, conmovedora, celosa, desgarradora, sentida, enternecedora, amante, tierna, y estimulante. En un sentido real este capítulo y todo el libro están motivados por y acerca del punto 1, pidiendo perdón por la predicación pobre, y promoviendo el punto 4. La buena predicación, estimulante, emotiva y relevante es difícil de encontrar y es, en la opinión de muchos, una causa principal del declive de la asistencia a la iglesia y de la generalizada desilusión en nuestro mundo de hoy. En muchas partes del mundo hoy vemos el cumplimiento de las profecías de Amós 8:11:

«Vendrán días, oráculo del Señor *Dios*, en que enviaré el *hambre* a este país; no será *hambre* de pan ni sed de agua, sino de oír la *palabra* del Señor» (BLP). Incluso la predicación «ortodoxa» puede estar bajo esta acusación, como Edwards explicará en breve.

Nosotros, como predicadores, necesitamos ser reavivados en nuestro ministerio de predicación. El avivamiento llegará mientras somos reavivados personalmente como predicadores, llevando al avivamiento nuestra predicación. Entonces nuestras iglesias serán reavivadas, y los perdidos despertados. El mismo Edwards afirma: «Si un ministro tiene luz *sin calor*, y entretiene a sus (oyentes) con discursos aprendidos, *sin el sabor de los poderes de la piedad, o sin apariencia de fervor de espíritu, y celo por Dios y el bien de las almas*, puede que gratifique los oídos con comezón, y llene la cabeza de la gente con nociones vanas, pero *no servir*á para enseñar a sus corazones, o salvar sus almas» (Kimnach 2006, WJE 25: 84-104, *Verdadera excelencia*). Pero todas estas necesidades han de ser cuidadosamente explicadas. Edwards puede ayudarnos considerablemente en este punto.

Predicación sensible

Aunque el sentido primario es el de la predicación patética, hemos de añadir las palabras racional y bíblica. Por «racional» entendemos intelectual, razonable, lógica, *sensible*, basada en la razón, sensata, juiciosa, perspicaz, relevante, y coherente. Por «bíblica» entendemos que se arraiga en la Escritura. Edwards fue un predicador calvinista, reformado y puritano con un matiz «*lockeano*». (Ya aclararé esto más tarde en este mismo capítulo, y también en el capítulo 4). Si fue algo, fue predicador, hijo de un buen predicador (Timothy Edwards), y nieto de un gran predicador (Stoddard). Él fue iniciado en la homilética puritana, y se afirmó profundamente en la teología de la Reforma. Con esta clase de herencia, podríamos marcharnos sin necesidad de decir que era un predicador *bíblico*. Pero lo que queremos explorar es el modo en el que él predicaba la Biblia, tratándola en una forma racional y patética.

Si has leído cuidadosamente, te darás cuenta de que la palabra «*sensible*» se aplica para describir tanto la predicación «patética» como la «razonable». Si tomamos estos dos matices juntos, creo que tendríamos una palabra clave que describiría la predicación de Edwards: sensible. Sensible en el sentido de razonable, y sensible en el sentido de afectar los afectos. En la predicación de Edwards mente y corazón van de la mano. Edwards mismo usó el término «sensible» en esta manera dual.

Como veremos, la visión que posee Edwards acerca de la persona involucra los sentimientos, religiosos como una integración fundamental de «fuertes y vigorosas inclinaciones que se manifiestan en pensamiento, sentimiento y actuación» (Haykin: 125). Otra manera de expresar esta integración fundamental es la fusión de la ortodoxia, *«ortopathos»* y ortopraxis[1], esto es, donde la creencia correcta se combina con emociones correctas que llevan a una vida de rectitud. Como veremos, la clase de predicación que caracterizó a Edwards antes y durante el Gran Despertar es una predicación que enfatiza la integridad de la persona, subrayando fuertemente la aplicación del texto y de la doctrina. Pero el punto que trataremos de explicar en este capítulo es que el sermón, para que afecte a la conducta, la vida, y las acciones del congregante, ha de ser *tanto* cognitivo como emocional, en una palabra: sensible. La voluntad solo puede ser afectada cuando el sermón es dirigido a la mente y al corazón. La predicación de avivamiento dirige la voluntad comprometiendo el corazón. Descuidando este matiz, estaremos ante una predicación patética (en el sentido moderno de la palabra (pobre)); cultivando y desarrollando este matiz tendremos una predicación patética (en el sentido clásico de la palabra (apasionado)).

2. Percepciones bíblicas

Podremos conseguir una mejor idea de lo que es la «predicación patética» o «predicación sensible» considerando algunos de los predicadores del avivamiento en el registro bíblico.

---

1 Soy deudor a R. Paul Stevens del Regent College por este concepto: *Los otros seis días: vocación, trabajo y ministerio desde la perspectiva bíblica* (Eerdmans: 2000; ver Bibliografía).

a. **Nehemías:** Nehemías fue un líder con un significativo papel en la predicación durante el periodo de la restauración y el avivamiento (ver por ejemplo, 2:17; 4:14; 5:12, etc.). Leemos en Nehemías 1: «Al oír estas palabras me senté, rompí a llorar y durante algunos días hice duelo, orando y ayunando en presencia del Dios de los cielos. Y dije: Por favor, Señor, Dios de los cielos, Dios grande y terrible que eres fiel a la alianza y misericordioso para con los que te aman y guardan tus mandamientos» (Neh. 1:4, 5). Aquí existe una profunda correlación entre su pasión, nacida y dirigida en la oración, y su liderazgo efectivo.

b. **Jeremías:** Jeremías no es nuestro mejor ejemplo de «predicación de avivamiento exitosa» pero ciertamente el principio de «predicación sensible» está ejemplificado en su ministerio: argumentos poderosos combinados con compasión y lágrimas. Jeremías 20:9: «Me decía: No me acordaré más de él, no hablaré más en su nombre. Pero algo ardía en mi corazón como *fuego,* algo ardiente encerrado en mis huesos, que trataba inútilmente de apagar.» Este fuego en los huesos, creemos, es el elemento que constituye la quintaesencia en la predicación de avivamiento. Este fuego surge con el llamamiento de Dios sobre la vida del predicador (Jeremías 1:4, 5) pero es principalmente el efecto del Espíritu el que hace nacer la palabra de Dios en el corazón y las convicciones del predicador. El contexto indica claramente que Jeremías se refiere al fuego de la palabra de Dios: Jeremías 5:14: «Pues así dice el Señor, Dios del universo: Por haber hablado de este modo, así les va a suceder: haré que sean mis palabras lo mismo que *fuego* en tu boca; el pueblo será el combustible y el fuego los devorará.» La palabra de Dios se convierte en una especie de fuego en medio de la audiencia cuando es principalmente y por encima de todo un fuego en el corazón del predicador. Por ello cuando leemos Jeremías 23:29: «¿No es mi palabra como *fuego*, oráculo del Señor, o mazo que cuartea la roca?», esto sigue la referencia anterior en Jeremías 20 a la palabra profética ardiendo dentro de él. Este fuego produce una convicción poderosa. A veces, como Jeremías 5:14 confirmaba anteriormente, la predicación de avivamiento es provocadora. Jeremías es objeto de mofa cuando llega la confrontación. De hecho, el término «jeremiada» se deriva de su nombre. La Real Academia Española define «jeremiada» como «lamentación o muestra exagerada de dolor». El *Diccionario Merriam Webster* define una «jeremiada» como «una prolongada lamentación o queja; también una cautelar o arenga airada». Generalmente, el término jeremiada se aplica a textos moralistas que denuncian a la sociedad por su maldad, profetizan su caída. La jeremiada era la estrategia literaria favorita de los puritanos, especialmente en sermones como *Pecadores en manos de un Dios airado* de Jonathan Edwards (Wikipedia). Edwards y sus contemporáneos demostraron claramente la importancia de la conexión entre «jeremiada» y avivamiento. Esto será desarrollado completamente en otro capítulo, pero es pertinente mencionarlo aquí debido al componente de «emoción» y «pasión» necesario para una efectiva jeremiada.

c. **Isaías:** El papel profético eficaz de Isaías como predicador del avivamiento puede ser trazado hasta su teofanía (realmente una cristofanía, ver Juan 12:41) cuando los labios del profeta fueron tocados por un carbón ardiente del altar (Isaías 6:6). ¡Qué metáfora tan poderosa es esta para la predicación apasionada! Y ciertamente Isaías ejemplifica el concepto edwardsiano de «predicación sensible» que definimos como razonable y conmovedora.

d. **Pedro en Pentecostés:** Hemos definido la «predicación sensible» con un doble matiz: sensible en el sentido de *razonable,* y sensible en el sentido de *conmover los afectos*. En la predicación de Edwards, mente y corazón van de la mano. Es asombroso cómo el Espíritu Santo puede tomar a un pescador como Pedro, ungirlo de tal modo que tuviese esa clase de ideas penetrantes y razonables, explicaciones de la Escritura y de los acontecimientos contemporáneos, y capacitar al predicador para explicarlos y proclamarlos de una forma tan altamente conmovedora que penetraran en los corazones de los hombres (Hechos 2:37) y más de 3. 000 clamaron «¿Qué debemos hacer, hermanos?» Esta es la predicación de avivamiento y es una predicación sensible, predicación que apela tanto a la mente como al corazón.

e. **El apóstol Pablo:** Cuando alguien traza el ministerio de la «predicación de avivamiento» del apóstol Pablo en el libro de los Hechos, así como en sus epístolas, se ve impactado por la única y convincente mezcla de mente y corazón que él exhibe. De hecho, el vocabulario que el médico Lucas emplea al describir el ministerio de oratoria pública de Pablo confirma que Pablo fue un predicador «sensible», en la forma que definimos «sensible». Cuando, por ejemplo, en Hechos 17, se describe el ministerio de predicación de Pablo en Atenas en el monte de Marte, Lucas de manera muy precisa utiliza términos como «provocado» (παρωξυνετο), (16); «racional» (διελεγετο), (17); «conversar» (συνεβαλλον) (17); «proclamador» (καταγγελευς) (18); y «predicación» (ευηγγελιζετο) (19). Sería un estudio fascinante poder analizar el vocabulario único y variado aplicado a la comunicación del evangelio de Pablo. Aquí en el intervalo de tres versículos Lucas emplea cinco variados y ricos términos para acentuar la única mezcla de inteligencia y pasión que formaba parte esencial de la «sensible predicación de avivamiento» de Pablo.

f. **Apolos:** Existe un maravilloso texto en Hechos 18: 24ss que resume perfectamente el ministerio de predicación de Apolos resume bella y concisamente esta particular cualidad de la «predicación de avivamiento». Allí leemos: «Llegó por entonces a Éfeso un judío llamado Apolos, natural de Alejandría, hombre elocuente y muy versado en las Escrituras. Había sido iniciado en el camino del Señor y, lleno de entusiasmo, hablaba y enseñaba con esmero los temas concernientes a Jesús, aunque no conocía más bautismo que el de Juan. Comenzó, pues, a enseñar con decisión en la sinagoga; pero cuando lo escucharon Priscila y Aquila, lo tomaron consigo y le expusieron con mayor exactitud todo lo referente al camino de Dios.»

Conclusión: Los ejemplos bíblicos de hombres que predicaron con integridad bíblica y pasión son numerosos. Nehemías, Jeremías e Isaías en el Antiguo Testamento, Pedro, Pablo y Apolos en el Nuevo Testamento ilustran el modelo, el paradigma de predicadores sensibles que son a menudo los catalizadores del despertar avivador y espiritual.

3. Citas de Edwards

Para desarrollar y refinar el concepto de «predicación patética», quisiera aportar más citas y explicaciones de Edwards.

Una de las críticas que se vertieron contra el avivamiento fue su alto grado de predicación emocional. Edwards respondió así a la crítica: «No vale decir que esta obra no es del Espíritu de Dios, que parece ser promovida por ministros que insisten mucho en los terrores de la ley santa de Dios, y *con un montón de pathos y gravedad*» (Énfasis mío. Goen WJE 4: 247). Atacando esta acusación frontalmente, como era su estilo, Edwards defiende esta clase de predicación emocional con una poderosa analogía:

«Si existe realmente un infierno tan terrible, y lleno de interminables tormentos, como se supone generalmente, estas multitudes están en un gran peligro, —y en el que de hecho están cayendo la mayor parte de los hombres de los países cristianos de generación en generación, por falta de un sentido de lo horroroso que es, y por tanto por falta de interés por evitarlo— entonces ¿por qué no *conviene que quienes cuidan las almas hablen de grandes dolores para que los hombres sean conscientes de tal cosa?*¿Por qué no se les dice la verdad mientras se puede? Si estoy en peligro de ir al infierno, debería estar apercibido de saber todo lo posible de lo terrible que es: si soy propenso a actuar con negligencia en el debido cuidado para evitarlo, quien haga más por hacerme ver la verdad de la situación me hará la mayor de las bondades, alejando mi miseria y peligro *de la manera más v*ívida» (Goen WJE 4: 246, 247. Énfasis mío).

Démonos cuenta aquí de la justificación y defensa de la «predicación patética del fuego del infierno». Su razonamiento es claro: el infierno es un asunto muy serio. Debemos hacer todo lo posible para rescatar a los hombres y mujeres de esta clase de aprieto y como predicadores hemos de hacerlo de «la manera más vívida» y con gran *pathos* y pasión.

Edwards pasa a dar una ilustración doméstica o una analogía del mundo real:

«Yo apelo a todos en esta congregación, ¿cuál si no sería el curso a tomar en caso de la exposición a cualquier gran calamidad temporal? Si algunos de vosotros que sois cabeza de familia, veis a uno de vuestros hijos en una casa que está completamente en llamas, y en un inminente peligro de ser pronto consumido por las llamas, pareciendo no ser consciente del peligro y no haciendo nada por escapar después de haber sido requerido repetidamente — ¿seguirías hablándole solo de forma fría e indiferente? *¿No gritarías a gran voz, y lo llamarías con fuerza, y le harías ver el peligro en el que está y su propia estupidez al retrasarse, de la manera más vívida que fueses capaz?* ¿Acaso la naturaleza misma no lo enseña y te obliga a ello? Si siguieras hablándole *de manera fría*, tal como se hace en las conversaciones ordinarias sobre temas banales, ¿no empezarán a pensar quienes anden por allí que tú mismo estás desprovisto de cordura? Esa no es la forma de actuar de los seres humanos en los asuntos temporales en los grandes momentos que requieren seria atención y gran diligencia, y sobre los cuales están grandemente preocupados No se habla a otros del peligro y se les advierte solo un poquito, o *de una manera fría e indiferente. La naturaleza enseña a los hombres de otra manera.* Si nosotros que tenemos el cuidado de las almas, supiésemos lo que es el infierno, hubiésemos visto el estado de los condenados, o por algún medio, fuésemos conscientes de cuán terrible es su condición —y a la vez supiésemos que la mayor parte de los hombres serían diezmados; y viéramos que nuestros oyentes no son conscientes del peligro— *sería moralmente imposible para nosotros no presentar ante ellos de manera más denodada lo terrible de tal miseria,* y el peligro a que están expuestos, e incluso *gritarles a gran voz*» (Goen WJE 4: 247) (Énfasis mío).

Edwards aquí es sutil (o tal vez no tan sutil) al criticar a los predicadores que no son más apasionados cuando se refieren al infierno, o que descuidan el tema por completo. En efecto dice esto en la siguiente cita:

«Cuando los ministros predican del infierno y advierten en forma fría a los pecadores para que lo eviten —aunque digan con palabras lo infinitamente terrible que es— *se contradicen a sí mismos.* (Si vemos el lenguaje como una comunicación de nuestro pensamiento hacia los otros) Porque las acciones, como observé antes, tienen un lenguaje para expresar nuestros pensamientos, así como las palabras. Si las palabras del predicador muestran que el estado en el que está pecador es extremadamente espantoso, y su conducta y manera de hablar lo contradicen, —mostrando que *el predicador no piensa lo mismo*— destruye *su propio propósito; porque el lenguaje de sus acciones, en tal caso, es mucho más elocuente que el significado simple de sus palabras»* (Goen WJE 4: 247, 248).

Esta cita es significativa por muchas razones. Primera, es una de las más claras afirmaciones de Edwards defendiendo la «predicación patética (apasionada)» y que por el contrario critica la predicación desapasionada. En segundo lugar, esta cita apunta a la visión de Edwards de la predicación como drama. Sabemos que algunos notables eruditos se han dedicado a describir la predicación de Whitefield como un drama. Stout ha escrito un excelente estudio sobre Whitefield como «el Divino Dramaturgo» por causa de la dramática y vívida naturaleza de su extemporánea predicación (Whitefield creció en el escenario, y aprovechó esta formación para influir en su estilo de predicación). Desafortunada y erróneamente, Edwards es retratado como sencillo, apagado, soso y aburrido. Por ejemplo, un tal Gideon Clark (1722-1807), contemporáneo de Edwards, describe el estilo de predicación como aburrido y soso: «Miraba la cuerda de la campana hasta que la veía fuera». Sin embargo, vemos en esta cita de Edwards que él, al menos en teoría, aboga por el «lenguaje de sus actos», una correspondencia y simetría entre lo que el predicador dice y cómo lo dice. Formato y contenido necesitan complementarse mutuamente, de otro modo nuestro estilo podría en realidad socavar nuestras palabras, y traicionar nuestra falta de convicción y lo que de verdad creemos a lo que «decimos» que creemos.

Esta mezcla de cabeza y corazón se refleja en la disertación de la maestría de Edwards: defendiendo la doctrina reformada de la justificación por la sola fe, afirma que «recibir a Cristo y sus beneficios tiene lugar por la fe de toda el alma; no es meramente la aceptación intelectual por asentimiento, no es la aceptación de la voluntad al escogerle, no es solo la aceptación de los afectos en amor, no son las capacidades que tenemos para actuar recibiéndole en obediencia. Más bien, es la aceptación de toda el alma, lo cual incluye todos los anteriores»

(Minkema 1997, WJE 14: 60, 61). Aquí vemos su temprano hincapié en la combinación de mente, corazón, voluntad y acción.

Edwards no sólo predicaba con estas convicciones, sino que demostraba estas mismas convicciones en sus propias creencias. Edwards mismo habla sobre la evolución de su comprensión de ciertas grandes verdades, como por ejemplo, su evolucionada creencia en la soberanía de Dios. «Pero he tenido con frecuencia, desde aquella primera convicción, otra clase de sentido de la soberanía de Dios, bastante diferente de la que tenía entonces. Desde entonces he tenido a menudo, no solo una convicción, sino una *deleitosa* convicción» (Claghorn 16, «*Narrativa personal*»: 792). Esta evolución de la «convicción» a la «deleitosa convicción» refleja que creía en la necesidad de una aceptación y afirmación más plenamente emocionales de la verdad, en contraposición a una mera afirmación intelectual consciente.

Edwards afirma: «Así que hay una diferencia entre tener la opinión de que Dios es santo y gracioso, y tener un sentido de amor y belleza hacia esa santidad y gracia. Existe una diferencia entre tener un juicio racional de que la miel es dulce, y tener el sentido de su dulzura. Un hombre puede tener lo primero, y no saber a qué sabe la miel; pero un hombre no puede tener lo último, a menos que tenga una idea del sabor de la miel en su mente» (Edwards, «Luz sobrenatural», en *Obras* 17: 414). La combinación de «opinión» y «sentido»; entre «juicio racional» y «un sentido de» es la quintaesencia de la comprensión edwardsiana de la naturaleza de su creencia, y él creía firmemente que el estilo de predicación que combinaba inteligencia y afecto era esa clase de predicación que produciría con mayor probabilidad esa clase de creencia integral.

Más adelante (capítulo 3) trataremos el asunto de la predicación del fuego del infierno y su relación con el avivamiento y el despertar; viene al caso citar aquí a Edwards en lo que tiene que ver con el episodio que podemos llamar el desorden de «la predicación disonante y disociada». Dejadme explicarlo. A veces existe una disonancia entre el aspecto intelectual, racional o cognitivo del sermón, y el aspecto más afectivo, emocional y sentimental del sermón. Es como si el predicador estuviera allí sólo a medias. El mensaje puede ser ortodoxo, pero no hay *ortopathos*, y como resultado no hay ortopraxis. Esta disonancia es percibida por el congregante, y el mensaje se pierde. Esto es lo que está pasando en el mundo evangélico actual. Nuestra olvido del tema del infierno, o el modo desapasionado en el que abordamos el asunto, traiciona nuestra tradicional falta de convicción en lo que respecta a la veracidad de lo que decimos que creemos. Poniéndolo en palabras de Edwards, la manera desapasionada de predicar del predicador «…muestra que el predicador no piensa así…» (Goen WJE 4: 248) o parafraseando a Edwards de una manera más amable que el inglés moderno, el olvido del infierno por parte del predicador moderno o el modo en el que el predicador predica sobre el infierno «muestra que el predicador realmente no cree en él.» Esta falta de convicción sobre el infierno es una de las primeras causas de falta de avivamiento en el siglo XXI.

Esto refleja la filosofía sobre la predicación de Edwards. Existe una profunda conexión, en el pensamiento edwardsiano, entre el propio predicador y el sermón. El hombre es el mensaje. Mientras Edwards creía que la B-I-B-L-I-A era el mensaje, existía un profundo sentido en el que creía que el ministro debía encarnar la verdad de este mensaje para ser fielmente transmitido. Las emociones de la persona debían ligarse a las razones de la persona, y ambas debían arraigarse en la palabra de Dios. Sobre esto se tratará más cuando lleguemos al Edwards hombre y su predicación (capítulo 8).

4. Citas de eruditos edwardsianos

Ha habido una considerable investigación de eruditos edwardsianos que muestra la influencia de Locke en Edwards. Sereno Dwight nos dice que «en el segundo año del curso universitario, mientras estaba en Whetersfield, Edwards leía a Locke sobre la *Comprensión Humana* con peculiar placer… Según su propio relato del tema, estaba inenarrablemente entretenido y deleitado con esta profunda obra, cuando la leyó a la edad de 15 años; disfrutando de lejos con un grandísimo placer en la lectura cuidadosa de sus páginas, "más que el que un tacaño avaricioso halla, cuando reúne puñados de oro y plata, de algún recién descubierto tesoro"» (Sereno Dwight, Ramsey WJE 1: 47).

En este punto nuestro particular interés es la influencia de Locke en la visión de Edwards sobre la predicación, especialmente sobre la clase de predicación «sensible». John Smith, en su obra *«Jonathan Edwards, Puritano, Predicador, Filósofo»*, afirma: «Edwards tenía un genio, despertado y desarrollado por su estudio de Locke, que presentaba ideas de la manera más vívida» (Smith 1992: 29). Para entender la perspectiva de Edwards respecto de la predicación resulta fundamental comprender los *Sentimientos religiosos*, un concepto tan integral en el pensamiento edwardsiano que escribió 368 páginas muy cuidadosamente estructuradas para mostrar la naturaleza e importancia de los afectos en la vida espiritual. Como Smith observa, «La posición de Edwards nunca podrá ser entendida correctamente por quienquiera que llegue a ella con alguna clase de dualismo corazón/mente de la mano» (Smith 1992: 31). Edwards creía que la razón y la emoción debían estar tan mezcladas porque esa es la verdadera esencia del conocimiento, del cual él es deudor de Locke así como de Calvino y sobre todo, de las Escrituras.

Smith afirma que «era meticuloso al elegir las palabras con el fin de lograr la mayor precisión en las ideas que debían ser expresadas y, por encima de todo, él se preocupaba por hacer que esas ideas fuesen "sensibles" a través de vívidas imágenes, metáforas y comparaciones dramáticas» (Smith 1992: 139). Y de nuevo: «Sus sermones son siempre modelos de cuidadoso y razonado discurso, un hecho reconocido incluso por aquellos que no simpatizaban enteramente con su doctrina. El asunto es que, en cualquier caso, *no había oposición entre los afectos y el pensamiento —los Sentimientos religiosos se dedicó a vencer cualquier clase de oposición—* pero sí bastantes diferencias de estilo retórico» (Énfasis mío) (Smith 1992: 140).

5. Ilustraciones de los propios sermones de Edwards

Si consultamos el sermón de Edwards sobre «La divina y sobrenatural luz inmediatamente impartida al alma por el Espíritu de Dios» (título del sermón), hallamos una maravillosa combinación de Escritura y Razón, una referencia bíblica y una referencia a Locke, las cuales casan con el título que continúa «mostrada para ser una doctrina tanto *escritural* como *racional*». Cuando analizamos este sermón, podemos ver esa combinación más profunda de convicción intelectual y la aceptación deleitosa de la verdad.

Si leemos los sermones de Edwards, nos impacta esa persuasiva combinación de inteligencia y apelación emocional y apasionada. La «retórica de la sensibilidad» se mezcla tanto con la «persuasión de la lógica» que somos cautivados tanto en la mente como en el corazón, y por tanto empujados con fuerza a la verdad. Por ejemplo, en su sermón «La irracionalidad de la indecisión en la religión» no sólo presenta argumentos convincentes llamando a una decisión de fe, sino que uno «siente» la retórica de la sensación, especialmente en la conclusión. Tras leer los sermones, el impacto es similar hoy por causa de estos dos elementos gemelos.

En el sermón clásico de Edwards sobre la «Falsa y verdadera luz», nos aclara su comprensión de la diferencia entre conocimiento nocional y sensible. Edwards afirma: «La luz espiritual no tiene su asiento únicamente en la mente, sino principalmente en el corazón. Sobre todo consiste en un sentido de excelencia de las cosas divinas en el corazón. Dios ha hecho la mente del hombre capaz de adquirir un conocimiento doble de lo bueno, a saber: (1) el meramente especulativo, por el que los hombres tienen sólo una noción de las cosas divinas en sus mentes. Por ello, el hombre natural puede tener una noción de que Dios es justo, y de que es bueno, y de que es santo, y de que Cristo posee un amor maravilloso. Pero, (2) el otro es el que consiste en el sentido del corazón, por el que los hombres tienen en sus corazones el sentido de la excelencia de esas cosas, y parecen dulces, gloriosos, y deleitosos para él. No sólo tiene la noción en su cabeza de los atributos de Dios; sino que tiene el sentido de su excelencia que deleita su corazón, y que llega a su corazón y lo cambia. Esto es acompañado por un disfrute de estas cosas en el corazón» (Jonathan Edwards, Lesser WJE 19: 140).

6. Las 70 Resoluciones

Edwards fue un hombre que vivía tanto con la mente como con el corazón. El hincapié aquí apunta al corazón. La Resolución nº 6 afirma:

«Resuelvo, vivir *con todas mis fuerzas,* mientras viva» (Apéndice nº 2). Aquí hay un hombre con corazón. Edwards tenía la reputación de ser cerebral, intelectual, hiperanalítico y racional. Todo esto es verdad. Sin embargo, no es toda la verdad. Fue un hombre apasionado, por Dios y por la gente. John Piper se refiere a *«La pasión de Dios por su gloria»* y subtitula su libro *«Viviendo la visión de Jonathan Edwards»* porque Edwards estaba apasionado por la gloria de Dios. Desarrollaremos esto cuando consideremos el énfasis sobre la gloria de Dios como motivación para vivir y servir, lo cual da forma a una motivación fundamental y esencial en la predicación de Edwards. Sin embargo, el punto que queremos subrayar aquí es que su último y trascendente motivo, la gloria de Dios, para él fue una pasión. Estaba de hecho en su visión de la vida.

Podemos ver esto de manera evidente en su obra magna, *Los sentimientos religiosos,* donde él explica su entendimiento de la naturaleza del hombre y de la vida espiritual.

7. Otros autores

Hart tiene un libro titulado *«Predicar, el secreto del avivamiento de la parroquia»,* en el que habla acerca de la importancia del ministerio de corazón a corazón. Usa las frases latinas *«cor ad cor»* y *«cor ad cor loquitur»,* expresiones que significan hablar de corazón a corazón (Hart 2000: 3). El joven catedrático de Oxford y predicador, Newman, dedicó su «Quinto Sermón» de la Universidad de Oxford a este tópico: *La influencia personal, los medios para propagar la verdad.* Afirma en este sermón que nadie puede ser ganado para Jesucristo y su iglesia meramente por medio de argumentos. Unos testigos fiables son más importantes que las palabras. La verdad del evangelio «ha sido sostenida en el mundo no como sistema, no por libros, ni argumentos, o por poder temporal, sino por la influencia de esta clase de hombres… los cuales son a la vez maestros y modelos de él» (J. H. Newman, Quince sermones predicados en la Universidad de Oxford entre 1826 y 1843 en la definitiva tercera edición de 1872, Sermón V, edición uniforme, pp. 91-92. (http://www. newmanfriendsinternational. org/newman/?p=123).

Whitefield alude a la importancia de predicar con el corazón y con la experiencia de la verdad cuando, en su diario, él describe el ministerio de predicación de Tennent, del cual un erudito especula que Whitefield consideró «el mejor predicador del Gran Despertar» (Conrad 1960: 115): «Él me convenció más y más de que hemos de predicar el evangelio de Cristo tan pronto hayamos experimentado su poder *en nuestros propios corazones* (Énfasis mío). Siendo convencido profundamente de pecado, por el Espíritu Santo de Dios, en su primera conversión, el señor Tennent aprendió por experiencia propia a diseccionar el corazón del hombre natural» (Conrad 1960: 115. Fuente original: *Diarios de Whitefield*, VII: 344). Indudablemente Whitefield habría dicho lo mismo de Edwards. Whitefield afirma sobre Edwards: «El señor Edwards es un sólido y excelente cristiano. Creo que no he visto a nadie de su tipo en toda Nueva Inglaterra» (Conrad 1960: 114. Fuente original: *Diarios de Whitefield*, VII: 478).

John Stott se refiere a este equilibrio entre mente y corazón en su tratamiento magistral sobre la predicación *«Entre dos mundos»*: «Lo que hace falta hoy es la misma síntesis de razón y emoción, exposición y exhortación, tal como lo logró Pablo» (Stott: 283). Citando a G. Campbell Morgan, Stott afirma: «Las tres esencias de un sermón, son: «verdad, claridad y pasión"» (Stott: 284).

Martyn Lloyd Jones se pregunta «¿Qué es predicación?" y pasa a responder «Lógica ardiendo. ¡Razón elocuente! ¿Son estas contradictorias? Por supuesto que no. La razón concerniente a esta verdad debe ser poderosamente elocuente, tal y como vemos en el caso del apóstol Pablo y otros. Es teología ardiente. Y una teología que no arde, mantengo, es una teología deficiente. La predicación es teología que llega a través del hombre que está ardiendo» (Lloyd Jones 1971: 97).

8. Conclusión

Edwards fue un predicador del avivamiento efectivo por el modo en el que él mantuvo en bíblica yuxtaposición la mente y el corazón. El lema para el Seminario Asbury, desde donde estoy escribiendo este capítulo, es «Donde mente y corazón van de la mano». Wesley el arminiano y Edwards el calvinista fueron predicadores efectivos porque eran predicadores patéticos, predicadores sensibles, ¡y predicadores bíblicos! Aunque favorecemos fuertemente a Edwards el calvinista, la apelación aquí es a integrar mente y corazón si queremos tener una predicación de avivamiento eficaz. Ciertamente esto es algo en lo que, tanto los arminianos como los calvinistas, podrían estar de acuerdo.

La gran pregunta es: ¿Cómo cultivar la predicación patética (apasionada) y abandonar la predicación patética (miserable)? El contenido del capítulo siguiente provee una respuesta clara y contundente. También encontramos una pista en el Salmo 39:3 (RV60).

> Se enardeció mi corazón dentro de mí;
> En mi meditación se encendió fuego,
> Y así proferí con mi lengua.

CAPÍTULO 2

Oración, ayuno y predicación que aviva

«Jesús les contestó: —Este es un género de demonio que nadie puede expulsar si no es por medio de la *oración y el ayuno*» (Marcos 9:29).

[18] Porque ¿quién estuvo en el secreto de Jehová, y vio, y oyó su palabra? ¿Quién estuvo atento a su palabra, y la oyó? (Jeremías 23:18).

«En persona él era alto y esbelto, delgado por el intenso estudio, la *abstinencia* y la aplicación» (Epitafio de Edwards) (WJE nº 40, sn).

«Cuando Dios tiene algo grande que realizar para su iglesia, es su voluntad que lo preceda las extraordinarias oraciones de su pueblo» (*Algunos Pensamientos*, Goen WJE 4: 516).

Introducción

En este capítulo analizaremos la idea que Edwards tenía sobre la importancia de la oración y el ayuno en relación con la predicación de avivamiento poderosa. Exactamente, ¿qué conexión hay entre la oración y el avivamiento, entre el ayuno/la oración y el avivamiento?

1. Definición

Esto no es ciencia aeroespacial. Sabemos cómo predicadores lo que significa orar; arrodillarse ante Dios, reconociendo nuestra total dependencia de Dios. La oración es pedir y recibir. ¡Es eso! Por supuesto, hay muchos matices en la oración, intercesión, confesión, acción de gracias, alabanza; pero la esencia de la oración es «pedir y recibir». Edwards afirma: «La oración no es sino un sensible reconocimiento de nuestra dependencia de él para su gloria» (Haykin: 139).

El ayuno es la oración con esteroides. El ayuno es una voluntaria abstinencia de alimento con el explícito propósito de una oración concentrada. El ayuno parece ser el modo en el que las Escrituras nos enseñan a reforzar el sentido de gravedad y de desesperación de nuestra situación.

2. Perspectiva bíblica

En primer lugar, necesitamos centrarnos en el lugar que ocupa la oración en la vida del predicador. Las Escrituras abundan en cuanto a dar un lugar prioritario a la oración en el predicador. Los dos clásicos textos en Hechos 6:2,4 lo afirman categóricamente: «No conviene que nosotros dejemos de proclamar el mensaje de Dios para ocuparnos en servir a las mesas…. Así podremos nosotros *dedicarnos a la oración y a la proclamación del mensaje.*» Los apóstoles eran celosos en guardar la prioridad de la oración en relación con el ministerio de la Palabra.

Ejemplos de predicadores que oraban por el avivamiento de su pueblo y el despertar de los perdidos abundan en la Escritura. El Salmo 39:3: «Ardía mi corazón dentro de mí; de tanta angustia *me iba inflamando* hasta que mi lengua rompió a hablar» (La Palabra). El fuego de la Palabra de Dios y el Espíritu de Dios se enciende y aviva en una llama plena mientras reflexionamos en la oración y la meditación, pensando en oración sobre la verdad que nos ha sido confiada para comunicarla.

Dios frecuentemente toma a sus siervos a un lado para que tengan un prolongad tiempo de oración y meditación antes de que él les impulse a una pública etapa de predicación de avivamiento. Elías pasó tres años meditando y orando (probablemente. 1 Reyes 17) antes de enfrentarse a los profetas de Baal y ver el cambio con el caída de la lluvia del cielo (1 Reyes 18). Otro caso clásico que enlaza la oración con el avivamiento es la clásica oración de Habacuc: «He oído, Señor, tu proclama y respeto tu actuación. Hazla realidad en medio de los tiempos, dala a conocer en el curso de los años; en momentos de ira, acuérdate de la misericordia» (Habacuc 3:2).

La evidencia que muestra la conexión entre la predicación de avivamiento poderosa y la combinación de la oración y el ayuno es grande. Todos los cristianos son llamados a orar y ayunar (Mateo 6:16-18). Jesús afirmó que ciertas clases de situaciones son tan severas, dificultosas e intensas que además de la oración, hemos de enfrentarlas con ayuno: Marcos 9:29 «Jesús les contestó: Este es un género de demonio que nadie puede expulsar si no es por medio de *la oración y el ayuno.*» Los apóstoles no eran capaces de exorcizar al endemoniado a través de la simple oración, y así como vemos la situación de muchas iglesias del mundo angloparlante e hispanoparlante, vemos la necesidad de hacer una seria llamada a orar y ayunar de tal modo que podamos echar fuera los demonios que refrenan a individuos e iglesias, y resistir a los demonios que tienen a multitudes entre sus garras.

Nehemías fue un líder con un papel de predicación significativo durante el periodo de la restauración y el avivamiento (ver por ejemplo, 2:17; 4:14; 5:12, etc). Leemos en Nehemías 1: «Al oír estas palabras me senté, rompí a llorar y durante algunos días hice duelo, orando y ayunando en presencia del Dios de los cielos. Y dije: Por favor, Señor, Dios de los cielos, Dios grande y terrible que eres fiel a la alianza y misericordioso para con los que te aman y guardan tus mandamientos...» (Nehemías 1:4,5). Hay una profunda conexión entre su pasión, nacida y guiada por la oración, el ayuno, y su liderazgo eficaz. (Así como un bebé sólo puede nacer a través de un proceso de nueve meses de gestación y el dolor al ser dado a luz, así la oración y el ayuno provocarán que las obras de Dios sólo puedan nacer a través del proceso de la oración y el ayuno).

El apóstol Pablo vincula la oración y el ayuno sobre el avivamiento en relación con la predicación: En 2 Corintios 11:23-27 Pablo dice: «¿Quiénes están al servicio de Cristo? ... más lo estoy yo...» Pablo entonces pasa a elaborar y proporcionar detalles: En el versículo 27 dice: «Fatigas y agobios, innumerables noches sin dormir, hambre y sed, ayunos constantes...». Aquí de nuevo, Pablo une estrechamente velar con ayunar. La forma plural, en ayunos a menudo indica que Pablo se dedicó a tener frecuentes periodos de ayuno. El hambre y la sed se refieren a ocasiones en las que no podía disponer de comida y bebida. Los ayunos se refieren a las ocasiones en las que el alimento estaba disponible, pero en las que Pablo deliberadamente se abstenía de él por razones espirituales» (Cauchi: 1).

3. Citas de Edwards

¿Qué evidencia existe para demostrar la creencia de Edwards en la oración y el ayuno para el avivamiento?

Primero, sabemos que practicó la oración y el ayuno para resolver asuntos relacionados con su melancolía personal y su depresión. Escribiendo a un amigo, aconseja: «Con respecto al caso de una extraordinaria tentación, y de los golpes de Satanás, que me mencionas, no sé muy bien qué decir. A menudo he hallado mi propia insuficiencia como un consejero en este tipo de casos, en los que la melancolía y temple corporal han tenido una parte muy grande, y dan a Satanás una gran ventaja, tal como me parece en el caso que mencionas: Si el Señor no ayuda, ¿de dónde recibiremos ayuda? Si algunos amigos cristianos de estas personas afligidas (por así decirlo) y poseídas, pudiesen, de vez en cuando, orar y *ayunar* por ellos, sería un apropiado ejercicio de caridad cristiana, y la mejor forma de alivio que conozco» (Smith WJE 2: 511).

Edwards creía en la oración para que viniera el Espíritu, como es evidente por sus numerosas referencias positivas a la práctica (Stein 1977, WJE 5: 347, 348, 356). Edwards escribió un tratado llamado

«Un Humilde Intento de Promover la Unidad en la Oración Concertada para el Avivamiento»... «extraordinaria, rápida, ferviente, y constante oración» para un «gran derramamiento del Espíritu Santo que haría avanzar significtivamente el reino de Cristo» (Stein 1977, WJE 5: 321).

Jonathan Edwards comenta que cuando Dios tiene algo grande que cumplir en su iglesia, su voluntad es que tal cosa sea precedida por extraordinarias oraciones de su pueblo, citando a Ezequiel 36:37: «Todavía dejaré que me busquen los israelitas, para hacer esto por ellos.» En Zacarías 12:10 revela que, cuando Dios va a cumplir grandes cosas para su iglesia, comienza por un sobresaliente derramamiento del «Espíritu de gracia y súplica.» Es una ley fija del reino de los cielos que las bendiciones de gran magnitud no sean impartidas si no hay oraciones de la más profunda urgencia (Hulse: 1).

J. Edwin Orr, famoso historiador del avivamiento, escribió un artículo titulado «Oración y Avivamiento», en el que documentó la relación que había entre estos dos conceptos. Afirma que «Hubo un ministro presbiteriano escocés en Edimburgo llamado John Erskine, el cual publicó un *Memorial* (tal como lo llamó) suplicatorio con las personas de Escocia y con cualquiera que se quisiese unir en oración por el avivamiento de la religión. Mandó una copia de este pequeño libro a Jonathan Edwards en Nueva Inglaterra. El gran teólogo quedó tan emocionado con él que escribió una respuesta que comenzó como una carta, hasta que finalmente lo publicó como un libro titulado *Un Humilde Intento de Promover un Explícito Acuerdo y Unión Visible de todo el Pueblo de Dios en Extraordinaria Oración para el Avivamiento de la Religión y el Avance del Reino de Cristo en la Tierra, de acuerdo a las Promesas de las Escrituras y las Profecías...»* Orr continúa desafiándonos a todos como creyentes y particularmente como predicadores con esta pregunta: «¿No es esto lo que se está perdiendo tanto en todos nuestros esfuerzos evangelísticos...?»

4. Citas de los eruditos edwardsianos

Comentando su famoso sermón «Pecadores en las Manos de Un Dios Airado», un estudioso comenta que un testigo ocular afirmaba: «Edwards sostenía el manuscrito tan cerca de los ojos, que los oyentes no podían verle el rostro. Sin embargo, al acabar la lectura, el gran auditorio estaba conmovido. Un hombre corrió hacia él clamando: «¡Señor Edwards, tenga compasión!" Otros se agarraban de los bancos pensando que iban a caer en el infierno. Vi cómo se abrazaban a las columnas para sostenerse, pensando que había llegado el juicio final.» «El poder de aquel sermón aún tiene un gran impacto en el mundo entero. Sin embargo, conviene conocer algo más de su historia, la parte que generalmente se suprime. Durante tres días Edwards no había tomado ningún alimento, por tres noches no durmió. Había rogado a Dios sin cesar: «¡Dame la Nueva Inglaterra!" Después de levantarse de orar, cuando se dirigía al púlpito, uno de los allí presentes dijo que su semblante era como de quien, por algún tiempo, hubiese estado contemplando el rostro de Dios. Aun antes de abrir la boca para pronunciar la primera palabra, la convicción del Espíritu Santo cayó sobre el auditorio» (Chapman, citado en Boyer: 5).

El lugar del ayuno por el avivamiento es ilustrado por la siguiente referencia: «En abril de 1743, dos jóvenes de la ciudad, un hombre y una mujer, murieron repentinamente. Mientras sus jóvenes compañeros todavía se hallaban sobrecogidos por estas muertes, el predicador rápidamente aprovechó su oportunidad, organizó a los jóvenes en pequeños grupos para tener reuniones privadas, *señaló ayunos*, y en otras formas variadas trajo la religión al primer plano durante toda la semana hasta el domingo» (Énfasis mío) (Winslow: 159).

El epitafio de Edwards lo describe como un hombre que se dio muchísimo a la oración y el ayuno. Hay una frase en su epitafio que lo describe como «en persona era alto y esbelto, delgado por el intenso estudio, la abstinencia y solicitud (WJE nº 40: sn, Gerstner 1991: 129)

Edwards practicó el ayuno, participó en ayunos públicos y ayunó regularmente en su propia vida privada. De hecho, en un sermón titulado «Días de Ayuno en Tiempos Muertos», mientras lamenta y denuncia los abusos del ayuno, Edwards apunta al lugar legítimo del ayuno como un signo de arrepentimiento (Lesser WJE 19: 67).

5. Ilustraciones extraídas de los propios sermones de Edwards

Existen numerosas ocasiones en las se describe a Edwards como predicando en un domingo de «ayuno». Querríamos estar seguros de asumir que Edwards participó del ayuno en esas ocasiones.

Hay veces en las que Edwards explícitamente llama al ayuno. Por ejemplo, en un sermón predicado en el invierno de 1730, Edwards afirma «si las personas en un tiempo de dolorosa sequía reconocen a Dios, y se vuelven de sus pecados que provocan su juicio, y van a Dios a través de Cristo *en oración y súplica,* entonces hallarán la manera de obtener la bendición temporal que necesitan, y también obtendrán grandes bendiciones espirituales que son mucho mejores». Los eruditos creen que probablemente este sermón fue de ayuno (Valeri WJE 17: 447).

6. Las 70 Resoluciones

¿Hay algo en las resoluciones que refuerce el concepto de oración y ayuno en la vida de Edwards? Podemos considerar de hecho lo siguiente:

24. Resuelvo, que en cualquier ocasión en la que realice manifiestamente cualquier acción malvada, le seguiré la pista hasta llegar a la causa original; entonces, me esforzaré con esmero para no hacerla más, *lucharé y oraré con todas mis fuerzas* contra su origen.

A Edwards no le bastaba con identificar las acciones externas, sino que se esforzaba en «seguirles la pista» hasta la «causa original», hasta el núcleo del asunto y entonces tratarlo por medio de la oración diligente *(«con todas mis fuerzas»).* Edwards estaba decidido a dirigir los asuntos principales de su vida por medio de la oración.

29. Resuelvo, que nunca haré una *oración,* ni dejaré que haya una *oración,* ni una petición de *oración* que se pueda hacer, *que no pueda esperar que Dios la conteste;* ni ninguna confesión, que no pueda esperar que Dios acepte.

Edwards no sólo estaba comprometido con una vida de oración, sino que trabajó duro para mejorar la calidad de su vida de oración. Aquí lo vemos ocupándose del asunto de la incredulidad. Quisiera parafrasear este voto: Resuelvo no orar sin creer que Dios me contestará. Resuelvo no confesar mis pecados sin creer que Dios garantizará mi perdón. Si fuéramos más sinceros y estableciéramos esta estrategia en nuestras vidas de oración y en nuestra manera de confesar nuestros pecados, ¿no produciría una mayor revolución en nuestras vidas espirituales?

64. Resuelvo, que cuando experimente esos «gemidos indecibles» (Ro. 8:26), de los que habla el apóstol, y esos «quebrantamientos del alma por el deseo de tus decisiones», de los que habla el salmista, Sal. 119:20, *que los promoveré con todas mis fuerzas, y que no me cansaré de los fervientes intentos de desahogar mis deseos, ni de repetir esa clase de fervores* (23 de Julio, y 10 de Agosto de 1723).

Edwards está decidido aquí a seguir avanzando en el mover del Espíritu y los anhelos del alma, y «promoverlos con todas mis fuerzas» o, en otras palabras, cultivar, desarrollar y fomentar este espíritu de oración. Cuando dice «no me cansaré de los fervientes intentos de desahogar mis deseos…» significa que no se rendirá, que no se cansará, que no será perezoso o vago, sino que «desahogará sus deseos» y dará total expresión a sus oraciones, ni se cansará de «repetir esa clase de fervores». He aquí un hombre joven comprometido con la oración, que coloca temprano en su vida y ministerio la prioridad de orar, y tenemos sólidas razones para creer que siguió estas resoluciones a lo largo de su vida para cultivar su vida de oración.

Respecto del ayuno, sólo solo se infiere el tema del ayuno en las resoluciones. Podemos inferir de lo siguiente que Edwards practicaba el ayuno de forma regular:

4. Resuelvo, *nunca hacer cosa alguna* si puedo evitarlo, *en alma o cuerpo, ni grande ni pequeña, ni ser, ni soportar nada cuyo fin no sea para la gloria de Dios.*

20. Resuelvo, que *mantendré la más estricta temperancia en la bebida y en la comida.* (Indudablemente mantener la más estricta temperancia en la bebida y en la comida implicaba que frecuentemente Edwards practicaba el ayuno).

40. Resuelvo, *inquirir cada noche,* antes de ir a la cama, *si he actuado de la mejor manera posible con respecto a la comida o la bebida* (7 de Ene-

ro de 1723). Cada noche Edwards inquiría si había hecho las cosas de la mejor manera posible. Comer y beber adecuadamente era muy importante para él.

7. Otros autores

E. M. Bounds ha escrito extensamente sobre la relación entre el predicador y la oración (ver bibliografía). Animo encarecidamente a cada pastor predicador a que lea ese librito al menos dos veces al año, para ayudarle a mantener en su sitio la prioridad de la oración. Su tratamiento del avivamiento también trata con efectividad el lugar de la oración.

La historia demuestra este principio. La precursora común de los avivamientos ha sido la oración constante. Pentecostés, que fue el primer avivamiento cristiano, fue precedido por diez días de intensa oración caracterizados por una unidad de corazón (Hechos 1:14, 2:1-4). Antes del Segundo Gran Despertar (a últimos de la década de 1850), Jeremiah Lamphier llamó a una reunión de oración en el centro de Nueva York. Al cabo de seis meses 10. 000 hombres de negocios estaban orando por el avivamiento, y en dos años sobre 2. 000. 000 de personas fueron añadidas a las iglesias. El mismo patrón es hallado antes del avivamiento de 1859 en el Ulster, Irlanda. James McQuilkin y otros tres comenzaron a reunirse en un colegio cada semana para orar y tener estudios bíblicos. Se calentaban con brazadas de turba que recogían de camino al colegio cada jueves por la tarde. Mientras la turba calentaba sus cuerpos, el Espíritu encendía el fuego en sus corazones. A finales de 1858, los participantes de la reunión de oración habían crecido hasta cincuenta. Se intercedió por un derramamiento del Espíritu Santo sobre ellos y sobre el país, sin hacerlo por otros asuntos. Sus oraciones (y posiblemente las de muchos más) fueron maravillosamente contestadas en 1859 cuando unas 100. 000 personas fueron añadidas a las iglesias en el Ulster. Estos relatos y muchos otros ilustran la oración como génesis del avivamiento. El comienzo de un tiempo de avivamiento invariablemente ha estado marcado por la multiplicación de las reuniones ordinarias de oración, produciendo una nueva vitalidad, mayor participación, mayor conciencia de la presencia del Espíritu Santo, y mayor unción en la intercesión. Por tanto, en tiempos de necesidad especial y de la debilidad de la iglesia, hay un mandato histórico y bíblico de recurrir a la oración extraordinaria en busca del avivamiento. ¿La apatía espiritual y falta de poder de la iglesia actual no es una crisis que pide urgentemente oración? (Hulse: 1).

J. Edwin Orr, en su obra *«Oración y Avivamiento»* escribe: «mucha gente ha oído del Avivamiento Galés que comenzó en 1904. Arrancó como un movimiento de oración. El evangelista presbiteriano Seth Joshua, llegó al Newcastle Emlyn College donde un antiguo minero del carbón de 26 años, Evan Roberts, estaba estudiando para el ministerio. Los estudiantes se emocionaron tanto que preguntaron si podían asistir a la próxima campaña de Joshua, cerca de allí. Entonces cancelaron sus clases para ir a Blaenanerch donde Seth Joshua oró públicamente, «Oh Dios, moldéanos." Evan Roberts salió al frente, donde oró con gran agonía, «Oh Dios, moldéame." Así fue el comienzo del Avivamiento Galés.

Describiendo el tipo de predicación que produce el avivamiento, Keevil afirma: «Estará llena de poder. La predicación de avivamiento estará bañada en oración. La oración es la energía de la verdadera predicación poderosa, y sin ella el sermón no es más que palabras dichas al aire. La oración es esencial para el predicador y para las personas. Cuando ambos están preparados por medio de la oración, se crea una atmósfera conducente a expectativas de bendición. La síntesis reformada de la Palabra y del Espíritu quiere decir que sin el Espíritu, la Palabra es letra muerta» (Keevil: 163, 164). Como uno de mis revisores de este libro comentó: «Esto es realmente muy importante, pero lo que hemos de hacer no es solo que la gente lo oiga y asienta con la cabeza, sino que han de doblar sus rodillas y orar-orar-orar.»

8. Conclusión

La conexión entre oración y avivamiento ha sido claramente establecida por muchos eruditos bíblicos e historiadores. El Dr. A. T. Pierson una vez dijo, «No habrá un despertar espiritual en ningún país ni localidad si no se comienza con oración.» Los estudios de J. Edwin Orr sobre la oración y el avivamiento son sin igual. Su estudio clásico sobre la oración y el avivamiento afirma que dondequiera que hay un avivamiento «comienza con un movimiento de oración» (J. Edwin Orr). Hay considerables pruebas de que previo al Gran Despertar, hubo un fuerte sentir de necesidad y de letargo espiritual que movió a los más dispuestos espiritualmente a implorar a Dios por un Gran Despertar. En el prefacio de la famosa «*Narrativa Fidedigna*» del Gran Despertar, de Edwards, tenemos esta significativa observación de Watts, que fue quien escribió este prefacio. Tras describir la decadencia y letargo espirituales, Cooper afirma «Consiguientemente, ha sido una constante petición en nuestras oraciones públicas de Sabbath a Sabbath, que Dios «derrame su Espíritu sobre nosotros, y reavive su obra en medio de los tiempos» (Joel 2:28; Habacuc 3:2, William Cooper, Goen WJE 4: 217).

Más particularmente, haríamos bien en reflexionar sobre el lugar de la oración en la vida del predicador de avivamiento. Así como hay una conexión entre oración y avivamiento, existe una especial conexión entre Dios conmoviendo el corazón del predicador, su vida de oración y el avivamiento personal y colectivo subsecuente. Orr documenta cómo la gente fue movida a orar, y eso atrajo a otros a la oración; hombres como William Carey, Andrew Fuller y John Sutcliffe. Orr afirma: «En Nueva Inglaterra, hubo un hombre de oración llamado Isaac Backus, pastor bautista, quien en 1794, cuando las condiciones eran las peores, dirigió una apremiante petición de oración por el avivamiento a los pastores de cada denominación cristiana en los Estados Unidos» (Orr: sp).

«Hubo un ministro presbiteriano escocés-irlandés llamado James McGready... McGready era de esta clase de hombres de oración que no sólo promovió el concierto de oración cada primer lunes de mes, sino que llevó a su pueblo a orar por él desde el ocaso del sábado hasta el amanecer del domingo. Entonces en el verano de 1800 llegó el gran avivamiento de Kentucky» (Orr).

Dios nos llama en tanto que predicadores a orar a favor del avivamiento. Necesitamos orar por nuestra propia vitalidad espiritual, y la de nuestra familia, y por la vitalidad espiritual del pueblo de Dios bajo nuestro cuidado. ¿Qué sucedería si los predicadores rogaran a Dios fervientemente por el avivamiento y el despertar, comenzando en sus propios corazones, en sus propios hogares y en sus propias parroquias? Las Escrituras y los anales de la historia están repletos de pruebas documentadas de lo que puede ocurrir. Señor, necesitamos otro Gran Avivamiento. Nosotros como pastores nos humillamos, oramos y buscamos tu rostro, nos volvemos de nuestros perversos caminos, para que tengas misericordia, escuches nuestras oraciones, sanes nuestras iglesias y despiertes nuestra tierra (2 Crónicas 7:14). Amén.

Nota: El asunto de la distracción en la cultura actual y entre los predicadores es significativo. Distraer significa literalmente la negación de meditar (en inglés, «a» «muse»). Podemos fácilmente ser distraídos de la oración profunda pensando en distracciones.

CAPÍTULO 3

Predicando sobre el fuego del infierno[2]

«Horror que se apoderó de mí a causa de los inicuos que dejan tu ley» (Salmo 119:53).

«Algunos hablan de ello como algo irracional el pensar meter miedo a las personas para que vayan al cielo; pero yo pienso que es razonable intentar meter miedo a las personas para que huyan del infierno... Es razonable meter miedo a una persona para que salga de una casa ardiendo» (Jonathan Edwards, Goen WJE 4: 248).

Comentarios introductorios

¿Existe alguna relación entre el avivamiento y hacer hincapié en el infierno? ¿Hay pruebas en el Primer Gran Despertar de que el avivamiento de los santos remolones y el despertar de los pecadores adormecidos pueden provenir del tipo de predicación que hace hincapié en el fuego del infierno y la condenación eterna?

---

2 Kimnach

111

1. Definición

¿Qué queremos decir con «predicación sobre el infierno» o «predicación del fuego del infierno»? La predicación del fuego del infierno se refiere a ese tipo de predicación que se centra en el destino final del impenitente. Puede haber diferentes grados de hincapié, y pueden existir distintos grados de amplitud en los que se hace hincapié sobre el infierno en el sermón. De acuerdo a Houdmann, están los que ven a Dios tan amoroso y bueno que el concepto de infierno les parece bárbaro, y luego, por otro lado «…los que ven a un Dios perpetuamente enfurecido, iracundo y vengativo que condena a la gente al infierno por el puro disfrute que obtiene de ello. Ambas visiones del carácter de Dios y del infierno son bíblicamente insostenibles» (Houdmann). Desde una perspectiva histórica, «…Se ha asociado la predicación del fuego del infierno con predicadores de los siglos XVIII y XIX en Europa y América. La imagen que se tiene de los predicadores puritanos es a menudo la de unos terroristas teológicos barbudos y con levita negra, golpeando sus púlpitos y amenazando continuamente a sus congregaciones con el fuego eterno. Tal vez el epítome de la imagen del predicador del fuego del infierno sea Jonathan Edwards, cuyo sermón «Pecadores en las manos de un Dios airado» describe las realidades del infierno tan claramente que se decía que los oyentes podían oler el azufre ardiendo» (*Houdmann*). Sin embargo, ¿es esta visión de la predicación del fuego del infierno una caricatura de Edwards? Nosotros creemos que aunque Edwards predicó sobre el infierno, no es lo que caracteriza o predomina en su predicación. No obstante, la predicación del fuego del infierno fue un significativo elemento dentro de la predicación de Edwards, y un significativo estímulo para el despertar.

Para aclararlo, el concepto que Edwards tenía del infierno era el de un lugar de tormento eterno y sensible. Gerstner explica cuál era el concepto edwardsiano del infierno: «El infierno es un horno de fuego espiritual y material donde sus víctimas son exquisitamente torturadas en sus mentes y en sus cuerpos eternamente, de acuerdo a sus varias capacidades, por Dios, los demonios, y seres humanos condenados, incluyéndose a sí mismos, en sus memorias y conciencia así como en sus pasiones rabiosas e insatisfechas, de cuyo lugar de muerte la gracia salvadora de Dios, su misericordia, y piedad se han marchado para siempre, para nunca más regresar» (Gerstner 1998: 53).

2. Perspectiva bíblica

No hay lugar a dudas: la Biblia enseña claramente que el infierno es real. Los *evangelios* sinópticos contienen 15 referencias a la palabra «infierno» tal y como fue empleada por Jesús. Existe una clara conexión entre la predicación de Jesús y su uso del infierno. Las dos referencias al infierno en el libro de los Hechos (2:27, 31) tienen más que ver con que Cristo no se quedó en el infierno, y no se usan en forma conminatoria[3]. Sin embargo, el término actual de «infierno» no es empleado por Pablo en sus epístolas, ya que él hace referencia, en 2 Corintios 5:11 al temor del Señor y liga este hecho a la predicación y al evangelismo: «Sensibles del respeto que merece el Señor, nos esforzamos en convencer a los demás, pues lo mismo que nuestra vida no tiene secretos para Dios, espero que tampoco los tenga para vosotros.» Las otras únicas ocasiones en las que el término «infierno» es empleado en las epístolas son Santiago 3:6 y 2 Pedro 2:4. La referencia de Santiago no es utilizada realmente en el sentido de advertir a los no creyentes del peligro inminente para ellos, pero 2 Pedro hace referencia al infierno y apunta al fin cierto de los injustos que son puestos «en cavernas tenebrosas del abismo, donde los tiene encarcelados para el juicio» (2 P. 2:4). No obstante, tomando en consideración la cuestión general de la justicia y del juicio divino, no puede haber duda de que en el pensamiento paulino el concepto de juicio es una poderosa motivación para el evangelismo y las misiones (ver Romanos 2:5, 8, 9). El autor de Hebreos habla (Hebreos 10:31) de que «¡tiene que ser terrible caer en las manos del Dios viviente!»

3. Citas de Edwards

En respuesta a las críticas hacia el avivamiento que acusaban a los ministros de usar de tácticas aterrorizantes, Edwards razonaba: «Decir algo a aquellos que nunca han creído en el Señor Jesucristo, hacerles ver su situación de otra

---

3 Conminatoria quiere decir, «en forma amenazante».

manera que no sea inmensamente terrible, no es predicarles la palabra de Dios; porque la palabra de Dios solamente revela la verdad; es engañarlos. *¿Por qué hemos de tener miedo a que personas que están en una condición infinitamente miserable, sepan la verdad, o llevarlos a la luz, por miedo a que puedan sentir terror?* Esa luz que puede convertirlos, si es que acaso se convierten. *Cuanto más llevemos a los pecadores a la luz, en su estado de miseria, y la luz es terrible para ellos, más probable será que poco a poco la luz sea motivo de gozo para ellos.* El bienestar, la paz y el consuelo, que el hombre natural disfruta, tienen su fundamento en la oscuridad y la ceguera; por tanto *como la oscuridad se desvanece, y aparece la luz, su paz se desvanece y se aterran: pero no hay ningún buen argumento por el que tengamos que esforzarnos por abrazar su oscuridad, para que podamos sostener su bienestar»* (Jonathan Edwards, Goen WJE 4: 391).

En cuanto al tema de contrapesar ley y evangelio, o infierno y cielo, Edwards fue cuidadoso al notar que «No es que piense que sólo la ley ha de ser predicada: puede que los ministros prediquen demasiado poco de otras cosas. El evangelio ha de ser predicado del mismo modo que la ley, y la ley ha de ser predicada sólo para dar lugar al evangelio, y con vistas a que sea predicado con eficacia; la labor principal de los ministros del evangelio es predicar el evangelio: éste es el fin de la ley; Cristo es el fin de la ley para justicia (Romanos 10:4). Pero un ministro erraría totalmente el blanco si insistiera tanto en los terrores de la ley, mientras olvida su fin y descuida predicar el evangelio; pero aun así hay que insistir mucho en la ley, y la predicación del evangelio parece ser vana sin ella» (Goen WJE 4: 247).

Teniendo en cuenta la naturaleza del mismo infierno, Edwards afirma: «Así como el favor de Dios es infinitamente deseable, igualmente es parte de su infinita y terrible majestad, que su desagrado sea infinitamente espantoso, lo cual no sería así si fuese contrario a la perfección de su naturaleza castigar eternamente. Si la majestad de Dios no fuese infinita y su desagrado no fuese infinitamente espantoso sería menos glorioso» (Edwards, Gerstner 1998: 79).

¿Qué evidencia hay que conecte el avivamiento con la predicación del fuego del infierno? Edwards mismo, en su famosa *«Narrativa Fidedigna»* claramente identifica ese tipo de mensajes fundamentales para traer el avivamiento. Él afirma: «Creo entender que ningún disᴄurso ha sido especialmente bendecido, más que aquellos en los que la doctrina de la absoluta soberanía de Dios en relación a la salvación de los pecadores, y su justa libertad en relación con la respuesta a las oraciones, *o a los dolores subsiguientes del hombre natural*, en los cuales actualmente, se ha estado insistiendo. He encontrado mucho fruto salvador inmediato en los discursos que he ofrecido a mi congregación cuando he subrayado esas palabras, en Romanos 3:19, «que toda boca se cierre»; esforzándome en mostrar a partir de ahí que *sería justo que Dios rechazara y desechara para siempre a meros hombres naturales»* (Énfasis mío) (Jonathan Edwards, Goen WJE 4: 168). No hay duda de que cuando Edwards se refiere a «los dolores del hombre natural» y «rechazar y desechar para siempre al mero hombre natural» se refiere a la condenación eterna en el infierno. Este hincapié, afirma Edwards, es lo que lleva al avivamiento. Como Edwards lo expresa, a una persona «...debe mostrársele el peligro de su presente condición y de la inminente destrucción que pende sobre su cabeza» (Gerstner 1998: 52).

4. Citas de eruditos edwardsianos

De acuerdo al erudito edwardsiano de Yale, Stout, «el reino de Satanás era el infierno, un lugar sin bondad ni Dios; un dolor y sufrimiento físicos donde las llamas lamen a los pecadores con ferocidad implacable. Allí donde muchos escritores medievales favorecieron imágenes del infierno que se desarrollaban en la infinita oscuridad, Edwards prefirió imágenes de hornos y de fuego. En una entrada de *«Misceláneas»* escribe, «el infierno es representado por fuego y azufre... El relámpago es un río de azufre; y si este relámpago de azufre, el cual llamamos infierno implacable es tan ardiente como los ríos de relámpagos, será más intenso de lo que podamos imaginar» (Stout 2003 WJE 13: 376). Lo que hacía a este infinito río de fuego más atroz era el hecho de que Dios permitiese a los condenados ver el paraíso alternativo de los santos en el cielo, y viceversa. Y, como el de Calvino, el Dios de Edwards no daba una segunda oportunidad tras la muerte. El infierno era eterno e irreversible. Con lógica inapelable

Edwards insiste en que puesto que Dios odia el pecado, es justo que ejecute un castigo infinito (Stout 2004 WJE 22: 21).

Posiblemente ningún erudito edwardsiano haya investigado el tema de la predicación del fuego del infierno de Edwards más que Gerstner (ver bibliografía). Es instructivo notar la frecuencia con que Edwards predica acerca del infierno. Gerstner, en su excelente y conciso trabajo titulado *«Jonathan Edwards sobre el cielo y el infierno»* sugiere que «la proporción de sermones de Edwards… puede que no sea de tres a uno a favor de los conminatorios (que expresan, proclaman o transmiten una amenaza) frente a temas de exhortatorios (como la misma Biblia parece hacer), pero ciertamente favorece esta clase de hincapié. Como cruda muestra hemos hallado que entre los 140 sermones sobre Mateo, 13 se dedican explícitamente al cielo, y 23 al infierno. De los 43 sermones de Marcos hay 7 sobre el cielo y 4 sobre el infierno. Lucas tiene 10 sobre el cielo y 13 sobre el infierno. Ha de recordarse además de que Edwards no usa textos como pretextos o incluso como meros puntos de partida para un desarrollo temático. Él siempre comienza con una introducción contextual y entonces procede a exponer el significado de su texto, el cual él afirma en la forma de una «doctrina». Por ello cuando Edwards dedica esos sermones al infierno, cree que los textos tratan de ese tema, y que a él como administrador de los misterios de Dios corresponde hacer lo mismo» (Gerstner 1998: 52, 53).

Frecuencia de la palabra «infierno» en los sermones de Edwards

PERIODO DE TIEMPO	«Cielo»	«Infierno»
WJE, Volumen n° 10 Sermones y discursos 1720-1723	250/189[4]	120/80
WJE, Volumen n° 14 Sermones y discursos 1723-1729	217/206	185/166
WJE, Volumen n° 17 Sermones y discursos 1730-1733	227/216	62/55
WJE, Volumen n° 19 Sermones y discursos 1734-1738	319/303	98/94
WJE, Volumen n° 22 Sermones y discursos 1739-1742	259/155	210/99
WJE, Volumen n° 25 Sermones y discursos 1743-1758	319/287	74/63
Totales	1591/1356	749/557

---

4 El primer número corresponde a todo el libro, incluyendo los comentarios editoriales, mientras el segundo número corresponde solamente a los sermones de Edwards.

Por supuesto es un poco engañoso determinar un énfasis basado exclusivamente en el empleo de una terminología. Existen otros factores significativos, como el desarrollo de la teología de la justicia, castigo y condenación. Sin embargo, el componente de la predicación «fuego del infierno» o «terror», y la frecuencia de estos términos, es un aspecto significativo de la predicación de avivamiento de Edwards.

5. Ilustraciones de los propios sermones de Edwards

Aquí tenemos algunas de las muchas citas convincentes que denuestran que Edwards fue de hecho un predicador del fuego del infierno.

> ¡Oh, pecador! Considera el peligro temible en el que estás: Existe un gran *horno de ira*, un *abismo sin fondo* abierto, lleno del *fuego de la ira*, que tú estás sujeto por la mano de este Dios, cuya ira ha sido provocada y está enfurecida contra ti y contra muchos de los condenados al infierno; *cuelgas de un fino hilo* con *las llamas de la ira divina parpadeando a su alrededor*, y preparadas *a cada momento para quemarlo* y reducirlo a cenizas; y no tienes interés en ningún mediador *ni nada a lo que aferrarte para salvarte a ti mismo, nada que te mantenga alejado de las llamas de la ira, nada tuyo, nada que puedas hacer, que mueva a Dios a evitarlo por un momento* (Stout WJE 22: 412) (Sermón: «Pecadores en las manos de un Dios airado»)

«Dios puede erigir vuestras almas como monumentos llameantes de su descontento y severidad, en el infierno para siempre» (Kimnach 1999 WJE 10:173).

«No existe nada que mantenga al hombre perverso por un momento fuera del infierno, sino el mero beneplácito de Dios» (Kimnach 1999 WJE 10: 208).

«Es algo terrible pensar que hay ahora algunas personas de esta misma congregación, aquí y allá, en un asiento u otro que serán víctimas de esta gran miseria tan horrorosa de la que hemos oído ahora, tan intolerable y eterna» (Jonathan Edwards, citado por Gerstner 1998: 52).

6. Las 70 Resoluciones

La primera referencia al «infierno» en las *resoluciones* se halla en la nº 10: «Resuelvo, que cuando sienta dolor, piense en los dolores del martirio y del infierno.» Esto apunta a la conciencia que Edwards tenía acerca de la realidad del dolor del infierno, e implica su determinación de cultivar una conciencia y sensibilidad con respecto a esta realidad de tal modo que pudiera infiltrar y permear su predicación y sus escritos, y de hecho todo su ministerio. Podemos ver que esto sucedió por la insistencia de Edwards sobre el tema en sus sermones.

La segunda referencia al «infierno» en las *resoluciones* se encuentra en la resolución nº 55: «Resuelvo, esforzarme al máximo por actuar como creo que debo hacerlo, sea que haya visto la felicidad del cielo, o los tormentos del infierno.» *8 de Julio de 1723*. Podemos decucir de esta resolución que parte de la motivación de Edwards para predicar acerca del infierno era su deseo de ser fiel a su decisión; indudablemente, creía que predicando sobre el infierno, estaba actuando «tal como creía que debía hacerlo» a la luz de «los tormentos del infierno». Esto es especialmente verdad cuando consideramos en el resto de los escritos de Edwards su firme y sólida creencia en el lugar del infierno.

7. Otros autores

¿Existen pruebas claras y convincentes de que otros predicadores crean o hayan creído en la importancia de la predicación del fuego del infierno como un medio para el avivamiento y el despertar? Tal vez Houdmann sea el que mejor lo resume al afirmar: «¿Hay lugar para la predicación del fuego del infierno hoy día? No sólo existe lugar para la enseñanza de los fuegos del infierno y el único camino para escapar de ellos, sino que la verdadera predicación del evangelio de Cristo no está completa sin ella. Si los pastores y predicadores son consecuentes con las Escrituras, predicar y advertir a sus rebaños de los fuegos del infierno debería ser parte de su mensaje» (Houdmann). «Cuando mueras, tu alma será atormentada a solas; habrá un infierno para ello, pero en el día del juicio tu cuerpo se unirá a su alma, y entonces habrán dos infiernos gemelos, tu alma sudando gotas de sangre, y tu cuerpo cubierto de agonía. En el fuego, exactamente como el que tenemos en la tierra, tu cuerpo permanecerá, como el amianto, sin consumirse para siempre, todas tus venas serán calles por las que caminarán los pies del dolor, cada nervio será una cuerda en la que el diablo tocará para siempre su diabólica melodía del *"Lamento inefable del infierno"* (Charles Spurgeon).» El difunto obispo J. C. Ryle, que murió en 1900, dijo: «Si deseas promover la fe, vencer al diablo y salvar almas, ¡predica el infierno!»

8. Conclusión

¿En qué medida la predicación sobre el fuego del infierno debe formar parte de nuestra predicación hoy? Debemos usar las pistas que surgen de la Escritura, no de la historia de la iglesia. Quisiera decir que aunque el infierno está claramente enseñado en la Escritura, la práctica de la predicación del «fuego del infierno» en la Escritura es limitada. Ciertamente dentro de nuestro deber de predicar «todo el consejo de Dios» (Hechos 20:27) estamos bajo las órdenes de describir la solemne verdad del infierno, junto con las verdades esperanzadoras de la gracia y la liberación por medio de Cristo. Pero no hemos de predicar el infierno con un espíritu vindicativo. Os dejo con una cita que refiere cómo dos líderes se sentían sobre el infierno: «Un evangelista cuenta la historia de la visita de Francis y Edith Schaeffer a su casa en *L'Abri*, Suiza. Una noche, tras la cena, la conversación trató sobre muchos temas profundos de teología, y de repente alguien preguntó al doctor Schaeffer: "¿Qué ocurre con aquellos que nunca han oído de Cristo?". Todo el mundo alrededor de la mesa esperaba alguna gran respuesta teológica, una importante contestación intelectual, pero no hubo respuesta. En vez de eso, él inclinó su cabeza y lloró… R. Dale una vez dijo de D. L. Moody que "tenía derecho a predicar sobre el infierno, porque lo hacía claramente desde un corazón que lloraba". ¿Tenemos corazones que lloran cuando intentamos hablar a otros sobre su necesidad de Cristo?» (David Legge. www. preachtheword. com/sermon/evangelism02. shtml)

«Pero Edwards el predicador era mucho más que fuego y azufre. Sí, el infierno era un lugar real en la mente de Edwards, y por tanto digno de que se advierta continuamente de que hay que huir de él a toda costa. Pero este no fue enfáticamente el tema que desasosegó sus pensamientos y visiones. "Cielo" y "amor" fueron las palabras más importantes de los sermones de Edwards y él luchó cada semana para llevar estas realidades a la conciencia de sus oyentes. Edwards estaba más preocupado porque su congregación llegase a una comprensión de Dios salvadora a través del conocimiento de la belleza del gran y poderosamente redentor amor de Dios por ellos. Incluso un somero vistazo a los títulos de los sermones Edwards apoyarán este punto contundentemente»

(Stout, http://edwards. yale. edu/research/about-edwards/preacher).

Recomendación bibliográfica: Chan, Francis y Preston Sprinkle, *Eliminando el Infierno,* Colorado Springs: David Cook, 2011.

CAPÍTULO 4

El papel de la Palabra en la predicación de avivamiento y despertar de Edwards

«La exposición de tus palabras alumbra; hace entender a los simples» (Salmo 119:130).

«La voz del Señor produce llamas ardientes» (Salmo 119:7) (Versión La Palabra-España).

[28] El profeta que tuviere un sueño, cuente el sueño; y aquel a quien fuere mi palabra, cuente mi palabra verdadera. ¿Qué tiene que ver la paja con el trigo? dice Jehová. [29] ¿No es mi palabra como fuego, dice Jehová, y como martillo que quebranta la piedra? (Jeremías 23:28, 29).

«Dejadnos trabajar de manera muy particular, convincente y despertadora, dispensando la palabra de Dios; hablando de tal modo que alcance y penetre los corazones y las conciencias, y humille las almas de aquellos que nos escuchan» (Jonathan Edwards) (Kimnach: WJE 10: 15).

Teniendo en cuenta la Palabra de Dios, Edwards escribe, «Sé asiduo en la lectura de las Sagradas Escrituras. Esta es la fuente de la que debe derivar toda comprensión de la divinidad. Por tanto no dejes que este tesoro sea abandonado por tu descuido» (JEC WJE 54: sp. Por qué todos los cristianos deben empeñarse en intentar crecer en la comprensión de la divinidad).

Comentarios introductorios

La palabra de Dios es absolutamente fundamental para el avivamiento. El salmista David escribió: «Tu *promesa* me da *vida*» (Sal. 119:50, BLP). El salmista apelaba «*Dame vida* de acuerdo a tu *palabra*» y de nuevo «Señor, es intenso mi dolor, *hazme vivir* según tu *promesa*» (Sal. 119:107, BLP). El avivamiento y el despertar sostenidos deben estar arraigados en la Palabra. ¿Qué papel cumple la predicación de la Palabra en el avivamiento y en el despertar? ¿Qué puede enseñarnos Edwards sobre esta dinámica?

La predicación que aviva es una predicación basada en la Palabra. Pero surge una pregunta. ¿Por qué mucha de la predicación ortodoxa es ineficaz? Una predicación basada en la Palabra no es sinónimo de una predicación de avivamiento. Tras el mejor sermón jamás predicado, se dijo «Cuando Jesús terminó este discurso, la gente estaba profundamente impresionada por sus enseñanzas, porque los enseñaba con verdadera autoridad y no como los maestros de la ley» (Mt. 7:28, 29, BLP). Los escribas y Jesús eran predicadores basados en la Palabra, pero la predicación de Jesús fue hecha con autoridad. Antes del Gran Despertar, había mucha predicación ortodoxa, pero no había avivamiento. Edwards predicaba la Palabra, y lo hacía con una autoridad espiritual que provocaba el avivamiento. Actualmente también hay una plétora de predicaciones «ortodoxas», aunque suspiramos por el avivamiento y el despertar. ¿Qué hace que la predicación de la Palabra sea autoritativa? ¿Qué podemos hacer para transformar una predicación basada en la Palabra en una predicación de avivamiento? Este capítulo tratará de contestar a estas cuestiones.

1. Definición

La predicación de la Palabra significa proclamar la verdadera palabra de Dios, sea de forma expositiva o más temática. La predicación expositiva es definida por Haddon Robinson, rey contemporáneo de la predicación expositiva y de la homilética, como «la comunicación de un concepto bíblico, derivado y transmitido por medio del estudio histórico, gramatical y literario del pasaje en su contexto, el cual el Espíritu Santo aplicará primeramente a la personalidad y experiencia del predicador y que después, a través del predicador, lo aplicará al oyente» (Robinson/Larson: 58). «*La predicación expositiva* (también llamada *exposición sistemática*) es una forma de predicar que arroja luz sobre el significado de un texto o pasaje particular de la Escritura. La expresión «arrojar luz» es más general que la exégesis, que se emplea para una exposición mucho más técnica y gramatical, una cuidadosa descripción del significado exacto de un pasaje en su contexto original. Mientras que el término exposición puede ser usado en conexión con cualquier enseñanza informativa verbal sobre cualquier tema, el término también se usa en relación a la enseñanza y predicación de la Biblia. La predicación expositiva difiere de la predicación tópica en que la última se concentra en un tópico específico y se apoya en textos que apoyen el tópico» (Wikipedia). El avivamiento y el despertar son vistos como un producto del Espíritu Santo, tomando la palabra de Dios y tamizándola a través del prisma de la personalidad del hombre o la mujer de Dios que proclama la verdad de Dios. La Palabra y el Espíritu actúan juntos en la predicación de avivamiento.

2. Perspectiva bíblica

¿Hay ejemplos bíblicos claros del avivamiento en conexión con la predicación de la palabra de Dios? Por supuesto. ¿Hay una enseñanza bíblica clara que conecte el avivamiento con la predicación de la Palabra? De nuevo, por supuesto.

Sabemos que la Escritura establece claramente una relación entre la conversión y la Palabra. «Él, por su libre voluntad, nos engendró *mediante la palabra de la verdad* para que seamos como primeros frutos entre sus criaturas» (Stg. 1:18, BLP. Énfasis mío). «En efecto, el mundo con su sabiduría sobre Dios no ha llegado a conocer a Dios a través de esa sabiduría. Por eso, Dios ha decidido salvar a los creyentes *a través de un mensaje que parece absurdo*» (1 Co. 1:21, BLP). No seremos salvos a través de la predicación absurda, sino a través del absurdo de la predicación. Existen abundantes pruebas bíblicas que conectan la actuación de la Palabra con la regeneración y el despertar. El Salmo 19 nos recuerda: «La ley del Señor es perfecta, *reconforta* al ser humano; el mandato del Señor es firme, al sencillo lo hace sabio; los decretos del Señor son rectos, *alegran el corazón*; el mandamiento del Señor es nítido, llena los ojos de luz» (Salmo 19:7, 8, BLP. Énfasis mío). *Tanto la conversión del alma (despertar) como la revitalización y el gozo del corazón (avivamiento) son fruto del Espíritu Santo utilizando la palabra de Dios.* Cuando Jesús dijo «Es el espíritu el que *da vida*; la carne no sirve para nada. Las *palabras* que os he dicho son espíritu y vida» (Juan 6:63, BLP), estableció claramente la eficacia de la Palabra por el Espíritu.

El Salmo 119, que exalta y elogia a la Biblia, muestra repetidamente la acción de la Palabra para despertar la vida espiritual (vv. 25, 37, 40, 50, 88, 93, 107, 149, 154, 156). Considerando el poder de estas frases, todas menos dos peticiones de avivamiento, y todas ellas, así como cada versículo del Salmo 119, relacionadas y que mencionan específicamente algunos sinónimos para la Biblia. No hay un «texto prueba» más convincente que pueda demostrar claramente la relación entre la acción de la Palabra y el avivamiento. (Todos los textos siguientes provienen de la Reina Valera 1960, y todos traducen el hebreo con la palabra «vivificar».)

«Abatida hasta el polvo está mi alma; *vivifícame* según tu palabra.» (Salmo 119:25).

«Aparta mis ojos, que no vean vanidad; *avívame* en tu camino.» (Salmo 119:37).

«He aquí yo he anhelado tus mandamientos; *vivifícame* en tu justicia.» (Salmo 119:40).

«Ella es mi consuelo en mi aflicción, porque tu dicho me ha *vivificado*.» (Salmo 119:50).

«*Vivifícame* conforme a tu misericordia, y guardaré los testimonios de tu boca.» (Salmo 119:88).

«Afligido estoy en gran manera; *vivifícame*, oh Jehová, conforme a tu palabra.» (Salmo 119:107).

«Oye mi voz conforme a tu misericordia; oh Jehová, *vivifícame* conforme a tu juicio.» (Salmo 119:149).

«Defiende mi causa, y redímeme; *vivifícame* con tu palabra.» (Salmo 119:154).

«Muchas son tus misericordias, oh Jehová; *vivifícame* conforme a tus juicios.» (Salmo 119:156).

«Mira, oh Jehová, que amo tus mandamientos; *vivifícame* conforme a tu misericordia.» (Salmo 119:159).

Muchos de los relatos bíblicos de avivamiento recalcan particularmente el papel de la predicación de la Palabra ungida por el Espíritu. Autrey cree que hubo un avivamiento bajo el liderazgo de Moisés (Ex. 32:1-35; 33:1-23) que sitúa en la *predicación de la ley de Moisés*. Autrey achaca el avivamiento sucedido bajo Samuel (1 S. 7:1-17) a su *predicación directa* (7:3); el despertar en Nínive fue debido al ministerio de predicación del profeta remolón de Dios: Jonás. Hubo un avivamiento notable bajo el reinado de Asa (2 Cr. 15) a través de la predicación agresiva de Azarías (2 Cr. 15:2). *El avivamiento dirigido por el rey Ezequías* (2 Cr. 29:1-36; 30:1-27; 31:1-12) fue respaldado y reforzado por profetas como Isaías y Miqueas. Autrey afirma que el avivamiento «sin duda fue grandemente realzado por una gran predicación...» (Autrey. 113). Tal vez el ejemplo más claro que enlaza la lectura y predicación de la Palabra para un avivamiento es el relato bíblico del avivamiento ocurrido bajo el reinado del rey Josías, en el que la palabra del Señor fue descubierta (2 R. 22:8), leída (2 R. 22:10), y produjo un efecto inmediato en el corazón del rey (2 R. 22:11). Bajo la predicación y tutela de Hulda la profetisa (2 R. 22:14-20), el rey implantó una importante reforma (2 R. 23). El más sucinto resumen de este avivamiento destaca el papel de la Palabra: «Ni antes ni después de Josías hubo un rey como él, que se convirtiera al Señor de todo corazón y con toda el alma, totalmente *de acuerdo con la ley de Moisés*» (2 R. 23:25, BLP. Énfasis mío). Este avivamiento bajo Josías (2 Cr. 34:1-33; 35:1-19) fue en parte debido *a la predicación profética de una profetisa*, Hulda (2 Cr. 34:22-28).

3. Citas de Edwards

«Todos tenéis junto a vosotros un gran tesoro de entendimiento divino, tenéis la Biblia en vuestras manos: por tanto, no os contentéis con poseer tan sólo un poco de este tesoro. Dios os ha hablado en las Escrituras; trabajad cuanto os sea posible para entender lo que él dijo. Dios os ha hecho a todos criaturas racionales; por tanto, no descuidéis la noble facultad de la razón o el entendimiento. No os contentéis con la cantidad de sabiduría con la que os tropezáis en vuestros caminos, recibida en cierto modo inevitablemente por la frecuente inculcación de la divina verdad en la predicación de la palabra, a la que estáis obligados a oír, o que es expuesta accidentalmente en la conversación; sino que sea más bien vuestro negocio el buscarla, y eso con la misma diligencia y esfuerzo que aquellos hombres que están obligados a excavar en las minas de plata y oro» (JEC, WJE: 54, IV. *Por qué todos los cristianos deben empeñarse en intentar crecer en la comprensión de la divinidad*).

«El ferviente celo (del predicador) que está en su corazón, cuyo fundamento y manantial está en esa llama santa y poderosa de amor por Dios y por el hombre, aparece en el fervor de sus oraciones a Dios, para y con su pueblo; y en *el denuedo y poder con el que predica la palabra de Dios,* declara a los pecadores su miseria, y les advierte para que escapen de la ira que está por venir, y reprueba, y testifica contra toda impiedad...» (Jonathan Edwards en su famoso sermón de ordenación «La verdadera excelencia de un ministro del evangelio», Kimnach WJE 25: 92).

¿Qué dice Edwards sobre el papel de la Palabra en el avivamiento? Sabemos, procedente del estudio general del contexto de Edwards como puritano reformado, qué importante eran para él la proclamación y la explicación de las Escrituras (ver Capítulo introductorio «V» dedicado a la perspectiva de Edwards sobre de la predicación). Sabemos por su sermón de ordenación «La verdadera excelencia de un ministro del evangelio» que Edwards resaltaba fuertemente el valor de la Palabra: «Debe ser alguien *capaz de enseñar*, nadie que sea tosco, ignorante o iletrado, y poco versado en las cosas que ha de enseñar a otros; no un novicio, o alguien inepto en la palabra de rectitud; debe ser alguien estudioso de la divinidad, bien familiarizado con la palabra escrita de Dios, poderoso en las Escrituras, capaz de instruir y convencer a los que siempre llevan la contraria» (Jonathan Edwards, Kimnach WJE: 92, 93).

Al instruir a la congregación sobre la ceremonia de ordenación de un ministro, Edwards afirma: «Y particularmente cuando vuestro ministro se muestre a sí mismo como una luz ardiente que arda con un apropiado celo contra cualquier maldad que puede surgir entre su pueblo y lo manifieste *teniendo un apropiado testimonio contra ella en la predicación de la palabra*» (Jonathan Edwards, Kimnach WJE 25: 101). Edwards creía que el ministro necesitaba atacar la maldad predicando contra ella con la Palabra. Ejemplifica este consejo al tratar del arminianismo infractor, lo que se demostró ser útil en el desencadenamiento del fuego avivador.[5]

Obviamente, el ministro que ha de ser un predicador expositivo, debe dedicar tiempo al estudio de la Escritura. Edwards, en su famoso sermón de ordenación, muestra la importancia del estudio de la palabra de Dios: «Y particularmente, *los ministros deben estar versados en las Santas Escrituras*; haciendo que sea *su mayor actividad*, con la mayor *diligencia y rigor, para buscar esos escritos santos*. Porque son como los rayos de la luz del «Sol de Justicia»; son la luz por la cual los ministros deben ser iluminados y la luz de la que tienen que seguir hablando a sus oyentes; y ellos son el fuego con el que sus corazones y los corazones de sus oyentes han de ser avivados. *Han de buscar con denuedo mucho del conocimiento espiritual de Cristo*, para poder vivir viendo la claridad de su gloria. Porque así serán cambiados a imagen de la misma gloria y fulgor, y vendrán al pueblo, como Moisés descendió a la congregación de Israel, tras haber visto las espaldas de Dios en el monte, con su rostro resplandeciente. Si la luz de la gloria de Cristo brilla en ellos, de la misma manera brillarán con la misma clase de luz ante sus oyentes, y reflejarán los mismos rayos, que son cálidos, y

---

5 El mismo Edwards afirmó: «Creo que he hallado que ningún discurso ha sido reseñablemente bendecido, sino aquel en el cual *la doctrina* de la absoluta soberanía de Dios en relación con la salvación de los pecadores, y su justa libertad en relación a la respuesta a las oraciones, o el éxito de los dolores del hombre natural, en los que continuamente, han insistido.»

brillantes» (del sermón «La verdadera excelencia de un ministro del evangelio», Kimnach WJE 25: 100).

Edwards fue un maravilloso modelo y ejemplo de este consejo. Sabemos que pasaba una media de 13 horas cada día en su estudio. El que sigue es un ejemplo de su sabiduría empírica de las Escrituras: «Tuve entonces, así como otras veces, el mayor deleite en las Santas Escrituras, que de cualquier otro libro. Muchas veces al leerla, cada palabra parecía tocar mi corazón. Sentía una armonía entre algo en mi corazón, y aquellas dulces y poderosas palabras. Me parecía ver tanta luz exhibida en cada frase, y tal arrebatadora y refrescante comida compartida, que no pude seguir leyendo. Muchas veces me quedaba mucho tiempo en una frase, para ver la maravilla contenida en ella; e incluso casi cada frase parecía estar llena de maravillas» (Claghorn WJE 16: 797). La Biblia afirma: «Del que es bueno, como su corazón es rico en bondad, brota el bien; y del que es malo, como es rico en maldad, brota el mal. Porque su boca habla de *lo que rebosa el corazón*» (Lc. 6:45, BLP). El avivamiento comenzó en el corazón de Edwards cuando tuvo un encuentro personal con Dios en la Palabra, tal y como su cita demuestra. Por tanto él predicó desde un corazón ardiente. Edwards predicó «de lo que rebosa el corazón». Como el salmista dijo: «Ardía mi corazón dentro de mí; de tanta angustia *me iba inflamando* hasta que mi lengua rompió a hablar» (Salmo 38:4) (BLP). La reflexión y meditación personal en la Palabra, resultante en un compromiso ardiente con la Palabra Viva, debe preceder a la predicación si ha de convertirse en una predicación de avivamiento en vez de una predicación simplemente ortodoxa. Como Carrick observa: «Este sentimiento de pasión, el cual pertenece a la esencia de la verdadera predicación, está inextricablemente relacionado con la espiritualidad o la piedad del corazón del predicador» (Carrick 2002: 54).

4. Citas de eruditos edwardsianos

Samuel Hopkins, el primer biógrafo de Edwards, afirma que Edwards se las arreglaba para estudiar la Biblia «más que todos los otros libros» (Brown: 4). De acuerdo a Hopkins, «La importancia de Edwards como pensador religioso fue medida en gran parte por su perspicacia interpretativa» (Brown: 4); Según Hopkins Edwards «arrojó mucha luz en muchas partes de la Biblia que habían escapado a otros intérpretes. Lo que pone de manifiesto su gran y dolorosa atención a la Biblia, haciéndola la única regla de su fe» (Brown: 4).

«Por la palabra de Dios el mundo existe y continúa» (Westra: 7). «...las palabras del ministro, como instrumento y voz de Dios, son poderosamente activas, y demandan atención y respuesta.» La predicación fiel no es nunca inconsecuente o ineficaz; es poder, para bien o para mal, para todos aquellos que la escuchan. Edwards creía en la creación continua por la inmediata actuación de Dios a través de su palabra creativa, por lo que entonces Dios está continuamente creando vida espiritual a través de la mediación de su palabra viva y poderosa (Hebreos 11:3; 1:3).

En su tratamiento de las Escrituras, Edwards fue deudor de John Locke. Brown afirma: «Locke de hecho probó ser un útil recurso para Edwards en su propio pensamiento sobre la Biblia. Uno halla, por ejemplo, que a menudo cita el comentario de Locke a las epístolas del Nuevo Testamento atendiendo al significado histórico-gramatical de las palabras y frases de sus notas a la Escritura. La *crítica epistemológica de la religión natural* también brinda paralelos impactantes que pueden ser encontrados en la *Racionalidad del Cristianismo* de Locke, una obra que poseía y que usó constructivamente» (Brown: 82). El conocimiento que Edwards tenía de la Palabra fue enriquecido con su estudio de otros eruditos, no sólo estudiando lo que éstos decían sobre ciertos textos en particular, sino estudiando lo que decían sobre como tratar el texto en general.

Con otros puritanos Edwards creía que «como colaborador de Dios, hablando activamente con la autoridad de un representante divino, «la palabra del ministro», incluso en los sermones imprecatorios, respira con la misma fuerza ejecutiva que respira la gloriosa palabra de Dios...» (Geschiere: 50). Esto es altamente significativo. Cuando el Espíritu habla por medio del predicador, lo que Dios dice es lo que el predicador dice, con la misma fuerza creativa y ejecutiva (capacitadora, promulgadora).

Edwards poseía un reseñable don para combinar la razón y la Escritura juntas. La razón estaba siempre sujeta a la revelación. Él creía en el papel ministerial de la razón frente al magistral; la razón se supone que debe servir a la hermenéutica, no predominar sobre las Escrituras. Cuando consideramos el sermón de Edwards sobre una «Divina y sobrenatural luz impartida inmediatamente al alma por el Espíritu de Dios» (título del sermón) hallamos una maravillosa combinación de Escritura y razón, de una referencia bíblica y una referencia a Locke, que casa con el título que continúa «mostrando ser tanto doctrina *escritural como racional*». La interrelación entre Escritura (siempre en primer lugar) y razón es complementaria y no contradictoria, lo cual es una de las marcas distintivas de los sermones de Edwards, y en esa complementariedad podemos ver la influencia de Locke.

«El predicador del evangelio debe ser un convertido de verdad y un hombre profundamente piadoso; todos los demás logros son inútiles sin estas cualidades. *Debe predicar la Palabra, toda la Palabra, nada más que la Palabra, cálida, pura, y santa*. Debe predicar constantemente, aprovechando siempre las oportunidades favorables que se les presenten; de no aparecer momentos y ocasiones favorables en el horizonte, el predicador debe aprovechar al máximo las no favorables. Debe predicar sencilla y simplemente, para que los oyentes, independientemente de su nivel intelectual, puedan entender. Debe predicar sermones prácticos, no discursos fríos, secos y que dejan hambrienta el alma por un lado, o meras declamaciones despotricantes por otro lado, sino que las sólidas fidelidades de la Biblia han de ser presentadas de manera práctica. Debe predicar fielmente, no dejándose atrás ninguna parte del evangelio por miedo, favor, o consideración por las opiniones de personas influyentes. Esos fueron algunos de los más importantes medios empleados por los líderes del Gran Despertar para hacer que Cristo fuese conocido por los colonos americanos» (Conrad 1960: 118).

5. Ilustraciones de los propios sermones de Edwards

Incluso de un estudio superficial de los sermones de Edwards resulta obvio que el lugar del texto era preeminente. Cada sermón comienza con un texto y, de forma típicamente puritana, Edwards pasa a exponer el significado de ese texto, extrayendo doctrina de él, y entonces aplicándolo al oyente. [6]

También es notable cuántos textos de la Escritura abarcan sus sermones. Versículos y pasajes enteros son citados en extensión y con frecuencia, reforzando la visión de que es la palabra de Dios, y no nuestra exposición de esa palabra, la que transforma vidas.

Edwards predicó una vez lo siguiente: «2. ¿Por qué medios esperas ser despertado? Sino de las alarmantes cosas horribles de la palabra de Dios, esas que habéis visto expuestas ante vosotros en innumerables ocasiones, en la forma más emotiva que han sido capaces los dispensadores de la Palabra» (Lesser WJE 19: 299).

6. Las 70 Resoluciones

11. «Resuelvo, que cuando piense en cualquier teorema sobre la divinidad que haya que resolver, hacer inmediatamente todo lo posible por resolverlo, si las circunstancias no lo impiden.» El mundo de Edwards era principalmente teológico. Él aportó su rigor académico y su conocimiento bíblico a todo, y esto mejoró considerablemente su comprensión de la Palabra y de la verdad en general.

28. «Resuelvo, que estudiaré las Escrituras tan incesante, constante y frecuentemente, como pueda, y me aseguraré de manera sencilla de que crezco en su conocimiento.» El avivamiento nació en el corazón de

---

6 ¿Practicó realmente Edwards la predicación expositiva? De no ser así, ¿cómo podríamos cuadrar este hecho con la reclamación que hoy se hace de predicación expositiva? Primero, ¿fue Edwards un predicador expositivo? Esto es discutible, dependiendo de cómo definas y entiendas la «predicación expositiva», y dependiendo de cómo interpretes los sermones de Edwards. Edwards siempre comenzaba con un texto, y al más puro estilo puritano, trataba de analizar el significado del texto dentro de su contexto inmediato, y desde allí avanzaba hacia la doctrina derivada del texto. En este sentido, Edwards fue un predicador expositivo. Kimnach, la principal autoridad mundial sobre Edwards como predicador, afirma: «...el principal hincapié literario era sobre la instrucción a través de la exposición clara y sistemática» (Kimnach 2007: 104). Sin embargo, si entendemos por predicación expositiva incluir el desarrollo versículo a versículo del pensamiento bíblico, dejando que el mismo pasaje, y no meramente el versículo clave «aislado» sea el mensaje, entonces humildemente sugeriría que Edwards no era un predicador expositivo. A veces la predicación expositiva exalta el texto sin tener una correspondiente dependencia del Espíritu, resultando en una ortodoxia muerta. La fuerza de Edwards en la predicación fue su combinación tanto de Palabra como de Espíritu.

Edwards. Él estudió las Escrituras, logrando tanto un conocimiento teórico como experimental de ellas, y ministró la Palabra a partir de esa riqueza. Hopkins aseguró: «Normalmente pasaba cada día trece horas en su estudio.» Uno puede seguir la evolución de su pensamiento desde sus misceláneas a sus sermones y a sus discursos. Si alguna vez hubo alguien que creciera en el conocimiento de la Escritura, ese fue Edwards. Debemos aclarar que para Edwards el conocimiento significa más que conocimiento intelectual. Uno incluye al otro, y así pasa a tener una más plena comprensión emocional y experimental de la Palabra. Este crecimiento en el conocimiento de la Palabra hizo que Edwards estuviese especialmente cualificado para predicar con autoridad.

7. Otros autores

Edwards fue profundamente influenciado por el lema de la Reforma de la «*Sola Scriptura*».

¿Qué papel juega la Biblia en el avivamiento? ¿Y especialmente en la predicación de avivamiento? Keevil ha realizado un estudio exaustivo sobre la historia de la predicación de avivamiento, que documenta en su libro magistral: *Predicando en el avivamiento: Predicación y una Teología del Despertar*. Referente a lo esencial de la Palabra en la predicación, aquí están sus conclusiones: «Hay ciertas características que emergen del estudio de los sermones predicados durante los tiempos de avivamiento. El sermón que produce el avivamiento será normalmente incisivo. Será claro y trasparente. Normalmente será ministrado con intensidad y pasión» (Keevil: 163). «La predicación avivadora va junta con esa unción del Espíritu Santo sin la cual toda pasión e intensidad es meramente un sentimiento religioso fingido. El lenguaje trae su propia intensidad y su propia fuerza» (Keevil: 164). «La predicación avivadora será ortodoxa. Proclamará y defenderá la verdad. *Será la exposición de la Palabra*. Las ilustraciones ilustrarán y no devaluarán la verdad proclamada. Estará llena de poder. La predicación que aviva estará bañada en oración. La oración es la energía de la verdadera predicación eficaz, y sin ella el sermón no es más que palabras habladas al aire. La oración es esencial tanto para el predicador como para la gente. Cuando ambos están preparados a través de la oración, se crea una atmósfera que suscita expectativas de bendición. *La síntesis reformada de Palabra y Espíritu significa que sin el Espíritu, la Palabra es letra muerta*» (Keevil: 163, 164).

8. Conclusión

Al comienzo de este capítulo pregunté acerca de la diferencia que existía entre predicación ortodoxa y predicación de avivamiento eficaz y autoritativa basada en la Palabra. Resumiendo diría que el compromiso personal del predicador de obediencia a la Palabra, combinado con la unción del Espíritu sobre el predicador que ora y sobre la palabra de Dios son los elementos que convierten la ortodoxia en eficaz. predicación avivadora

Edwards afirma: «La principal tarea del ministro de Dios es moler las preciosas semillas de las verdades bíblicas, sacándolas de las oscuras cáscaras o "velos" de su matriz histórica y cultural. El predicador hace así que las verdades de Dios sean sabrosas y nutritivas para la salvación de las almas que están bajo su cuidado» (Westra: 25, 26). «Mi método de estudio, desde que comencé la obra del ministerio, ha sido algo más que escribir: aplicándome a mí mismo, de este modo, para probar cada indicio importante; persiguiendo al máximo la evidencia...» (Westra: 59).

CAPÍTULO 5

El papel del Espíritu Santo en la predicación de avivamiento

El Espíritu Santo es…«el privilegio del predicador» (Jonathan Edwards, Goen WJE 4: 438, *Algunos pensamientos*).

«Si el predicador está ardiendo, los demás vendrán para ver el fuego» (Juan Wesley).

«He tenido, muchas veces, el sentido de la gloria de la Tercera Persona de la Trinidad, y de su oficio como Santificador; en sus santas operaciones, impartiendo vida y luz divinas al alma. Dios, al impartir su Espíritu Santo, ha resultado ser una fuente infinita de gloria y dulzura divinas; en su plenitud y siendo suficiente para llenar y satisfacer el alma; derramando de sí mismo dones secretos; como el sol en su gloria, *difundiendo dulce y placenteramente luz y vida*. Y a veces tengo una emotiva sensación de la excelencia de la palabra de Dios como la palabra de vida; y como la luz de la vida; una palabra dulce, excelente y dadora de vida; acompañada de una sed para oír esa palabra, que puede morar ricamente en mi corazón» (Jonathan Edwards, Claghorn WJE 16: 80. Énfasis mío).

«Deseo que sus fervientes oraciones por nosotros todavía puedan seguir, para que Dios no sea para nosotros un caminante de paso, que se aparta para pasar la noche, sino que derrame sobre nosotros su Espíritu más y más, y que nunca se aleje de nosotros; y especialmente por mí, para que sea lleno de su Espíritu, y pueda ser ferviente en mi trabajo, como una llama de fuego, y pueda ser abundantemente exitoso, y que pueda agradar a Dios y hacer avanzar su reino, a pesar de lo indigno que soy, mejorándome como instrumento de su gloria» (Jonathan Edwards, Claghorn: Cartas y Escritos Personales, WJE 16: 87. Haykin: 41. Escrito el 14 de diciembre de 1740, justo después de que Whitefield estuviera en Northampton y predicase bajo la unción).

Comentarios introductorios

Volvemos nuestra atención a otro significativo elemento en Edwards: el papel del Espíritu Santo en la predicación de avivamiento. No puede haber dudas al respecto: el Espíritu Santo es el «secreto a voces» del avivamiento. El Espíritu Santo vive en perpetuo avivamiento en sí mismo, dentro de la Deidad Trina, disfrutando sin cesar de una perpetua armonía y vitalidad. El Espíritu Santo es el autor de la vida. El Espíritu se movía sobre la superficie del abismo (Génesis 1:2) y junto con la Palabra (Génesis 1:3, 6, 9, 14, 20, 24, 26) produjo el orden creado. Vemos esta dinámica de Espíritu y Palabra a lo largo de las Escrituras (Ezequiel 37; Hechos 2; etc.). El Espíritu de Dios fue soplado en Adam y hizo que éste se convirtiera en un ser viviente. El salmista David clama por un avivamiento personal (Salmo 51) y se centra particularmente en el Espíritu de Dios y su avivamiento personal (51:10-12) y la subsiguiente influencia en el despertar del perdido (Salmo 51:13). El Espíritu Santo convence tanto al creyente como al perdido (Juan 16:8-10) y la convicción de pecado es el elemento esencial del avivamiento y del despertar. Con frecuencia se mencionan y se subrayan la unción y el fortalecimiento del predicador como precursores esenciales del avivamiento y del despertar (jueces, profetas, predicadores, etc.). No es de extrañar que Martyn Lloyd afirme: «La esencia de un avivamiento es que el Espíritu Santo cae sobre una cantidad de personas juntas, sobre toda una iglesia, sobre un número de iglesias, distritos, o tal vez sobre todo un país. Esto es lo que se entiende por avivamiento. Es, si lo prefieres, una visitación del Espíritu Santo, u otro término que a menudo ha sido usado es este: un derramamiento del Espíritu Santo...» (Lloyd Jones) (¿Qué *es el avivamiento?/ What is revival?* Ver Bibliografía).

1. Definición

Definición de términos: Cuando nos referimos al papel del Espíritu en la predicación de avivamiento, existen una serie de términos que tienen que ver con el tema.

a. *El Espíritu Santo:* Es la tercera persona de la Trinidad, la cual de acuerdo con la doctrina de la Alianza describimos como sigue: «El Espíritu Santo es una Persona divina, enviada para morar, (Juan 14:16-17) guiar, enseñar y capacitar al creyente, y para convencer al mundo de pecado, de justicia y de juicio (Juan 16:7-11; 1 Co. 2:10-12, *Declaración de Fe de la Alianza* Artículo nº 3).

b. *La plenitud del Espíritu Santo:* La Declaración de Fe de la Alianza afirma: «Es la voluntad de Dios que en unión con Cristo cada creyente sea santificado plenamente (1 Tesalonicenses 5:23) siendo así separado del pecado y del mundo y dedicado a Dios, recibiendo poder para vivir santamente y para un servicio sacrificial y efectivo hasta el cumplimiento de la comisión de Cristo (Hechos 1:8). Esto se cumple siendo llenos del Espíritu Santo, que es tanto un evento distinto como una experiencia progresiva en la vida del creyente (Romanos 12:1-2; Gálatas 5:16-25, *Declaración de Fe de la Alianza* Artículo nº 7).

c. *La unción:* Es más fácil describir la unción del Espíritu que definirla. Es el aliento divino, esa especial «mancha» (literalmente) de aceite que simboliza la capacitación y empoderamiento del Espíritu. Tiene que ver con la unción. Es «algo especial» que torna lo ordinario en extraordinario, lo natural en sobrenatural. Varios predicadores han tratado en vano de describirlo o definirlo.

John McArthur afirma: «No puedo medirla. No puedo cuantificarla. No puedo sentirla. No sé qué es lo que el Espíritu Santo está haciendo; no sé cuándo lo está haciendo y cuándo no. Realmente, he dicho esto, pero hay ocasiones en las que lo sientes... lo sabes, que hay una gran libertad cuando predicas y sientes como si algo te transportara amablemente y te hiciera sentir mejor de lo normal, ¿verdad? Y simplemente sientes que es coherente, y encaja, y funciona... Él ilumina la Palabra en mi mente, y fortalece mi pasión» (John McArthur, citado en Heisler: 1).

Spurgeon lo expresa así: «Una brillante bendición que la oración privada trae sobre el ministro es algo indescriptible e inimitable, mejor entendida que expresada; es un rocío del Señor, una presencia divina que reconocerás enseguida si digo que es "una unción del Santo" ¿Qué es esto? Creo que podemos devanarnos los sesos antes de que podamos poner llanamente en palabras lo que significa *predicar con unción*; aunque el que predica conoce su presencia, y el que escucha pronto detecta su ausencia; Samaria en la hambruna, tipifica un discurso sin ella; Jerusalén, con sus banquetes de grosura llenas de tuétano, puede representar un sermón enriquecido por ella. Todos conocen que la frescura de la mañana hace que las perlas del oriente abunden en cada brizna de hierba, pero quien describe esto, ¿podrá producirla por sí mismo? Este es el misterio de la unción espiritual; la conocemos, pero no podemos decirles a otros lo que es. Es tan fácil como absurdo falsificarla, así como lo hacen quienes usan expresiones que se supone se entienden como amor ferviente, aunque a menudo indiquen un sentimentalismo enfermizo o mera palabrería. «¡Amado Señor!», «¡Dulce Jesús!», «Precioso Cristo», son completamente vertidos por ellos, hasta que uno se asquea, si es que no caen en lo soez» (Spurgeon: 50).

2a. Perspectiva bíblica (Avivamiento y Espíritu Santo)

El pueblo de Israel fue restaurado en su fe cuando el fuego de Dios (símbolo del Espíritu) cayó (1 Reyes 18:38, 39).

Los jueces fueron cualificados y capacitados para guiar al pueblo a la renovación espiritual cuando el Espíritu de Dios los ungió (Jueces 3:10; 6:34; 11:29; 13:25; 14:6, 19; 15:14).

El Espíritu de Dios y la palabra de Dios obran unidas en el aviva-miento. Cuando Kaiser[7] trata los avivamientos en el Antiguo Testa-mento, *toma el avivamiento bajo Josafat como un ejemplo de cómo Dios obra en un avivamiento. Es importante notar en este avivamiento en par-ticular que el Espíritu de Dios vino sobre Jajaziel* (2 Crónicas 20:14) *y a través de él vino palabra profética para el pueblo.*

La esencia del avivamiento se ilustra en 2 Crónicas 34:19 cuando el rey Josías respondió con quebrantamiento ante la lectura de la pala-bra de Dios. Leemos en Isaías 57:15: «Pues esto dice el Alto y Excel-so, el que vive por siempre, de nombre Santo: "Yo habito en las alturas sagradas, pero miro por humildes y abatidos, para reanimar el espíritu abatido, para reanimar el corazón humillado".» La respuesta del rey Josías a la Palabra, y la obra de avivamiento de Dios que es descrita en Isaías 57:15, son indudablemente la obra del Espíritu Santo.

La emoción en el espíritu del hombre es indudablemente la obra del Espíritu del Señor. Y es esta emoción inicial en los corazones del liderazgo (primero en él — ver la referencia abajo reseñada) y de la gente la que prepara el camino para el avivamiento. «De esta forma, el Señor despertó el espíritu del gobernador de Judá, Zorobabel, hijo de Sealtiel, y el del sumo sacerdote Josué, hijo de Josadac, así como el espíritu de todo el pueblo res-tante. Vinieron, pues, y emprendieron las obras del Templo del Señor del universo, su Dios» *Hageo 1:14 (BLP).*

El libro de los Hechos: Lucas se preocupa de enlazar la revitalización de la iglesia, la expansión y el crecimiento de la iglesia con el Espíritu Santo. El Espíritu Santo fue prometido (Hechos 1:5); la provisión de poder del Espíritu y la expansión de la iglesia estaban ligadas (Hechos 1:8); el derramamiento inicial del Espíritu Santo y la plenitud de vida de los discípulos produjo un gran avivamiento entre los creyentes y un despertar entre los perdidos; Pedro relaciona el inusitado fenómeno del avivamiento con el Espíritu (Hechos 2:17, 18, 33); la plenitud continua capacitó a los apóstoles para ser audaces, lo cual es una forma de conti-nua revitalización y avivamiento, y él los capacitó para predicar el evan-gelio con el subsiguiente despertar de los perdidos (Hechos 4:8, 31); el

---

7 Kaiser, *Avívanos de nuevo* (*Revive Us Again.* Ver Bibliografía).

ímpetu evangelístico y la estrategia están principalmente en las manos del Espíritu (Hechos 8:29); el más grande evangelista (Pablo) fue lleno del Espíritu, capacitándolo para ministrar con un gran resultado (Hechos 9:17, 20); la expansión de la iglesia se correlaciona con el consuelo y la fortaleza del Espíritu (Hechos 9:31); la expansión del evangelio entre la comunidad gentil (la casa de Cornelio) fue acompañada por el derramamiento del Espíritu (Hechos 10:44-47).

2b. Perspectiva bíblica (Avivamiento, Predicación y el Espíritu Santo)

El papel del Espíritu Santo en la predicación de avivamiento es absolutamente primordial e indispensable. Este es el tema del magistral libro de Heisler «*Predicación dirigida por el Espíritu*» (ver Bibliografía). Necesitamos recordar lo que es la predicación, lo que es el avivamiento, lo que son las Escrituras, y el papel del Espíritu Santo en cada uno de ellos, para entender lo crucial que es su papel en la predicación de avivamiento. Estas referencias y comentarios reforzarán este punto:

a. **Números 11:25:** «Acto seguido el Señor descendió en la nube y le habló; tomó luego parte del espíritu que poseía Moisés y se lo infundió a los setenta ancianos. Y cuando el espíritu entró en ellos, se pusieron a hablar como profetas…» (BLP). La capacidad de «profetizar» eficazmente dependía de la capacitación del Espíritu y descansaba en él.

b. **Miqueas 3:8**: «Pero yo estoy lleno de valor, de espíritu divino, justicia y fortaleza, para reprochar a Jacob sus crímenes y sus pecados a Israel» (BLP). La predicación de avivamiento incluye un elemento de choque valiente, que sólo puede cumplirse eficazmente en el poder y la capacitación del Espíritu.

c. **Lucas 4:16-18:** «Llegó a Nazaret, el lugar donde se había criado, y como tenía por costumbre, entró un sábado en la sinagoga, y se puso en pie para leer las Escrituras. Le dieron el libro del profeta Isaías y, al abrirlo, encontró el pasaje que dice: El Espíritu del Señor está sobre mí, porque me ha consagrado para llevar a los pobres la buena noticia de la salvación; me ha enviado a anunciar la libertad a los presos y a dar vista a los ciegos; a liberar a los oprimidos"» (BLP). Esta es la descripción del ministerio de la predicación de nuestro Señor, un cumplimiento de la profecía mesiánica hallada en Isaías 61:1: "El Espíritu del Señor Dios me acompaña, pues el propio Señor me ha ungido, me ha enviado a dar la buena noticia a los pobres;…». Jesús predicó efectivamente por medio de la completa dependencia del Espíritu de Dios. Heisler afirma: «La comunión de nuestro Señor con el Espíritu Santo fue establecida antes de que comenzase su ministerio público de enseñanza y predicación» (Heisler: 27). Jesús nos comisionó para ir, para predicar, de una manera definida. Él declaró: «La paz esté con vosotros. Como el Padre me envió a mí, así os envío yo a vosotros» (Juan 20:21). Cuando entendemos que hemos sido comisionados para ir, para predicar en esta forma de predicar ungida por el Espíritu, y lo seguimos en obediencia y plena dependencia de la unción del Espíritu, nuestras vidas y ministerios serán transformados. Jesús afirmó frecuentemente que la eficacia de su enseñanza y predicación descansaba en la capacitación del Espíritu. Juan 6:63 afirma: «Es el Espíritu el que da vida; la carne no sirve para nada. Las palabras que os he dicho son espíritu y vida.» «Incluso la Palabra viva usó la Palabra escrita bajo la unción del Espíritu Santo como una autenticación de la autoridad y del poder de su predicación» (Heisler: 27). ¿Haremos menos de esto?

d. **Hechos 1:8**: «Vosotros recibiréis la fuerza del Espíritu Santo que descenderá sobre vosotros y os capacitará para que deis testimonio de mí en Jerusalén, en toda Judea, en Samaria y hasta el último rincón de la tierra.» Cuando esta promesa se cumplió en el día de Pentecostés, Pedro predicó con la plenitud y frescura de la unción del Espíritu. Creemos que Pentecostés es el modelo del avivamiento y del despertar, y éste refuerza con certeza el papel de la predicación ungida por el Espíritu y establece esta conexión entre el avivamiento y el despertar. Esta misma verdad se reafirma a lo largo del libro de Hechos. Ver Hechos 4:8: «Pedro, lleno del Espíritu Santo, les respondió…», Hechos 4:31: «Apenas terminaron de orar, tembló el lugar donde estaban reunidos y todos quedaron llenos del Espíritu Santo. Así pudieron luego proclamar el mensaje de Dios con plena libertad.»

e. **Romanos 1:16**: «No me avergüenzo de anunciar esta buena noticia, que es *fuerza salvadora de Dios* para todo creyente, tanto si es judío como si no lo es.» El evangelio es el poder de Dios, y el medio de comunicación de este evangelio es también el poder de Dios. Pablo sabía que el intermediario necesitaba ser coherente con el mensaje. «La doctrina de salvación de Pablo como obra del Espíritu a través de la proclamación de la Palabra conducía a su teología bíblica de la predicación» (Heisler: 31).

f. **1 Corintios 1:17**: «Es que Cristo no me envió a bautizar, sino a proclamar el mensaje evangélico. Y a proclamarlo sin alardes de humana elocuencia, para que no queda anulada la eficacia de la cruz de Cristo.» La dependencia del apóstol Pablo del Espíritu Santo y no de la retórica humana, fue anti-intuitiva y contracultural, pero el mandato de Pablo de predicar no se basaba en su intuición ni en la cultura, sino más bien en las Escrituras y en el modelo provisto por su Señor y nuestro Señor. Ver también 1 Corintios 1:23-24.

g. **1 Corintios 2. 4, 5**: «Mi predicación y mi mensaje no se apoyaban en una elocuencia inteligente y persuasiva; era el Espíritu con su poder quien os convencía, de modo que vuestra fe no es fruto de la sabiduría humana, sino del poder de Dios.»

h. **1 Corintios 2:13:** «Esto es precisamente lo que expresamos con palabras que no están inspiradas por el saber humano, sino por el Espíritu. Y así acomodamos las cosas espirituales a los que poseen el Espíritu.» «La predicación dotada con el poder del Espíritu es el resultado de proclamar la palabra enseñada por el Espíritu que da un testimonio cristocéntrico y requiere una respuesta llena del Espíritu. Consecuentemente, el Espíritu Santo no sólo da poder al mensaje; él provee la fuente y la abundancia del mensaje en la Escritura que él ha inspirado» (Heisler: 37).

i. **1 Tesalonicenses 1:5:** «Porque el mensaje evangélico que os anunciamos no se redujo a palabras hueras, sino que estuvo acompañado de poder, de Espíritu Santo y de profunda convicción. Bien sabéis que nuestro comportamiento entre vosotros fue para bien.» El evangelio fue comunicado, predicado, «no con palabras hueras» sino en y con el poder del Espíritu, y la razón está clara.

Resumen: Existen otras numerosas referencias que refuerzan (tanto explícita como implícitamente) la idea de que el papel del Espíritu Santo en la predicación de avivamiento es indispensable. Para un estudio bíblico más minucioso, consideremos Dt. 18:18; 1 S. 19:23; 2 S. 23:2; Sal. 51:11-13; Ez. 37:1-12; Joel 2:28; 1 Co. 14:1; 2 Ti. 1:7 y 1 P. 1:12 junto con otras muchas que forzosamente obligan al predicador que lee esto a reconocer su más profunda dependencia de la plenitud y capacitación del Espíritu de Dios en orden a predicar el avivamiento. ¿Qué podemos decir entonces a esto, y cómo impactarán nuestra perspectiva del ministerio? ¿Qué dice Edwards? ¿Qué hizo Edwards? ¿Cómo predicaba Edwards?

3. Citas de Edwards afirmando el papel del Espíritu en la predicación de avivamiento

Edwards describió en su «*Narrativa Fidedigna*» la obra de Dios de forma que da el crédito al Espíritu Santo: «Esta obra de Dios, tal como fue llevada a cabo, y el número de los santos de ver dad multiplicado, pronto causaron un glorioso trastorno en la ciudad; de modo que en la primavera y verano siguiente, en el año 1735, la ciudad parecía estar llena de la presencia de Dios: nunca estuvo más llena de amor, ni

143

más llena de gozo; y aún tan llena de angustia, como entonces. Hubo notables señales de la presencia de Dios en casi cada casa. Fue un tiempo de gozo en el que las familias relataban acerca de la salvación que estaba siendo llevada a ellos; los padres se regocijaban de sus hijos como si fueran recién nacidos, y los esposos de sus esposas, y las esposas de sus esposos. Los caminos de Dios fueron entonces vistos en su santuario (Salmos 68:24), el día de Dios era una delicia, y sus moradas amables (Salmos 84:1). Nuestras asambleas públicas fueron entonces hermosas; la congregación estaba viva en el servicio de Dios, cada uno participaba seriamente en la adoración pública, cada oyente estaba entusiasmado por beber de las palabras del ministro tan pronto salían de su boca; la asamblea en general estaba, por momentos, llorando mientras la Palabra era predicada; algunos sollozaban con pena y angustia, otros con gozo y amor, otros con compasión y preocupación por las almas de sus vecinos» (Goen WJE 4: 151).

En cuanto a la visión de Edwards y el avivamiento del Espíritu Santo, leemos: «La iglesia de aquel *gran derramamiento del Espíritu* de entonces, y la fuerte convicción bajo la que estaba el pueblo de Dios, se hallaba bajo el cuidado de guías infalibles, que supervisaban día y noche; pero eran, por la debilidad y la corrupción de la naturaleza humana, tan propensos a salirse del camino, que aparecieron irregularidades y confusiones en algunas iglesias en las que había *un derramamiento extraordinario del Espíritu,* de grandes dimensiones, incluso en tiempos de los apóstoles, y delante de sus ojos» (Jonathan Edwards. Énfasis mío. Goen WJE 4: 318). Para Edwards, un avivamiento era la efusión o derramamiento extraordinario del Espíritu.

Escribiendo su famosa biografía de David Brainerd, Edwards cita lo que David Brainerd pensaba acerca del Espíritu Santo y del ministerio: «Cuando los ministros sienten estas influencias misericordiosas y especiales en sus corazones, éstas les ayudan maravillosamente para alcanzar las conciencias de los hombres, y es como si los manejaran con las manos; mientras que, sin ellas, cualquier razonamiento u oratoria que pudiéramos emplear, sería como si usásemos muñones en vez de manos» (Pettit WJE 7: 467, 468). Aquí Edwards demuestra claramente su convicción de que es la gracia del Espíritu de Dios y no «la razón o la oratoria» las que capacitan al ministro para ser eficaz en el ministerio.

«De este comentario de Hechos 1:8, vemos claramente que Edwards creía firmemente que los apóstoles y la iglesia primitiva estaban cualificados y eran competentes para ministrar en general y predicar el avivamiento en particular gracias a la plenitud, al don, a la capacitación y a la unción del Espíritu Santo.» «Pero recibiréis poder cuando el Espíritu Santo venga a vosotros; y me seréis testigos en Jerusalén, y en toda Judea y Samaria, y hasta los confines de la tierra.» Edwards declara: «Cristo igualmente predijo qué clase de ayuda tendrían los apóstoles para llevar a cabo su obra. Les dijo que estaría con ellos en esa obra. (…) les dijo que recibirían poder del Espíritu que vendría sobre ellos, que los capacitaría para ser testigos suyos en Judea, Jerusalén y Samaria, y hasta las partes más remotas de la tierra» (Jonathan Edwards (1740, Pauw: 273, *Las «Misceláneas»*, 833-1152, WJE Online vol. 20).

Edwards continúa: «Ahora resulta más evidente que ellos estaban dotados de algún espíritu extraordinario y de una influencia poco común, que les dotaba de poder, fortaleza, coraje, actividad, consuelo y elocuencia, y que respondía a aquellos propósitos de los que Cristo habló de manera extraordinaria. Está clarísimo que ellos estaban dotados, de una manera nueva y muy extraordinaria, de un espíritu o influencia que les hizo superarse a ellos mismos, y les hizo ser hombres totalmente nuevos dotados de sabiduría, valor, elocuencia, celo y acción, constancia y decisión, y otras cosas más que los capacitaron para esa tarea de ser testigos de Cristo, o para predicar a Cristo de una manera que condujera al éxito. Cristo profetizó esto, que por el Espíritu que él había prometido, ellos serían elevados a los niveles más altos de sabiduría (Juan 14:20, Juan 14:26 y Juan 16:13-14, Juan 16:23). Esto se cumplió con toda evidencia. Prometió que serían dotados con elocuencia y valor, con agilidad mental y gran fuerza de expresión, Mateo 10:19-20 y Lucas 21:14-15. Esto también fue visible al máximo» (Jonathan Edwards, 1740, *Las «Misceláneas»*, Amy Plantiga Pauw, WJE 20: 274). Lo que sacamos de estas citas es que Edwards creía firmemente que los apóstoles y la iglesia primitiva estaban cualificados y eran competentes para ministrar en general y para predicar el avivamiento en particular gracias a la plenitud, el don, la capacitación y la unción del Espíritu Santo. [8]

Finalmente, Edwards declara: «Ahora, por tanto, exceptuando los ministros que son más fuertes que los poderes de las tinieblas, son totalmente incapaces de arrebatar de sus manos las almas de los hombres. Los ministros son puestos por Dios para derribar las fortalezas de Satanás. Pero si *no tienen otra ayuda más que su propia fuerza* (por ejemplo, el hombre natural que utiliza únicamente la razón dialéctica), ¡ay!, porque son cosas miserables y débiles con que marchar contra el poder del aire y enfrentarse al dios de este mundo... (Énfasis mío. Geschiere: 50). ¡Escuche! ¡Escuche! Solo por medio de la capacitación del Espíritu seremos capaces de «enfrentarnos al dios de este mundo». Como decía Lutero: «Si confiamos en nuestra propia fuerza, nuestro esfuerzo será en vano.»

4. Citas de eruditos edwardsianos

Refiriéndose al papel de los ministros, William Cooper, en su prefacio a la «*Narrativa Fidedigna*» de Edwards, aludiendo a Edwards, comenta: «La manera en que predican no reside en las palabras seductoras de la sabiduría humana: sin embargo, ellos hablan entre ellos con una sabiduría que es perfecta (1 Corintios 2:4; 1 Corintios 2:6). *Un ardiente amor por Cristo* y por las almas calienta sus pechos y anima sus trabajos. *Dios ha hecho de sus ministros espíritus activos, una llama de fuego en su servicio: y su palabra en sus bocas ha sido como un fuego; y como un martillo que rompe la roca en pedazos* (Salmos 104:4 y Hebreos 1:7; Jeremías 23:29). En la mayoría de los lugares donde han trabajado, evidentemente Dios ha obrado con ellos, confirmando la Palabra con las señales que los seguían (Marcos 16:20). Tal poder y presencia de Dios en las asambleas religiosas, no han sido conocidos desde que Dios puso su santuario entre nosotros: realmente él ha glorificado la casa de su gloria (Ezequiel 37:26; Isaías 60:7. Goen WJE 4: 218, 219).

---

8 Algunos podrían cuestionar la legitimidad de citar la perspectiva de Edwards en relación al papel del Espíritu durante los tiempos apostólicos ya que él ceía en la cesación de los dones sobrenaturales.

5. Ilustraciones de los sermones de Edwards

¿Dónde predica Edwards sobre la necesidad que tienen los ministros de ser llenos del Espíritu y de recibir poder para la vida y el servicio?

a. Podemos interpretar algunas de las cosas que Edwards dice con una nueva perspectiva, una especie de prisma o marco de una «segunda gracia». Por ejemplo, Edwards predica un sermón entero titulado «Los receptores de una primera obra de gracia pueden necesitar una nueva conversión». La lectura de este sermón sugiere que Edwards creía en una obra de gracia en dos niveles. Tal vez eso refleja su propia experiencia, o tal vez refleja su propia teología. Edwards dice:

> Y entonces, si existe alguna obra notable de Dios en el alma tiempo después de la primera conversión, donde el corazón es elevado a las más altas cotas de gracia, ésta aparece en la Escritura con los mismos nombres que la misma primera conversión. A veces aquellos que han tenido por largo tiempo una semilla de gracia en sus almas, pero que han tenido esa semilla en gran medida como si estuviese enterrada en la tierra, experimentan una obra bendita de Dios en sus corazones, causando una gran alteración en sus almas, dándola a luz a partir de su anterior oscuridad, y también sintiendo una mayor libertad de las corrupciones que antes, a través de la debilidad de la gracia, empleada para enredar y atrapar el alma, dando al alma una nueva y más clara comprensión de las cosas divinas, y colocándola notablemente bajo las nuevas ventajas de los ejercicios y frutos de la vida divina. Y cuando esto sucede, una obra es representada en la Escritura de la misma manera que la obra de Dios en la primera conversión. Este fue probablemente el caso de los dos discípulos de Juan que siguieron a Jesús (Juan 1:33-35), y también de otros muchos discípulos de Cristo, los cuales parecían haber sido buenas personas antes de que fueran a Cristo de la manera en la que lo hicieron, cuando Cristo los vio y les invitó a seguirle, cuando dejaron todo y le siguieron enseguida, pensamiento que es representado como su venida a Cristo en su llamamiento efectivo (Stout *et al.* WJE 22: 188).

Edwards pasa en el sermón a mostrar el mismo «MO» (*modus operandi*) de Dios entre la primera obra de gracia, a la que Edwards llama «conversión» y una segunda obra de gracia, a la cual Edwards llama «una nueva conversión». A lo que parece apuntar es al hecho de que el nuevo nacimiento que regenera a los cristianos auténticos puede continuar con una segunda y definitiva obra de gracia con notables paralelos con su experiencia de la primera conversión (Stout et al. WJE 22: 192ss). Edwards insiste en «mostrar que por mucho que las personas sean piadosas, necesitan una obra del Espíritu de Dios, o tienen una gran necesidad de convertirse» (Stout et al. WJE 22: 192ss). Él declara que «todos los santos de este mundo la necesitan» (Stout et al. WJE 22: 194). Edwards llama a esto una «nueva conversión» (198). Pienso que Edwards aquí confunde la obra única de la regeneración, la cual ocurre una vez, con la obra única e incipiente de la plenitud del Espíritu, la cual es una obra de gracia definitiva y distinta subsiguiente a la conversión, que introduce al creyente nacido de nuevo en una nueva dinámica espiritual. Llamarla una «nueva conversión» es confundir la única obra de gracia de la regeneración. Stout comenta que Edwards se inclina a una «conversión complicada» (Stout et al. WJE 22: 181). Sin embargo esto apunta, a mi parecer, a la definitiva y particular naturaleza de esta obra. Edwards la llamó segunda conversión, en parte por causa del paralelo con la primera entrada en la fe salvadora. Creo que esta única y definitiva segunda obra es la crisis de la experiencia de la santificación, la cual trae la plenitud del Espíritu en la vida del creyente asediado.

Edwards se refiere a esta segunda obra de gracia con varios términos: (Todas las referencias se han extraído de su sermón «Los receptores de una primera obra de gracia pueden necesitar una nueva conversión») (Stout et al. WJE 22: 181-202): «conversión» (185), «despertar» (199), «conversión renovada» (200), y «segunda obra» (202), etc.

En este mismo sermón Edwards hace la aplicación en la que demuestra sus convicciones sobre el Espíritu Santo y la necesidad de orar: «Que *oren para que Dios les dé su Espíritu con el fin ser despertados;* eso es lo que necesitan, sea que tengan alguna gracia verdadera o no. Así que *oren para que Dios pueda capacitarlos para luchar por la salvación,* y para que pueda *ayudarlos a entrar por la puerta estrecha.* Que oren con fervor para que

Dios pueda *mostrarles lo que hay en sus propios corazones*; que *los saque de su justicia propia*; que Dios los *convierta;* que *les dé una verdadera visión de Cristo*, y los *capacite sinceramente para acercarse a él y confiar solamente en él para salvación.* Que oren para que Dios pueda *abrir sus enceguecidos ojos;* que *haga que la luz resplandezca en las tinieblas;* y para que *resucite sus almas muertas a la vida.* Tales peticiones son adecuadas para ser elevadas a Dios por un ministro, como alguien que habla como la boca de la congregación; y son peticiones adecuadas para que la congregación se una a ellas, *tanto santos como pecadores»* (Énfasis mío. Stout WJE 22: 201).

6a. Las 70 Resoluciones

Fue bastante decepcionante no hallar referencias explícitas a la persona del Espíritu Santo en las *70 Resoluciones*. Sin embargo hay pruebas claras de que Edwards decidió vivir y ministrar en el poder del Espíritu, reconociendo su propia fragilidad y debilidad. Consideremos, por ejemplo, el preámbulo a las resoluciones: Siendo consciente de que *soy incapaz de hacer nada sin la ayuda de Dios, humildemente le suplico por su gracia que me capacite para llevar a cabo estas resoluciones,* lo más de acuerdo posible a su voluntad, por amor de Cristo.

Sin embargo, parece haber un hincapié exagerado en la propia fuerza y capacidad de Edwards para ser capaz de cumplir sus resoluciones, más que en el poder de Dios. Notemos las referencias a sus propias fuerzas, que he resaltado en cursiva:

6. Resuelvo, *vivir con todas mis fuerzas*, mientras viva.

22. Resuelvo, consagrarme a obtener para mí la mayor felicidad en el otro mundo, *en la medida de mis posibilidades, con todas mis fuerzas, fortaleza, vigor, y vehemencia, incluso violencia, de que soy capaz, o pueda llegar a esforzarme*, de cualquier manera que pueda imaginar.

56. Resuelvo, nunca abandonar, ni cejar en lo más mínimo, *mi lucha contra mis corrupciones*, a pesar de mis fracasos.

64. Resuelvo, que cuando descubra esos «gemidos indecibles» (Romanos 8:26), de los que habla el Apóstol, y ese «quebrantamiento del alma por el deseo», de los que el salmista habla (Salmo 119:20), que los promoveré *con todas mis fuerzas*, y que *no me cansaré de intentar denodadamente cumplir mis deseos,* ni de insistir en tal denuedo. 23 de julio, y 10 de agosto de 1723 (Énfasis mío).

Es más, cuando alguien lee entre líneas las resoluciones, existe un grado de ambivalencia sobre la fuente real del poder en la vida de Edwards. Aunque hay un reconocimiento de su dependencia de la gracia divina, no hay una referencia explícita a la necesidad de recibir poder del Espíritu o de Cristo. Tal vez esta es la manera que tiene Edwards de recalcar su responsabilidad en el peregrinaje de santificación sin minimizar el papel del Espíritu Santo. Sin embargo, puede reflejar la exuberancia juvenil de Edwards y la natural inclinación de muchos creyentes de depender de sí mismos para servir y vivir para Dios. (Las primeras 21 resoluciones fueron escritas en 1722, cuando tenía 19 años, y la última fue escrita el 17 de agosto de 1723, cuando tenía 20 años). Muchos de los más selectos siervos de Dios han dado testimonio de un «fuerte despertar» en sus vidas y ministerios por el que alcanzaron un entendimiento entusiasta de su total dependencia del Espíritu para vivir y servir eficazmente. ¿Hay, en los años que siguieron, alguna evidencia de un encuentro claro con el Espíritu Santo que lo llevara, tal vez de manera dramática, a esa experiencia de recibir el poder o la unción del Espíritu que muchos siervos escogidos (Wesley, *et al.)* reconocieron y entendieron haber experimentado? Sabemos que Edwards daba reconocía al Espíritu de Dios como el fundamento exclusivo de la eficiencia ministerial (ver citas abajo). ¿Hay acaso un punto de inflexión, una segunda obra de gracia, una «experiencia crítica», un «acontecimiento claro» en la vida de Edwards después de su experiencia de conversión, en el que él «entrara» en la plenitud del Espíritu? Seguiremos esta línea de preguntas en un momento, pero por ahora concluiremos que las resoluciones son decepcionantes en su mínima referencia explícita a la necesidad de recibir el poder del Espíritu para la vida y el servicio. Afortunadamente, hallamos pruebas significativas en la práxis y en los escritos de Edwards que ilustran de modo contundente y convincente que creía profundamente y practicaba la necesidad de la capacitación del Espíritu para predicar eficazmente. La última resolución fue escrita en 1723, cuando la Primera Fase del Gran Avivamiento sucedido en 1734. En estos once años Edwards aprendió algunas lecciones significativas sobre el Espíritu Santo.

6b. Las resoluciones y la narrativa personal: un punto de inflexión en la relación de Edwards con el Espíritu

Parte de la explicación de ese fuerte hincapié y de la «responsabilidad» de la persona para cumplir con estas resoluciones tiene que ver con el hincapié colonial y semi-medieval sobre el papel del individuo y la autoflagelación en el proceso de santificación. Edwards podría estar simplemente subrayando su parte en el asunto, asumiendo la parte de Dios. Sin embargo, la defensa de Edwards radica en su entrada en la plenitud del Espíritu y su introducción a una nueva dinámica espiritual tanto para la vida como para el servicio. Mientras que diferentes autores en diferentes tiempos a lo largo de la historia de la iglesia se han expresado ellos mismos de diferentes maneras, cuando uno examina la esencia de estos hallazgos de «una vida más profunda», hay una notable afinidad espiritual que alude a un tipo de experiencia común. Estudiemos cómo se veía esto en la vida de Edwards.

La narrativa personal

Edwards lo admite francamente en su *Narrativa Personal*, que fue escrita en 1739, justo tras el Gran Despertar (Anderson WJE nº 6: 7). Ahí parece admitir con franqueza lo estéril e inútil de la resolución personal, tal como se ve en las resoluciones. Edwards escribe en su narrativa:

> Solía estar continuamente examinándome a mí mismo, y estudiando e ideando formas y medios en tal sentido, de cómo *podría vivir santamente*, con *mayor diligencia y seriedad*, como nunca antes había perseguido nada en mi vida: *pero dependiendo demasiado de mi propia fuerza*; lo que más

tarde se demostró ser un gran daño para mí. Mi experiencia todavía no me había enseñado, como lo ha hecho después, mi extrema debilidad e impotencia, en cualquier de sus formas; y las innumerables e insondables profundidades de la corrupción y engaño secretos que había en mi corazón. Sin embargo, continué con mi entusiasta búsqueda de más santidad; y dulce conformidad con Cristo (Énfasis mío. Claghorn WJE 16: 796).

Este testimonio o esta narrativa personal nos da pie para pararnos y reflexionar: ¿Se refiere a la fase de su vida en la que escribió las resoluciones? Creo que sí. Ciertamente a tenor de alguna de las resoluciones, como notamos arriba, recalca con fuerza la decisión personal. Creo que la confesión «*dependiendo demasiad de mi propia fuerza*» es una alusión al sentir que Edwards tiene necesitar algo más, de recibir poder sobrenatural. Aunque Edwards puede no haberlo expresado con tantas palabras, creo que la espiritualidad de la *Narrativa Personal* apunta a un autodescubrimiento del que hablan muchos santos, en el que llegan al final de sí mismos y siendo llevados a una experiencia más profunda que es descrita de manera variada: «vida más profunda», «llenos del Espíritu», «enteramente santificado», «experiencia crítica», «acontecimiento claro», «vida victoriosa», «bautismo del Espíritu», etc. No argumentamos aquí a favor de una de estas frases o expresiones en particular, sino más bien apunta a la similitud esencial espiritual entre Edwards y muchos otros que cuentan una segunda obra de gracia única en sus vidas. El hecho de que Edwards testificó: «Mi experiencia todavía no me había mostrado, como ha hecho desde entonces, mi extrema debilidad e impotencia, en cualquiera de sus formas; y las innumerables e insondables profundidades de la corrupción y engaño secretos, que tenía en mi corazón…» sugiere que hubo un punto en el que experimentó un cambio y dio testimonio de una nueva dinámica espiritual. Particularmente la frase «Mi experiencia todavía no me había mostrado, *como ha hecho desde entonces…*» apunta a una transición entre una vida de dependencia bajo el ego a una vida dependiente bajo el Espíritu de Dios. Edwards no aclara necesariamente lo que era esa experiencia transitoria, ni cuándo sucedió. Aunque algunos querrían ver a Edwards pasando del estado de no regenerado al estado de gracia regeneradora, creo que existe suficientes pruebas para pensar que Edwards era creyente cuando escribió estas resoluciones, pero que entró en una clase diferente de dinámica espiritual en un momento posterior, a la que se refiere la *Narrativa Personal*.

¿Hay algún acontecimiento particular y definitivo en la vida de Edwards que signifique la entrada en esta vida llena del Espíritu? No puedo encontrarlo, per. se. aunque en su narrativa personal, dice algo que se acerca tentadoramente a una experiencia de plenitud:

> No mucho tiempo después de que comenzara a experimentar esas cosas, le conté a mi padre algunas cosas que habían sucedido en mi mente. La conversación que mantuvimos me afectó sobremanera. Y cuando terminó la conversación, caminé solo, a un solitario lugar de los pastos de mi padre, para dedicarme a la contemplación. Y mientras caminaba hacia allí, y miré al cielo y a las nubes; vino a mi mente, una dulce sensación de la gloriosa majestad y gracia de Dios, indescriptible. Me pareció ver a ambas en una suave conjunción: majestad y mansedumbre unidas: una majestad fresca, amable y santa; y también una mansedumbre majestuosa; una tremenda dulzura; una sublime, inmensa y santa suavidad (Claghorn: 794).

Conclusión: A través de la narrativa y de los escritos de Edwards, hay evidencias de que creía en una segunda obra definitiva de gracia, con notables paralelos con la primera. Creo que a lo que se está refiriendo no es a una segunda regeneración (lo cual es, por definición, *«sui generis»*[9]) sino más bien a entrar de forma particular a una nueva y fresca dinámica llamada la plenitud del Espíritu. ¿La llamó Edwards así? No lo sé, pero ¿creía en ella? Con toda certeza. Y creo que su narrativa y su obra global aluden a ella. Su propia experiencia personal, tanto en la vida como en el ministerio, demuestra que vivió y ministró en esa dimensión del poder del Espíritu absolutamente indispensable para una vida y ministerio efectivos. Y aquí es donde deseo conectar con

---

9 *Sui generis* es una locución latina, que significa «de su propia clase o género» y por tanto «único en sus características». Lo que sucede en la «regeneración» es único y «de su propia clase» y aunque pueden haber algunos paralelismos entre la regeneración y otra segunda obra de gracia más profunda, haríamos bien en recordar los rasgos únicos de esa inicial e iniciadora experiencia de conversión.

mi tesis: Los ministros necesitan recibir el poder del Espíritu en sus vidas y ministerios si sus ministerios de predicación han de tener ese impacto avivador. Edwards experimentó lo que hablaba.

7. Otros autores

He estado sosteniendo en este capítulo la gran necesidad de recibir la unción sobrenatural del Espíritu Santo y la experiencia de la plenitud del Espíritu como indispensable calificador para capacitar al ministro de Dios para predicar con eficacia. Es alentador encontrar entre los más selectos siervos de Dios un sonoro testimonio que confirma esta gran necesidad. Consideremos las siguientes citas del Salón de la Fama de los Predicadores.

«Es el extraordinario poder de Dios, no el talento, el que gana la batalla. Lo que necesitamos es una extraordinaria unción espiritual, y no una extraordinaria fuerza mental. La fuerza mental puede llenar una capilla, pero el poder espiritual puede compungir de corazón a la iglesia. La fuerza mental puede reunir una gran congregación, pero solo el poder espiritual salvará las almas. Lo que necesitamos es poder espiritual» (C. H. Spurgeon).

Keevil, en su magistral y estimulante libro *Predicando en avivamiento*, resume la importancia de la unción espiritual así: «...siendo tan importantes la voz y el gesto para mostrar los sentimientos del predicador, detrás de toda predicación relacionada de alguna manera con el avivamiento religioso, está la unción y la autoridad del Espíritu. Esto ocupa un lugar básico previo a la bendición. Esta es indudablemente *la observación central y más importante que hacemos a partir de nuestro estudio sobre el tema* (Énfasis mío). ¿Qué es la unción del Espíritu? Como Lloyd-Jones afirma: «Es el descenso del Espíritu Santo sobre el predicador en forma especial. Es una vía de poder. Es Dios dando poder, y capacitando al predicador, por medio del Espíritu, para que pueda llevar a cabo este trabajo elevándolo por encima de los esfuerzos e intentos del hombre a una posición en la que el predicador es usado por el Espíritu y se convierte en el canal a través del cual obra el Espíritu…La predicación es teología que nos llega a través de un hombre en llamas» (Lloyd Jones, citado por Keevil: 168).

«Nosotros que somos embajadores de Dios no debemos tomarnos las cosas a la ligera, sino temblar ante la Palabra de Dios. Además, un predicador tiene que saber que posee realmente el Espíritu de Dios, y que cuando habla hay sobre él una influencia que lo capacita para hablar como si Dios lo controlara, de no ser así debería abandonar el púlpito directamente; no tiene derecho a estar ahí, no ha sido llamado para predicar la verdad de Dios» (Spurgeon, citado por Heisler: 25).

«La predicación en el poder del Espíritu es el resultado de proclamar la palabra enseñada por el Espíritu que da un testimonio cristocéntrico y reclama una respuesta llena del Espíritu. Consecuentemente, el Espíritu Santo no sólo da poder al mensaje; sino que proporciona la fuente y la abundancia del mensaje en la Escritura que ha inspirado» (Heisler: 37, Comentando 1 Corintios 2:13. Esto es precisamente lo que decimos, no con palabras que nos han sido enseñadas por el saber humano, sino con palabras enseñadas por el Espíritu, explicando las cosas espirituales con palabras enseñadas por el Espíritu.)

8. Conclusión

Creo que Edwards tenía una firme convicción en relación a la necesidad fundamental de que la Palabra de Dios debía ser predicada por hombres ungidos y que hubieran recibido el poder del Espíritu de Dios. En consecuencia, animó a la gente a orar por el Espíritu y habló de «nuestras numerosas oraciones por el Espíritu» (Jonathan Edwards,1740. *Escritos sobre la Trinidad, la gracia, y la fe* Ed. Sang Hyun Lee, WJE 21: 263).

Como afirma Edwards: «Los que somos ministros no sólo necesitamos alguna experimentar realmente la influencia salvadora del Espíritu de Dios en nuestros corazones, sino que, en tiempos como estos, necesitamos una doble porción del Espíritu de Dios; necesitamos ser llenos de luz como un cristal, puesto ante el sol; y con respecto al amor y al celo, necesitamos en este día ser como los ángeles, que son llamas de fuego (Salmos 104:49). La situación presente requiere radicalmente la plenitud del divino Espíritu en los ministros, y no hemos de parar hasta haberla obtenido» (Goen WJE 4: 507).

Aplicación

Tenemos que responder como predicadores. La evidencia escritural, el testimonio de Edwards y de otros buenos predicadores no nos dejan otra salida. Necesitamos una unción fresca del Espíritu. Tenemos que orar por una plenitud clara del Espíritu. ¿Qué creía Edwards sobre orar por el Espíritu?

¿Deben los creyentes orar por el espíritu?

«Que *oren para que Dios les dé su Espíritu con el fin ser despertados;* eso es lo que necesitan, sea que tengan alguna gracia verdadera o no. Así que *oren para que Dios pueda capacitarlos para luchar por la salvación,* y para que pueda *ayudarlos a entrar por la puerta estrecha.* Que oren con fervor para que Dios pueda *mostrarles lo que hay en sus propios corazones;* que *los saque de su justicia propia;* que Dios los *convierta;* que *les dé una verdadera visión de Cristo,* y los *capacite sinceramente para acercarse a él y confiar solamente en él para salvación.* Que oren para que Dios pueda *abrir sus enceguecidos ojos;* que *haga que la luz resplandezca en las tinieblas;* y para que *resucite sus almas muertas a la vida.* Tales peticiones son adecuadas para ser elevadas a Dios por un ministro, como alguien que habla como la boca de la congregación; y son peticiones adecuadas para que la congregación se una a ellas, *tanto santos como pecadores*» (Énfasis mío. Stout WJE 22: 201).

Orando por el espíritu

«Me parece que las circunstancias de la presente obra llaman con fuerza al pueblo de Dios a abundar en ello; tanto si consideran que merece la pena la experiencia de su presencia que últimamente Dios les ha concedido, y los benditos frutos del derramamiento de su Espíritu, para animarlos a orar por su continuidad y acrecentamiento, y por una mayor amplitud de estas bendiciones, como si consideran cómo Dios los ha animado grandemente este tiempo atrás, a orar por los derramamientos de su Espíritu y por la continuidad de su obra, por medio de las grandes manifestaciones que últimamente ha concedido de la libertad y riqueza de su gracia; y todo aquello en lo que hemos visto las obras gloriosas del poder y de la gracia de Dios, para revelarnos cosas aún mayores de la naturaleza de las que habla en su palabra, y para hacer que anhelemos esas cosas y la esperanza de su cumplimiento» (Goen WJE 4: 516).

«Las personas piadosas, tras tal obra renovadora del Espíritu de Dios en ellas, no sólo se encuentran por regla general ellos mismos en un estado mucho más feliz, sino que también son mucho más aptos para ayudar a otros. Por eso su conocimiento, experiencia y fortaleza se incrementan grandemente y, al haber sido tentados y liberados, están más preparados para ayudar a otros en la tentación. Y por la gran provisión que han recibido de luz y de fortaleza, encajan mejor para instruir y fortalecer a otros. Por tanto, el camino que Cristo muestra a Pedro en el texto es: «Cuando te hayas convertido, fortalece a los hermanos». Por ello si alcanzas tal cambio por medio de una nueva obra del Espíritu de Dios en tu corazón, no sólo serás un hombre más feliz, sino que serás de mayor bendición para cuantos están a tu alrededor; y es probable que otros, tal como tú, lleguen a ser más felices por ello» (Stout WJE 22: 202).

Una palabra de aliento de Edwards

«La misericordiosa, excelsa, y agradable ayuda del Espíritu de Dios en la oración y en la predicación, no se trata de palabras sugeridas directamente que uno pueda captar, que pueden estar en un corazón frío y muerto, sino que calienta el corazón inspirándole aquellas cosas por las que ha de pedir, y con sentimientos santos, de modo que esa inspiración y esos sentimientos puedan sugerir las palabras. De ese modo, podemos decir que el Espíritu de Dios, directa o indirectamente, puede sugerirnos palabras, para guiar nuestras peticiones en nuestro lugar, y para enseñarle al predicador qué decir; él llena el corazón y llena la boca; así sabemos que cuando los hombres son de alguna manera fuertemente tocados, y que sus corazones están colmados, él les da materia de la que hablar, y les da la elocuencia sobre el tema; y que tengan muchos más sentimientos espirituales en ese sentido, por muchas razones que se puedan dar. Cuando una persona está en un marco santo y ardiente de oración secreta, le suplirá maravillosamente con temas y expresiones, como todo cristiano de verdad conoce; y así llenará su boca de conversación cristiana, y semejantemente hará a la persona capaz de orar y predicar públicamente. Y si esas influencias santas del Espíritu en su corazón están en gran medida, ninguna otra cosa en el mundo podrá hacer que el contenido y la forma de sus expresiones públicas sean excelentes y provechosas» (Goen WJE 4: 437, 438).

Aplicación suplicatoria

Señor, llénanos como predicadores de tu Santo Espíritu. Confesamos nuestra extrema dependencia de ti. Sin tu capacitación divina y trinitaria, no podemos lograr nada de que tenga valor eterno. Señor, tu palabra es cristalina. Para ser efectivos, necesitamos ministrar tu palabra «en el poder del Espíritu» (2 Co. 2:4) y necesitamos «ser llenos del Espíritu» (Ef. 5:18). Si Jesús fue lleno del Espíritu antes de su ministerio público (Lc. 4:14, 16-21), si Pedro fue lleno del Espíritu (Hch. 2:4) y necesitaba frecuentemente ser lleno de nuevo (Hch. 4:8, 31), si Pablo fue lleno del Espíritu (Hch. 9:17) y necesitaba ser lleno de nuevo con frecuencia (Hch. 13:9), si tu siervo Jonathan Edwards creía en la plenitud de tu Espíritu y la experimentó personalmente, y enseñó a sus colegas predicadores a depender del Espíritu, y si una multitud de eficaces predicadores colegas dan testimonio de que esta dinámica espiritual es un elemento significativo en su predicación eficaz que aviva y despierta, entonces Señor, nosotros como predicadores necesitamos humillarnos y buscar esta unción espiritual sin la que no podemos hacer nada. Señor, mantennos de rodillas hasta que de hecho estemos dotados del poder de lo alto, y entonces capacítanos para ser ministros de tu palabra en tu Espíritu para que tu iglesia sea revitalizada y tus elegidos sean llamados al Reino de Dios. Ojalá te complazcas en responder a nuestro clamor por una fresca unción y por la capacitación del tu Espíritu, para que tú, Dios Trino, puedas ser glorificado. AMÉN. AMÉN.

CAPÍTULO 6

La mezcla de Palabra y Espíritu y la predicación

«Es el *Espíritu* el que da vida; la carne no sirve para nada. Las *palabras* que os he dicho son *Espíritu* y vida» (Jesús) (Juan 6:63) (BLP).

> *He sentido, muchas veces, la gloria de la Tercera Persona de la Trinidad, y su oficio como Santificador; en sus santas operaciones, comunicando vida y luz divinas al alma. Al darnos su Espíritu Santo, Dios es una fuente infinita de gloria y dulzura divinas; siendo completamente suficiente para llenar y satisfacer el alma;* derramándose a sí mismo en comunicaciones secretas; como el sol en su gloria, difundiendo dulce y placenteramente luz y vida.
>
> *Y a veces tengo una sentida sensación de la excelencia de la palabra de Dios como la palabra de vida; y como la luz de la vida; una palabra dulce, excelente y dadora de vida; acompañada de una sed tras oír esa palabra, que puede morar ricamente en mi corazón* (Jonathan Edwards. Énfasis mío. Claghorn WJE 16: 801).

Comentarios introductorios

Sabemos que Edwards creía en la predicación de la Palabra. También hemos comprobado su marcado hincapié en el Espíritu. En este capítulo deseamos estudiar cómo ambos se combinan en la predicación de avivamiento. Queremos analizar la idea que Edwards tenía de la relación existente entre el Espíritu y la Palabra. La cita anterior ilustra esta rica experiencia en la que intervienen el Espíritu y la Palabra. Edwards fue una persona de «Palabra y poder» que cultivaba una iglesia de «Palabra y poder». Desvelaremos lo que queremos decir con ello en este capítulo.

1. Definición

En esencia, por «Palabra y poder» queremos decir dar prioridad a la Palabra con el correspondiente reconocimiento del papel vital del Espíritu en dar e inspirar («exhalar») esa Palabra (2 Ti. 3:16), iluminando el corazón con la Palabra e iluminando la Palabra para que el corazón la entienda (Pr. 1:23; Ef. 1:15-18); nos referimos a la rica unción de Dios sobre el predicador de la Palabra y al Espíritu de Dios capacitando su vida para seguir la Palabra (Ef. 3:14-16). Por ello, necesitamos honrar la Palabra de Dios y al Espíritu de Dios de manera equilibrada y complementaria en nuestras vidas personales y en nuestras iglesias. Y esto tiene que comenzar con nosotros en tanto que predicadores y maestros. En qué consiste este equilibrio, lo analizaremos más adelante. La tendencia es, o la de ser ultra-ortodoxo en la Palabra, conservador, descuidando la persona y obra del Espíritu, o la de ser ultra-carismático, «carismaníaco», con un énfasis desequilibrado (liberal) en el Espíritu, descuidando a menudo la centralidad y el aspecto fundamental de la Palabra. Una persona de «Palabra y poder», y una iglesia de «Palabra y poder», son una mezcla de ambos; no hace falta tanto buscar el punto medio, como ser todo Palabra y todo Espíritu. La gente y las iglesias que son tanto Palabra como Espíritu tratan de vivir y ministrar en esa correlación dinámica, rechazando ceder tanto en su fidelidad a la Palabra o en su fidelidad al Espíritu. El sistema de «doble altavoz» de Edwards y del predicador eficaz de avivamiento involucra dos altavoces de «alta fidelidad» tanto para la Palabra como para el Espíritu. Creo que este es el secreto de la predicación avivadora de Edwards y es, en mi respetuosa opinión, el secreto de la predicación de que aviva hoy en día.

Para tener una idea más clara de lo que queremos decir con «Palabra y poder», dejadme citar una porción importante de *La Iglesia de Palabra y Poder* de Doug Banister: «Tanto las tradiciones evangélicas como las carismáticas aportan un rico legado a la iglesia. El legado evangélico incluye la predicación expositiva, el énfasis en la autoridad y suficiencia de la Escritura, la afirmación realista de que el reino de Dios no está completo en el hoy, la creencia en que el crecimiento espiritual es un proceso, y la creencia en que la Palabra ha de ser estudiada en comunidad. El legado carismático incluye el énfasis en la oración, en la adoración particular, la creencia en que el Espíritu ha de ser experimentado en comunidad. Las iglesias de Palabra y poder buscan aportar juntas lo mejor de los mundos carismático y evangélico» (Banister: 22).

Así que lo que buscamos es esa clase de predicador que es a la vez «Palabra y poder». Hemos visto en los dos capítulos previos que Edwards fue un predicador de la Palabra, y que también fue un predicador muy dependiente del Espíritu. Sigamos estudiando cómo ambos operan juntos.

Perspectiva bíblica

Hay muchos pasajes de la Biblia clave que reflejan esta dinámica:

a. **Job 32:18:** «Porque lleno estoy de *palabras*, y me apremia el *espíritu* dentro de mí.» Eliú ejemplifica este equilibrio entre la Palabra y el Espíritu con sus palabras «gobernadas» y «dirigidas» por el Espíritu en su interior. Eliú fue una especie de precursor de los Discursos Divinos (Job 38-41).

b. **Isaías 59:21:** «Y este será mi pacto con ellos, dijo Jehová: El *Espíritu* mío que está sobre ti, y mis *palabras* que puse en tu boca, no faltarán de tu boca, ni de la boca de tus hijos, ni de la boca de los hijos de tus hijos, dijo Jehová, desde ahora y para siempre.» De nuevo aparece esta perfecta mezcla de Espíritu y Palabra en esta profecía.

c. **Zacarías 4:6:** «Entonces respondió y me habló diciendo: Ésta es *palabra* de Jehová a Zorobabel, que dice: No con ejército, ni con fuerza, sino con mi Espíritu, ha dicho Jehová de los ejércitos.» La palabra profética del Señor recalca aquí el poder del Espíritu en contraste con la mera fuerza o poder del humanos. Es crucial que recordemos este equilibrio y esta dinámica de la Palabra y del Espíritu en la predicación avivadora de la Palabra.

d. **Juan 3:34**: «Porque el que Dios envió, las *palabras* de Dios habla; pues Dios no da el *Espíritu* por medida.» La vida de nuestro Señor fue una vida de hablar la palabra de Dios en, a través y por el Espíritu de Dios. Su ministerio de predicación no comenzó hasta que fue lleno del Espíritu de Dios y volvió del desierto en el poder del Espíritu (Lucas 4:14).

e. **Juan 6:63:** «El *Espíritu* es el que da la vida; la carne para nada aprovecha; las *palabras* que yo os he hablado——son *espíritu* y son vida.» Jesús subraya claramente la importancia de comprenderlo por medio del Espíritu y en el Espíritu, no de una manera carnalmente legalista. Si Jesús dijo esto, y nos comisionó para servir de la misma forma (como el Padre me envió, así yo os envío), entonces es nuestra responsabilidad en nuestro ministerio de la predicación avivadora, descubrir esta dinámica de la Palabra y del Espíritu y vivir y ministrar dentro de su libertad y de sus parámetros.

f. **Hechos 4:31:** «Cuando hubieron orado, el lugar en el que estaban congregados tembló, y todos fueron llenos del *Espíritu Santo*, y hablaban con denuedo la *palabra* de Dios.» La iglesia primitiva siguió el modelo y patrón de su Maestro manteniendo unidos la Palabra y el Espíritu.

g. **Hechos 10:44**: «Mientras aún hablaba Pedro estas *palabras*, el *Espíritu Santo* cayó sobre todos los que oían el discurso.» El Espíritu Santo honra la Palabra cuando aquellos que la exponen honran al Espíritu Santo dándole la libertad de dirigirlos (Hechos 16:6), prepararlos (Juan 16:13), iluminarlos (Efesios 1:18), llenarlos (Efesios 5:18), ungirlos (Éxodo 29:7; 30:25; Hechos 10:38; 1 Juan 2:20), guiarlos (Juan 16:13) y fluir a través de ellos en la proclamación de esa preciosa Palabra.

h. **1 Corintios 2:13:** «Lo cual también hablamos, no con *palabras* enseñadas por sabiduría humana, sino con las que enseña el *Espíritu*, acomodando lo *espiritual* a lo *espiritual*.» Las palabras que escogemos deben de ser dirigidas por el Espíritu, estar arraigadas en la Palabra y de acuerdo con esa Palabra.

i. **1 Tesalonicenses 1:5**: «Pues nuestro evangelio no llegó a vosotros en *palabras* solamente, sino también en poder, en el *Espíritu Santo* y en plena certidumbre, como bien sabéis cuáles fuimos entre vosotros por amor de vosotros.» El evangelio llegó a los tesalonicenses por la Palabra, pero fue más que un mero aprendizaje de información acerca del evangelio, pues iba acompañado por el poder de Dios, el poder del Espíritu Santo.

j. **1 Corintios 4:20:** «Porque el *reino de Dios* no consiste en *palabras*, sino en *poder*.» Edwards practicaba esta verdad en su predicación de avivamiento, tal y como demostraremos de manera inmediata. Él siguió a Pablo. Nosotros deberíamos hacer lo mismo.

Podemos comprobar en el libro de los Hechos cómo el Espíritu Santo ungió la predicación de la Palabra para producir tanto el despertar del pecador como la revitalización del creyente, como en la predicación de Pedro en el día de Pentecostés. Típico de Hechos es lo que sucedió en Iconio donde Pablo y Bernabé «entraron juntos en la sinagoga de los judíos, y *hablaron de tal manera que creyó una multitud de judíos, y asimismo de griegos*» (Hechos 14:1). La tesis fundamental sobre la que se basa esta investigación es la premisa de que la predicación ungida por el Espíritu de la Palabra es el instrumento de Dios para traer avivamiento y despertar.

2. Citas de Edwards

Además de la cita que abre este capítulo, hay numerosos ejemplos en la vida y ministerio de Edwards que ilustran esta dinámica de Palabra y Espíritu en acción. Por ejemplo, los documentos de Edwards empleados en su *Narrativa Personal*: «Mientras leía las palabras, vino a mi alma, y es como si se difundiera a través de ella, un sentido de la gloria del ser divino; un sentido nuevo, muy diferente de cualquier cosa que hubiera podido experimentar nunca antes. Ninguna palabra de la Escritura me había parecido nunca que fuese para mí como lo fueron aquellas palabras. Me dije, cuán excelente era ese Ser; y cuán feliz sería, si pudiera disfrutar de ese Dios, y ser arrebatado a Dios en los cielos, y ser así absorbido en él. Y seguí hablando conmigo mismo, como si estuviese cantando esas palabras de la Escritura; y me puse a orar, pidiéndole a Dios que pudiese disfrutarlo; y oré de un modo muy diferente a como solía hacerlo; con un nuevo sentimiento (Claghorn 16: 792) («*Narrativa Personal*»). Esta es una clara prueba del Espíritu obrando en la Palabra y por su medio en la vida de Edwards. Y esto resulta fundamental para que el Espíritu obre por medio de la Palabra predicada.

Edwards se refiere a Juan el Bautista como una luz ardiente y brillante, poniéndolo como modelo del ministro cristiano; y como tal *la verdad debe arder en su corazón*. «Debe ser alguien que esté familiarizado con la religión empírica, y que no ignore la obra interna del Espíritu de Dios, ni las estratagemas de Satanás; capaz de guiar a las almas bajo sus dificultades personales. Debe ser un escriba bien instruido en las cosas que pertenecen al reino de Dios; alguien que «saca de sus tesoros cosas nuevas y viejas» (Mateo 13:52. Kimnach WJE 25: 93). ¡La verdad ardiente! «…En buena medida el éxito repentino del Gran Despertar reside en la ausencia de tibieza en las formas de predicar de sus líderes» (Conrad 1960: 111). Una y otra vez Edwards habla de la Palabra y del Espíritu actuando juntos. La verdad ardiendo en el corazón es la verdad de la Palabra de Dios hecha realidad, experimentada en forma real por el Espíritu (no sólo conocimiento teórico), esta combinación es lo que produce y sustenta el avivamiento y el despertar en los corazones de los oyentes.

En la cita siguiente se recoge lo que Edwards creía en cuanto a la Palabra y al Espíritu: «Cuando los discípulos de nuestro glorioso Señor se llenaron de congoja al escuchar la dura noticia de su despedida, alegró sus espíritus abatidos con esta buena palabra, Juan 16:7, «Pero yo os digo la verdad: Os conviene que yo me vaya; porque si no me fuera, el Consolador no vendría a vosotros; más si me fuere, os lo enviaré.» Y después de su ascensión, cumplió esta gran y preciosa promesa *con el derramamiento extraordinario de su Espíritu, por cuyo conducto e influencia los apóstoles salieron y predicaron por todas partes, obrando con el Señor con ellos:* de tal modo que cuando leemos los Hechos de los Apóstoles, tenemos que decir: «No con ejército, ni con fuerza, sino con mi Espíritu, ha dicho Jehová de los ejércitos» (Zacarías 4:6. Énfasis mío). Gracias al Espíritu la predicación de los apóstoles fue impactante; Edwards creía que aquello mismo valía para su propia predicación apostólica.

Creo que la predicación de «Palabra y poder» es lo que hace que la predicación sea apasionada, y por consiguiente efectiva. Ya apunté en otra ocasión que Edwards creía en la importancia de la predicación apasionada. Él dijo: «Nuestra gente no necesita tanto el tener sus cabezas llenas de cosas como que sus corazones sean tocados; y lo que sobre todo necesitan es esa clase de predicación que mejor intenta conseguirlo» (Goen WJE 4: 388). La predicación que aviva es una predicación que toca el corazón, y que involucra la mente. La forma de tocar tanto las mentes como los corazones es teniendo al Espíritu y a la Palabra claramente obrando juntos en una yuxtaposición bíblica.

Comentando 1 Corintios 2:13-14, Edwards afirma: «Pero la sabiduría de Dios no necesita vestirse con tal ropaje vistoso. Esos ornamentos son absolutamente miserables para la verdad divina, la cual es más atractiva en su propia belleza natural y en su simplicidad genuina, y tan bella en un hombre pobre o en un niño, como en un príncipe, y tan poderosa en la debilidad, temor y temblor de Pablo, como sería en toda la sabiduría de los filósofos y en la elocuencia de sus más grandes oradores. Porque el poder de la luz divina no depende de la elocuencia del orador, sino de la demostración del Espíritu de Dios. Lee 1 Corintios 2:4: «Y ni mi palabra ni mi predicación fue con palabras persuasivas de humana sabiduría, sino con demostración del Espíritu y de poder.» Porque hay otra enseñanza necesaria para (facilitar) la recepción de esta sabiduría, incluidas las enseñanzas del Espíritu Santo: porque es una clase de sabiduría que supera, tanto la capacidad de enseñar o de hacer entender de los más grandes sabios mundanos, como está fuera del alcance del entendimiento de los hombres de mayor formación y entendimiento natural, si no es a través de las enseñanzas divinas. 1 Corintios 2:13-14 dice «lo cual también hablamos, no con palabras enseñadas por sabiduría humana, sino con las que enseña el Espíritu, acomodando lo espiritual a lo espiritual. Pero el hombre natural no percibe las cosas que son del Espíritu de Dios, porque para él son locura, y no las puede entender, porque se han de discernir espiritualmente» (Jonathan Edwards, 1723. Minkema 1997: 70, 71. *Sermones y Discursos: 1723-1729*. WJE Online vol. 14).

3. Citas de eruditos edwardsianos

Hemos visto extensas referencias dadas por Edwards y por eruditos edwardsianos hablándonos de lo que él creía acerca de la Palabra y lo que creía acerca del Espíritu. Aquí nos centramos en las convicciones de Edwards sobre la yuxtaposición de la Palabra y del Espíritu en su teología.

Edwards recuerda a los ministros para su «Mejora General» que «no deben depender de su formación o elocuencia, ni de su diligencia, o de sus grandes esfuerzos para promover el bien de las almas», ni «deben depender de sus propias experiencias o de la calidad de su preparación.» Al decir esto, se está ocupando de quienes, como Locke, ponían su confianza en la fuerza de su lógica, y en la capacidad de razonamiento de sus oyentes». En vez de eso, Edwards añade, «sus ojos deben estar puestos en el maestro que los envió, para que su trabajo tenga éxito por medio de su Espíritu» (Geschiere: 59). En otras palabras, los predicadores no deben depender de sus propias destrezas expositivas, sino confiar plenamente en el Señor por medio de su Espíritu.

Reconociendo que la «Palabra de Dios de hecho es afilada como una espada de dos filos, y que es viva y poderosa… solamente lo es a través de la ayuda de ese Espíritu que dio la Palabra». Edwards también advierte: «La Palabra sola, aunque sea administrada, explicada, confirmada y aplicada, no es más que letra muerta sin el Espíritu» (Geschiere: 61).

El Espíritu y la Palabra actuaron juntos, creando una poderosa convicción. Esto lo verifica el relato de primera mano de la predicación de Edwards en Enfield:

«Fuimos a Enfield —donde encontramos al estimado Sr. Edwards de Northampton quien predicó un sermón muy avivador a partir de esas palabras— Deuteronomio 32:35 y antes de que (el) sermón acabase —hubo grandes gemidos y llantos por toda (la) Casa - ¿Qué he de hacer para ser salvo? - Oh, voy para el infierno - Oh, qué he de hacer por Cristo... Entonces el ministro se vio obligado a parar - los alaridos y lloros eran penetrantes y asombrosos - después de esperar un tiempo a que la congregación guardara silencio, hubo entonces una oración hecha por el Sr. W. y después de esto descendimos del púlpito y conversamos con la gente - unos en un lugar y otros en otro - y vimos el poder de Dios de manera asombrosa e increíble - y afortunadamente muchas almas habían sido traídas aquella noche y, oh, qué felicidad y placer en sus semblantes porque recibieron consuelo - Oh, que Dios los fortalezca y los confirme - cantamos un himno y oramos y despedimos la reunión» (Relato de un testigo ocular recogido por Winslow: 192).

4. Ilustraciones de los sermones de Edwards

El mismo Edwards afirma: «Si un ministro tiene luz *sin calor*, y entretiene a sus (oyentes) con discursos aprendidos, *sin ningún sabor de las fuerzas de la piedad, o sin apariencia de fervor de espíritu, y de celo por Dios y por el bien de las almas*, podrá gratificar oídos llenos de comezón, y llenará las cabezas de su gente con nociones vacías, pero *no enseñará a sus corazones, ni salvará sus almas*» (Kimnach, WJE 25: 84-104. Verdadera Excelencia). Creo que esta combinación de luz y calor es el reflejo de la convicción que Edwards tenía de que la Palabra y el Espíritu van juntos.

En cuanto a su crecimiento personal dependiente del Espíritu, es significativo que Edwards confiese a Whitefield su necesidad de una renovada unción, y solicite las oraciones de este joven: «Deseo que sus fervientes oraciones por nosotros todavía puedan seguir, para que Dios no sea para nosotros un caminante de paso, que se aparta para pasar la noche, sino que derrame sobre nosotros su Espíritu más y más, y que nunca se aleje de nosotros; y especialmente por mí, para que sea lleno de su Espíritu, y pueda ser ferviente en mi trabajo, como una llama de fuego, y pueda ser abundantemente exitoso, y que pueda agradar a Dios y hacer avanzar su reino, a pesar de lo indigno que soy, mejorándome como instrumento de su gloria» (Claghorn: *Cartas y Escritos Personales*, 16: 87. Haykin: 41. Escrito el 14 de diciembre de 1740, justo después de que Whitefield estuviera en Northampton y predicase bajo la unción). ¿Fue Edwards consciente del hecho de que había una deficiencia en el equilibrio entre la Palabra y el Espíritu en su propia predicación, y que estaba dando pasos para tratar esa deficiencia? Creo que la respuesta es «sí».

5. Las 70 Resoluciones

Creo que la falta de hincapié sobre el Espíritu en las resoluciones de Edwards ilustra que más adelante en su ministerio, descubriera la necesidad de ser lleno y capacitado por el Espíritu. Tal vez en su exuberancia juvenil, se apoyó demasiado en su propia sabiduría y perspicacia, y Dios le enseñó a través de los rigores del pastorado y de sus propias pruebas, su necesidad de buscar la capacitación divina para permitir que su exposición y proclamación de la Palabra obtuviese la bendición del Espíritu sobre ella.

6. Otros autores

En su excelente tratado del liderazgo espiritual titulado «*Ardiendo por Dios*», Wesley Duewel aborda la importancia de la combinación de Palabra y Espíritu:

> «Pablo sabía que una fe basada solamente en palabras, por ejemplo solamente el mensaje, sería tentada de fluctuar. Por eso recordó a los corintios

que tanto su mensaje como su manera de predicar el mensaje serían con "demostración" del poder del Espíritu (1 Co. 2:5) y que así su fe pudiese basarse en esa demostración de poder que añadía al contenido de sus palabras. La palabra griega traducida como «demostración» sugiere evidencia o prueba. Era un término técnico para lograr una convincente conclusión a partir de las premisas. El poder de Dios era tan evidente en el mensaje de Pablo que los corintios fueron empujados a concluir que su mensaje y él como mensajero provenían de Dios. El poder confirma la verdad. Hemos de atrevernos a no depender de la verdad sola; debemos ministrar esa verdad inflamada con el poder de Dios» (Duewel: 52, 53).

La mezcla de Palabra y Espíritu se lleva a cabo por medio de la oración. La oración es esencial tanto para el predicador como para la gente. Cuando ambos están preparados por medio de la oración, se crea una atmósfera que conduce a expectativas de bendición. *«La síntesis reformada de Palabra y Espíritu significa que sin el Espíritu, la Palabra es letra muerta»* (Keevil: 163, 164).

Hablando sobre la época de los puritanos, Keevil escribe: «El púlpito estaba encendido de un santo entusiasmo, nacido de los fuegos de una unción pentecostal. La predicación de este periodo también incluía, junto con la proclamación de la verdad, "la liquidación del error". Estos predicadores fueron descritos por Thomas Becon como "profetas". ¡La predicación era fundamental y básica para nuestros antepasados puritanos, y ellos predicaban en avivamiento!» (Keevil: 149).

7. Conclusión

Efesios 6:17: «Como casco, usad el de la salvación, y como espada, la del *Espíritu*, es decir, la *palabra* de Dios.» El fin del asunto es este, que si, como Edwards, hemos de ser hombres y mujeres equilibrados entre Palabra y Espíritu, con nuestras vidas impregnadas tanto con la Palabra como con el Espíritu, entonces necesitamos «tomar» (con fuerza imperativa) la espada del Espíritu, la cual es la palabra de

Dios, y blandir esa espada con la fuerza que conduce al avivamiento. Nuestro *logo*, nuestro lema, será «Rendirse y Blandir» (en inglés, *yield and wield*): Rendirnos nosotros mismos a la plenitud del Espíritu, y blandir la espada del Espíritu; es una batalla espiritual, tomando cautivos los pensamientos, los argumentos, a la obediencia de Cristo. Las armas de nuestra guerra no son meramente humanas, sino que tienen poder divino para destruir fortalezas (2 Co. 10:3-5). La predicación de avivamiento eficaz requiere de una mezcla de Palabra y Espíritu. La predicación de avivamiento eficaz significará que en nuestras vidas y en nuestros ministerios de predicación aspiramos a ser ministros de «Palabra y poder». Los profetas del Antiguo Testamento, nuestro Señor Jesús, los apóstoles, y hombres y mujeres a través de la historia de la iglesia que fueron predicadores de un avivamiento real demostraron esta poderosa mezcla. ¿Querrás tú, querido lector, ser un predicador comprometido tanto con la Palabra como con el Espíritu en tu ministerio de predicación? ¿!Puedo escuchar un claro «amén»?!

Tal vez la mejor manera de concluir y de apelar a una mezcla de Palabra y Espíritu en nuestros ministerios como pastores predicadores es seguir el consejo de Edwards cuando habló sobre el papel del Espíritu en la capacitación de los ministros: «Las personas piadosas, tras una obra renovadora del Espíritu de Dios en ellas, no sólo se encuentran normalmente a sí mismos en un estado mucho más feliz, sino también mucho más aptos para ayudar a otros. Su conocimiento, experiencia y fortaleza se incrementan grandemente, y, habiendo sido tentados y enviados, están más preparados para ayudar a otros en la tentación. Y por la gran afluencia de luz y de fortaleza que ellos mismos han recibido, están abundantemente más preparados para instruir y fortalecer a otros. Por tanto la dirección que Cristo muestra a Pedro en el texto es: «Cuando os hayáis convertido, fortaleced a los hermanos». Por ello, si tu obtienes un cambio parecido por una nueva obra del Espíritu de Dios en tu corazón, no sólo serás tú mismo un hombre más feliz, *sino que serás una mayor bendición para todos aquellos que están a tu lado; y otros igualmente llegarán a ser* más felices por ello, como tú. (Énfasis mío. Stout WJE 22: 202).

CAPÍTULO 7

La supremacía de Dios en la predicación

«Él es origen, camino y meta de todas las cosas. ¡A él la gloria por siempre! Amén» (Romanos 11:36) (BLP).

«La primera base objetiva de los "sentimientos misericordiosos", es *la naturaleza trascendentalmente excelente y afable de las cosas divinas,* tal como son *en sí mismas*; y no cualquier otra relación imaginable que lleve al egoísmo, o al interés propio» (Ramsey WJE 2: 240).

Haciendo referencia al cambio en la vida de un nuevo creyente, Edwards afirma: «Algo más, totalmente distinto del amor propio puede ser la causa de esto, a saber, un cambio realizado en los puntos de vista de su mente, y el gusto de su corazón; por el cual capta la belleza, la gloria, y la supremo bien, en la naturaleza de Dios, tal como es en sí misma. Puede ser lo que atraiga primero su corazón a él, y hace que su corazón se una a él, antes que cualquier consideración de su propio interés o felicidad, aunque después de esto, y como fruto de ello, necesariamente busque su interés y felicidad en Dios» (Ramsey WJE 2: 241).

«Creo haber descubierto que no ha habido pláticas tan notablemente bendecidas, como aquellas en el que se ha insistido en la doctrina de la absoluta soberanía de Dios con respecto a la salvación de los pecadores, y su justa libertad en cuanto a responder a las oracio-

nes, o venciendo los dolores del hombre natural, si estas continúan».
(Goen WJE 4: 167, 168).

«No hay nadie como él, infinito en gloria y excelencia: es el más
alto Dios, glorioso en santidad, temible en la adoración, hacedor de
proezas: su nombre es excelente en toda la tierra, y su gloria está por
encima de cielos y tierra: no hay ninguno como él entre los dioses;
no hay nadie en los cielos que se compare con él, ni entre los hijos de
los poderosos, que sean como él. El Dios de ellos es la fuente de todo
bien, y una fuente inagotable; es el Dios todo-suficiente; un Dios que
es capaz de protegerlos y defenderlos, y de hacer todas las cosas por
ellos: él es el Rey de Gloria, el Señor fuerte y poderoso, el Señor fuerte
en la batalla: roca fuerte, y torre alta. No hay nadie como el Dios de
Jesurún, que cabalga sobre los cielos en su auxilio, y sobre su excelencia en el firmamento: el Dios eterno es su refugio, y brazos eternos los
sustentan: él es el Dios en cuyas manos están todas las cosas, y hace
cuanto le place: da muerte y hace vivir; sepulta en la tumba, y levanta;
hace al pobre y al rico: los pilares de la tierra son del Señor. Su Dios es
un Dios infinitamente santo: no hay nadie tan santo como el Señor.
Y es infinitamente bueno y misericordioso. Muchos, a los que otros
adoran y sirven como dioses, son seres crueles, espíritus que buscan la
ruina de las almas; pero hay un Dios que se deleita en la misericordia;
su gracia es infinita, y permanece para siempre: es el amor mismo,
una infinita fuente y océano de amor» (Jonathan Edwards, Sermón:
«La Decisión de Rut», Abril de 1735. En apogeo del Gran Despertar.
Lesser WJE 19: 310).

«Y, desde ese día hasta hoy, ha habido un maravilloso cambio en
mi mente con respecto a la doctrina de la soberanía de Dios; de tal
modo que pocas veces más he visto que aparezca una objeción contra
la soberanía de Dios, en el sentido más absoluto, al mostrar misericordia sobre quien muestra misericordia, y al endurecer y condenar
eternamente a quien quiere. La absoluta soberanía y justicia de Dios,
con respecto a la salvación y a la condenación, es lo que en mi mente
parece estar más claro, como cuanto veo con mis ojos; al menos así es
a veces. Pero muchas veces desde esa primera convicción, he tenido
otra clase de sentido de la soberanía de Dios, que la tuve en aquel

momento. Desde entonces, a menudo no sólo he tenido una convicción, sino que he tenido una *deleitosa* convicción. La doctrina de la soberanía de Dios ha aparecido con frecuencia, como una placentera, rebosante, brillante y dulce doctrina para mí: la soberanía absoluta es lo que me encanta atribuir a Dios. Aunque mi primera convicción no fue esta» (Jonathan Edwards. Chamberlain WJE 18: 791, 792).

Comentarios introductorios

Creo que Edwards fue eficaz como predicador del avivamiento debido a su visión de Dios, lo que en teología llamamos «teología pura». En una época secular que subraya la importancia y preeminencia de lo humano, incluso en la comunidad evangélica, que crecientemente permite que las necesidades sentidas por la humanidad determinen nuestra agenda de predicación. Tal cosa supone un significativo cambio de perspectiva. Creo que como predicadores podríamos ver más avivamientos y despertares si nos dejáramos cautivar en nuestros propios corazones y mentes por la visión fresca de la supremacía de Dios y pudiéramos así reflejar este conocimiento de mente/corazón en nuestra predicación apasionada. Esto tiene que ver con la motivación del corazón, lo cual es absolutamente fundamental al hablar de avivamiento. ¿Qué nos motiva a buscar, a orar y predicar para el avivamiento? ¿Es la gloria del Dios lo más importante de nuestra motivación?

1. Definición

Ya me referí antes a la definición de lo que quiero decir con la supremacía de Dios en las cinco citas que abrían este capítulo. Por la supremacía de Dios en la predicación quiero decir esa clase de predicación que es teocéntrica, centrada en Dios, que exalta a Dios, que honra a Dios, y que es fiel al testimonio completo de la Escritura con respecto a la naturaleza y esencia del Dios Trino. La predicación de avivamiento eficaz es la predicación que recalca la supremacía de Dios. Dios tiene pasión por su gloria, y nosotros como su pueblo también hemos de tenerla. Y los predicadores que están apasionados por la gloria de Dios son el «secreto a voces» que permite desarrollar en el pueblo de Dios una visión similar. Según el pastor, así los fieles. Esta clase de predicación explica quién es Dios Padre, Dios Hijo, y Dios Espíritu, y su interrelación. La persona y obra del Padre, del Hijo y del Espíritu son fundamentales. Pero por encima de todo, debe haber una pasión consumidora por la gloria de Dios.

El término *perichoresis*[10] capta algo de esta intimidad trinitaria. Las Escrituras dicen: «Como nosotros vivimos en unión con el Padre y con su Hijo Jesucristo» (1 Juan 1:3), y en una manera trinitaria más plena Pablo afirma: «Unos y otros, gracias a él (Cristo) y unidos (judíos y gentiles) en un solo Espíritu, tenemos abierto el camino que conduce al Padre» (Efesios 2:18).

La supremacía de Dios en la predicación significa que nuestro motivo primario es la gloria de Dios. Pablo instruyó a los creyentes corintios: 1 Corintios 10:31 «En cualquier caso, tanto si coméis como si bebéis o hacéis cualquier otra cosa, *hacedlo todo para la gloria de Dios*.» Lo que brinda alimento (Juan 4:32) y sustancia a la predicación de avivamiento es predicar para la gloria de Dios, con una pasión generada y sustentada por el Espíritu[11] que propicie que Dios, no nosotros, sea exaltado. Decimos con Juan el Bautista que «Él debe brillar cada vez más, mientras yo he de ir quedando en la sombra» (Juan 3:30) (BLP). Necesitamos esta clase de avivamiento que glorifique a Dios, y éste llegará cuando los predicadores se apasionen por la gloria de Dios, hasta el punto de que la gloria del Hijo eclipse cualquier auto-glorificación.

---

10 *Perichoresis* se deriva del griego *peri-*, «alrededor» y *chorein*, que tiene múltiples significados entre los cuales está el de «construir una habitación para», «ir hacia delante» y «contener» (Wikipedia). La relación entre el Dios Trino está intensificada por la relación de *perichoresis*. Esta morada expresa y explica la comunión entre el Padre y el Hijo. Es intimidad. Jesús compara la unidad de esta morada con la unidad de la comunión de su iglesia desde esta morada. «Te pido que todos vivan unidos. Como tú, Padre, estás en mí y yo en ti, que también ellos estén en nosotros» Juan 17:21 (Wikipedia). Existe una clase de «danza» eterna en la relación dentro de la Trinidad, y por gracia somos invitados a la comunión de este íntimo círculo.

11 Nacida del Espíritu significa que se origina en el Espíritu; el soporte del Espíritu significa traído y sustentado por el Espíritu. El primero se origina, el otro se sustenta. En inglés, «*Spirit-born and Spirit-borne*».

La supremacía de Dios en la predicación significa, para Edwards, un fuerte hincapié en la soberanía de Dios. Trataré el tema de la relación existente entre la soberanía divina y la responsabilidad humana en un capítulo aparte (en al capítulo 9), pero es suficiente poder decir aquí que Edwards creía preeminentemente en la soberanía de Dios. Como comenta Smith: «Si alguien tuviera que preguntar, dado el volumen total de lo que Edwards escribió, qué idea única resulta más importante que cualquier otra, la respuesta tendría que ser la absoluta soberanía de Dios...» (Smith 1992: 142).

¿Cuál es la meta de la predicación? La misma meta de todo: la gloria de Dios. ¿Qué entiende Edwards por ésta? «La cosa significada por este nombre, «la gloria de Dios», cuando se habla del supremo y último fin de la obra de la creación, y de todas las obras de Dios, es la emanación y la verdadera expresión externa de la gloria y la plenitud internas de Dios; entendiendo por su plenitud, lo que ya ha sido explicado anteriormente. O en otras palabras, la gloria interna de Dios existente, en una verdadera y justa exhibición, o su existencia externa» (Ramsey WJE 8: 527).

> La comunicación de la virtud o santidad de Dios es principalmente comunicar el amor de sí mismo. Y así vemos cómo, no sólo la criatura está viendo y conociendo la excelencia de Dios, sino que también al *estimarlo y amarlo en forma sublime*, pertenece a la comunicación de la plenitud de Dios. Y la comunicación del gozo de Dios y de la felicidad consiste principalmente en impartir a la criatura esta felicidad y gozo, que consiste en *regocijarse en Dios y en su gloriosa excelencia*; porque en esta clase de gozo consiste principalmente la propia felicidad de Dios. Y en esas cosas, esto es, *en conocer la excelencia de Dios, amando a Dios por ello, y regocijándose en ello*; y en ejercitarlo y expresarlo, *consiste la honra y la adoración de Dios*: de modo que ambas están implicadas en la gloria de Dios, la cual consiste en *la emanación de su gloria interna*» (Ramsey WJE 8: 529).

Edwards utiliza la ilustración del sol para explicar la gloria de Dios, o la supremacía de Dios.

> Así que vemos que el grande y último fin de las obras de Dios las cuales son variadamente expresadas en la Escritura, es ciertamente *uno* solo; y

este único fin es más correcta y comprensivamente llamado, «la gloria de Dios»; expresión que lo designa comúnmente en la Escritura. Y está convenientemente comparado con una refulgencia o emanación de luz de una luminaria, que es como se representa abundantemente esta gloria de Dios en la Escritura. La luz es la expresión externa, la exhibición y la manifestación de la excelencia de la luminaria, o del sol por ejemplo: este es la abundante y extensa emanación y comunicación de la plenitud del sol hacia innumerables seres que lo comparten. Es por eso por lo que el mismo sol se ve, y contemplamos su gloria, y todas las demás cosas se descubren: Así, por participar de esta comunicación del sol que los objetos que nos rodean reciben todo su lustre, belleza y brillantez. Así es como toda la naturaleza es estimulada y recibe vida, bienestar y gozo. En las Escrituras se usa la luz abundantemente para representar y significar estas tres cosas, sabiduría, santidad y felicidad (Ramsey WJE 8: 530).

2. Una perspectiva bíblica (Antiguo Testamento)

Nos centramos aquí en la pasión del predicador por la supremacía y la gloria de Dios como elemento indispensable en la predicación de avivamiento. Hay una plétora de material en las Escrituras que demuestra que esta pasión por la gloria de Dios en la vida del predicador es un eslabón fundamental en la promulgación del avivamiento.

a. El enfrentamiento de Elías con los profetas de Baal y el arrepentimiento de una nación entera depende de esta motivación, la cual se recoge para nosotros en el texto bíblico: «Respóndeme, Señor, respóndeme, para que este pueblo reconozca que tú, Señor, eres Dios, y que eres tú el que harás volver sus corazones a ti» (1 Reyes 18:37). La siguiente frase es: «entonces descendió el fuego divino...» (1 Reyes 18:38). Elías estaba empapado de una pasión por la supremacía de Dios en la predicación, y ¡Dios respondió!

b. La «predicación avivadora» de Isaías fue indudablemente revitalizada y fortalecida por su visión de la gloria de Cristo (Isaías 6:1-8;

Juan 12:41); ciertamente el clásico sermón de Isaías sobre la supremacía y la gloria de Dios, que podemos titular como «He aquí vuestro Dios» (Isaías 40:9) fue fundamental para cambiar la oleada de juicio (capítulos 1-39) en esperanza (capítulos 40-66).

c. Ezequiel: El profeta o predicador Ezequiel fue un predicador del avivamiento. Ministró en la época del exilio del pueblo de Dios, y la restauración de los que volvieron de Babilonia a Jerusalén, la «Ciudad de Dios», provee al teólogo del avivamiento de un poderoso «motivo» o patrón para el avivamiento (ver Salmo 137). La predicación de Ezequiel, resaltada por su famosa profecía sobre el «Valle de los huesos secos» (Ezequiel 37), ilustra lo que es la predicación de avivamiento. Lo significativo en su ministerio es la pasión que tenía por la gloria de Dios. Su ministerio entero fue iniciado e influenciado por la teofanía de la gloria de Dios (Ezequiel 1:1-28), una palabra (gloria) que aparece en 24 ocasiones en su libro. A Ezequiel le apasionaba especialmente que el pueblo de Dios conociese quien era Dios. La manera hebrea de expresar esta pasión es la frase «ellos sabrán que yo soy el Señor» que aparece en 25 ocasiones en la NVI de Ezequiel. Indudablemente la pasión de Ezequiel por la manifiesta gloria del Señor, contribuyó significativamente a su éxito como predicador del avivamiento, que llevó a la definitiva restauración del pueblo de Dios —el «valle de los huesos secos»— procedente del exilio.

d. El profeta Daniel, otro profeta del exilio, y un poderoso predicador de avivamiento, muestra en la oración su pasión por la gloria de Dios para que esta fuese desplegada y se mantuviera en la restauración y avivamiento del pueblo de Dios. En la culminación de su oración por la restauración del pueblo de Dios (Daniel 9:3-19), escuchamos a Daniel alcanzando el punto culminante, la cumbre de su oración, en el versículo 19: «¡Escúchanos, Señor! ¡Perdónanos, Señor! ¡Atiende y actúa sin tardanza, Señor! Hazlo por tu honor, Dios mío, pues tu ciudad y tu pueblo invocan tu nombre» (Daniel 9:19). La pasión de Daniel por la gloria de Dios y la integridad de su nombre se convierte en la culminación de su oración.

Si la buscamos, podemos hallar esta motivación documentada en muchas, si no en todas, las voces proféticas del Antiguo Testamento que Dios usó para hacer volver los corazones del pueblo hacia él.

3. Perspectiva bíblica (Nuevo Testamento)

Jesús tenía una muy particular visión e idea de su discurso y de la gloria de Dios. Vale la pena estudiarlo. Él dijo «la doctrina que yo enseño no es mía; es de aquel que me ha enviado» (Juan 7:16). Jesús no practicó una espiritualidad auto-aprendida. Solemos proclamar la necesidad de adelantarnos a los hechos en vez de reaccionar frente a ellos, y esto está muy bien sobre el papel, pero Jesús le dio totalmente la vuelta a esto —su espiritualidad fue reactiva, no proactiva. No reactiva en el sentido de reaccionar frente a sus circunstancias, sino reactivo en el sentido de *reaccionar a las iniciativas del Padre*, y de no de adelantarse a los hechos según su propia iniciativa. Jesús claramente afirmó: «Yo no puedo hacer nada por mi propia cuenta. Conforme el Padre me dicta, así juzgo. Mi juicio es justo, porque no pretendo actuar según mis deseos, sino según los deseos del que me ha enviado» (Juan 5:30).

Nuestra capacidad de adelantarnos a los acontecimientos y no de reaccionar frente a ellos (según nuestras circunstancias, es decir, no ser dominados por nuestras circunstancias particulares sino ser más bien proactivos y dominar sobre las circunstancias de nuestra vida), está condicionada por el compromiso previo de ser reactivo (dependiente de Dios) y no proactivo (actuando por iniciativa propia) en nuestra relación con Dios. En otras palabras, tendremos la gracia y el poder que proviene de Dios, mientras disponemos nuestras voluntades para escucharle y hacer lo que él dice, con la fuerza y la capacitación que él otorga, y esa dirección y esa posibilidad nos eleva por encima de la refriega de nuestras circunstancias, capacitándonos y dándonos poder para ser proactivos por encima de ellas, en vez de reaccionar negativamente. ¡Qué poderoso es esto! La iniciativa viene del Padre, y por tanto la gloria le pertenece al Padre. Estos dos elementos están intrínseca e intrincadamente entrelazados. Jesús dijo que los fariseos no podían creer porque estaban buscando su propia gloria, y no buscaban la gloria que procede del único Dios (Juan 5:44).

Así como Jesús tomaba sus iniciativas de su Padre, y ejercitó su voluntad en seguir estas iniciativas, el cristiano debe ser proactivo buscando la voluntad de Dios, escuchando sus directivas, obtener la capacitación para hacer lo que él nos ha dicho que hemos de hacer (lo opuesto a pedir a Dios que bendiga nuestras iniciativas), y entonces reaccionar frente a esas iniciativas. Mientras afrontamos las circunstancias de la vida, podemos ser proactivos, no reactivos, porque previamente hemos reaccionado a las iniciativas del Padre, no actuando independientemente por adelantado.

Así como Jesús tomó sus iniciativas del Padre, y ejercitó su voluntad en seguir estas iniciativas, hablando lo que el Padre le indicaba, el predicador debe escuchar al Padre, reaccionar a sus iniciativas, y entonces actuar. El factor determinante en este "modelo" es «¿la gloria de quién?» Si tomamos la iniciativa, estamos buscando nuestra propia gloria. Por lo contrario, si esperamos en la presencia de Dios y respondemos a las iniciativas divinas, estamos buscando su gloria (Juan 7:16-18).

4. Citas de Edwards

¿Cuál es la meta de la predicación? La misma meta de todo: la gloria de Dios. ¿Qué entiende Edwards por ésta? «La cosa significada por este nombre, «la gloria de Dios», cuando se habla del supremo y último fin de la obra de la creación, y de todas las obras de Dios, es la emanación y la verdadera expresión externa de la gloria y la plenitud internas de Dios; entendiendo por su plenitud, lo que ya ha sido explicado anteriormente. O en otras palabras, la gloria interna de Dios existente, en una verdadera y justa exhibición, o su existencia externa» (Ramsey WJE n° 8: 527).

Sabemos que Edwards luchó contra el «orgullo espiritual». Es uno de los «gajes del oficio» o «riesgos profesionales» del predicador del avivamiento. Edwards utiliza la frase «orgullo espiritual» 145 veces en sus escritos, y está claro por la frecuencia de su uso y por la forma como trata el asunto, especialmente en el contexto del avivamiento, que era un asunto importante en su vida. En su diario personal, Edwards anhela ser humilde y no orgulloso: *Sábado, 2 de marzo.* —¡Oh, cuanto más placentera es la humildad que el orgullo! ¡Ojalá que Dios me llene de una humildad sobreabundante, y me libre para siempre de todo orgullo! Los placeres de la humildad son en realidad los más refinados, íntimos y exquisitos deleites del mundo. ¡Qué odioso es un hombre orgulloso! ¡Qué odioso es un gusano que se levanta por sí mismo con orgullo! ¡Qué estúpido, absurdo, miserable, ciego, engañado y pobre gusano soy yo, cuando actúa el orgullo!

Creo que el modo como Edwards luchaba contra su especial «aguijón en la carne» y con la particular debilidad a la que era proclive, era recalcando la supremacía de Dios en toda su vida y ministerio, pero particularmente en su predicación. Desarrollaré este tema más plenamente cuando tratemos el capítulo sobre el «orgullo espiritual» (capítulo 11). He dedicado un capítulo entero a este feo tema por cuanto tiende más que cualquier otro asunto a sabotear el avivamiento en la vida y ministerio del predicador del avivamiento.

Para comprender más completa y ampliamente el pensamiento de Edwards sobre este punto, haremos bien en reflexionar sobre esta cita:

> La emanación o comunicación de la plenitud divina, consistente en el conocimiento de Dios, el amor a Dios, y el gozo en Dios, está ciertamente relacionada tanto con Dios como con la criatura: está relacionada con Dios como su origen, y es una emanación de Dios; y como la comunicación en sí misma, o cosa comunicada, es algo divino, algo de Dios, algo de su plenitud interna; como el agua en la corriente viene de la fuente; y como los rayos son del sol. Y además, están relacionados con Dios por cuanto tienen que ver con él como su fin: porque el conocimiento impartido es el conocimiento de Dios; y por ello Dios es el fin del conocimiento: y el amor impartido, es el amor de Dios; ya que Dios es el fin de ese amor: y la felicidad impartida, es el gozo en Dios; y por ello él es el fin del gozo impartido. En el conocimiento, aprecio, amor, regocijo, y alabanza a Dios de la criatura, la

gloria de Dios se muestra y es reconocida; su plenitud es recibida y retornada. Aquí hay una *emanación* y una *reemanación*. [12] El resplandor brilla sobre la criatura y en su interior, y se refleja de nuevo sobre la luminaria. Los rayos de gloria provienen de Dios, y son algo de Dios, y vuelven de nuevo a su origen. Ya que todo es *de Dios*, y *en* Dios, y *para* Dios; y Dios es el principio, el intermedio y el final en este asunto» (Ramsey WJE 8: 531).

Lo que sigue es mi «traducción» de esta cita de Edwards y mi aplicación a la predicación: La gloria de Dios es como el agua de una fuente, o como los rayos del sol. Cuando Dios revela su gloria, y la luz de la gloria de Dios amanece sobre el creyente, algo sucede: En el conocimiento, aprecio, amor, regocijo, y alabanza a Dios del creyente, la gloria de Dios se muestra y es comprendida; su plenitud es recibida y retornada. Al ser iluminado el creyente, éste ahora conoce y por tanto aprecia, y ama y se regocija y adora a Dios; como resultado, la gloria de Dios brilla sobre el creyente, se recibe creyendo, y es reflejada de vuelta en alabanza. A esto llama Edwards «*emanación* y *reemanación*». El resplandor brilla sobre la criatura y en su interior, y se refleja de vuelta a la luminaria» y la luminaria es Dios. Esto es lo que significa, para Edwards, vivir para la gloria de Dios. Esta es la preeminencia de Dios en la predicación.

5. Citas de los eruditos edwardsianos

«La buena predicación es teocéntrica, no antropocéntrica…La buena predicación es cristocéntrica, no centrada en la moral o en la conducta… La buena predicación no hace que el texto tenga significado para nosotros en nuestra situación contemporánea; al contrario, la buena predicación hace que nosotros y nuestra situación contemporánea cobren sentido en el texto. En otras palabras, la buena predicación

---

12 La palabra «reemanación» no está en el diccionario inglés ni castellano. Sin embargo, logramos una mejor idea leyendo la nota a pie de página de Ramsey cuando comenta esta palabra única: La famosa imagen de JE sobre la «emanación y reemanación» fue introducida justo arriba por la afirmación de JE de que la «gloria de Dios» puede *compararse válidamente* a un efluvio o emanación de luz de una luminaria» (Ed. Itálicas); y la luz (dice él) es una representación escritural. Estas palabras son seguidas inmediatamente por otras que claramente reflejan Romanos 11:36, «Por él y a través de él y para él son todas las cosas» (Ramsey WJE 8: 531 npp#8).

no arrastra la palabra a nuestro mundo como si la palabra fuese deficiente en sí misma y necesitase nuestras capacidades aplicativas. Por el contrario, la buena predicación testifica y declara que hemos sido arrastrados al mundo, el cual tiene su propia suficiencia seductora» (Dennison, citado en Craddock 2002: 132).

El primer sermón de Edwards en Boston, predicado en 1731, «Dios glorificado en la obra de la redención, por la grandeza de la dependencia del hombre de él, en su totalidad», subraya fuertemente la soberanía de Dios. Este hincapié parece ser un precursor del avivamiento. Kimnach comenta que "Dios glorificado" es un importante sermón porque es el segundo capítulo, después de *Quaestio*, (la tesis de Edwards) del argumento anti-arminiano de Edwards validando la absoluta necesidad de ayuda del hombre ante un Dios soberano. El hombre es dependiente «de», «por», «a través de» y «en…» para dramatizar la completa dependencia del hombre (Kimnach WJE 8:111).

Mark Noll llama a esta referencia a la gloria de Dios el «centro unificador» (Haykin: 4)… «la gloria de Dios…como una activa, armoniosa, y amplia fuente de un ser absolutamente perfecto marcado por una sobrenatural belleza y amor» (Haykin: 4).

6. Ilustraciones de los propios sermones de Edwards

La preeminencia y soberanía de Dios están claras en toda la predicación de Edwards. Hemos abierto este capítulo con una larga cita de uno de sus más influyentes sermones (La Decisión de Rut), predicado durante el Gran Despertar precisamente para reforzar la relación entre esta clase de predicación intoxicada de Dios y de avivamiento.

Daré solamente una cita más, ya que los ejemplos abundan. Esta cita está tomada de su famoso sermón «La justicia de Dios en la condenación de los pecadores» (Romanos 3:19), predicado (posiblemente —los eruditos dudan en ello) en mayo de 1735.

> Nuestra obligación de amar, honrar, y obedecer a cualquier ser, está en proporción a su amor, honorabilidad, y autoridad. Este es el verdadero

significado de las palabras, cuando decimos de alguien que es amable[13]; es lo mismo que decir, que merece ser amado: o si decimos que alguien es más honorable que otro; el significado de las palabras es, que es alguien al que estamos obligados a honrar más. Si decimos que alguien posee una gran autoridad sobre nosotros, es lo mismo que decir que posee un gran derecho a que le estemos sujetos y le obedezcamos. Pero *Dios es un ser digno de ser amado infinitamente*, porque posee infinita excelencia y belleza. Tener infinita excelencia y belleza, es lo mismo que tener infinito amor. *Es un ser de infinita gracia, majestad y gloria; y por ello es infinitamente honorable*. Él es infinitamente exaltado por encima de los grandes potentados de la tierra, y de los más excelsos ángeles de los cielos; y por tanto, es infinitamente más honorable que ellos. Su autoridad sobre nosotros es infinita; y la base de este derecho a que le obedezcamos, es infinitamente más fuerte porque es infinitamente digno de ser obedecido por lo que es, y nuestra dependencia de él es universal e infinita (Lesser WJE 19: 342).

Esta es la manera de predicar el avivamiento de Edwards. Exalta el ser de Dios. Sitúa la persona de Dios en una posición preeminente en el sermón. Entonces razona con el oyente y argumenta persuasivamente apelando a que se comprometa con tal Persona.

7. Las 70 Resoluciones

¿Hay algo en estas resoluciones, incluso en su forma embrionaria, que arroje luz sobre su pasión por la gloria de Dios? Ciertamente, existen cinco referencias que específicamente se refieren al lugar y la prioridad de la gloria de Dios como motivación primaria en la vida de Edwards: 1, 4, 12, 23 y 27. He presentado cada una de estas resoluciones más abajo con un breve comentario acerca de su relevancia sobre este punto: la preeminencia de Dios en la predicación.

1. Resuelvo, que haré cualquier cosa que crea que es *para mayor gloria de Dios*, y mi propio beneficio, provecho y complacencia, durante toda mi

---

13 En inglés *lovely*, que en su uso antiguo quería decir «digno de ser amado».

vida, sin tener en cuenta el tiempo, ya sea ahora o aunque pasen miles de años. Resuelvo hacer todo aquello que crea que es mi deber y todo cuanto redunde en el bien y avance de la humanidad en general. Resuelvo hacer esto, sean cuales sean las dificultades que encuentre, no importándome cuán numerosas y grandes sean.

Primero, es obvio que el lugar de honor corresponde a la mención de la gloria de Dios como su motivación primaria en esta, su primera resolución. Edwards es coherente consigo mismo en este aspecto. Su primera y más importante motivación era la gloria de Dios.

En segundo lugar, podemos ver aquí ecos del Catecismo Breve: «¿Cuál es el principal fin del hombre? El principal fin del hombre es glorificar a Dios y gozar de él por siempre.» Edwards elaboró esta afirmación en su primera resolución, y ciertamente luchó por hacerla real en toda su vida y ministerio.

Es curioso que Edwards enlace la gloria de Dios con su propio beneficio, provecho y disfrute, llevándonos a entender lo que Piper llama «hedonismo cristiano». Edwards entendió que fundamentalmente no tiene por qué haber un conflicto entre la gloria final de Dios y nuestro propio disfrute. Si nos deleitamos en el Señor, él nos concederá las peticiones de nuestro corazón (Salmo 37:4). Es cierto que, en algunos aspectos de nuestro corazón, existe una mayor transformación, por medio de la cual nuestros deseos se sincronizan con los deseos de Dios. Cuando buscamos su gloria, nuestro corazón late más y más con las cosas de Dios. Creemos que la pasión de Edwards por la predicación está condicionada por esta primera resolución. Cuando dice «Resuelvo hacer cualquier cosa que crea que es mi deber y todo aquello que redunde en el bien y el avance de la humanidad en general» quiere decir que siente que su deber es predicar bien y escribir bien, «para el bien y el avance de la humanidad en general» y haciendo esto sentía que era para la gloria de Dios. Dios sería glorificado al ser la humanidad bendecida por su predicación.

4. Resuelvo, *nunca hacer cosa alguna* si puedo evitarlo, *en alma o cuerpo,* ni grande ni pequeña, ni ser, ni soportar nada cuyo fin no sea *para la gloria de Dios;.* sin serlo, ni soportarlo, si puedo evitarlo.

Traducción a un castellano más claro: Su definitiva meta y propósito, al que aspiraba en cada actividad, sin excepción, y al que estaba subordinado, era la gloria de Dios; toda actividad tenía que facilitar y promover esa gloria. Por tanto, predicar y escribir creía él que debían buscar la gloria de Dios. Como Quinlan traduce: *También me apartaré, en la medida de mis posibilidades, de aquellas cosas que no honran a Dios, y siempre que sea posible, trataré de poner fin a actividades que deshonren a Dios* (Quinlan).

12. Resuelvo, que si me complazco en ello de modo que gratifique el orgullo, o la vanidad, o cualquier motivo semejante, lo rechazaré inmediatamente.

Traducción a un castellano más claro: Las resoluciones de Edwards necesitan interpretarse contextualmente. Con frecuencia están concatenadas. Este es el caso. Cuando él afirma «si me complazco en ello de modo que gratifique el orgullo, o la vanidad, o cualquier motivo semejante» nos vemos forzados a preguntar: ¿Qué es «ello»? La resolución precedente nos da la respuesta: 11. Resuelvo, que cuando piense en *algún teorema sobre la divinidad que deba resolver*, haré inmediatamente lo que pueda para resolverlo, si las circunstancias no lo impiden. ¡Edwards estaba decidido aquí a entregarse inmediatamente a la actividad mental que llevara a la resolución de dificultades teológicas, a menos que las circunstancias no le permitiesen «dejarlo todo» y pensar! Juntando las dos resoluciones, una vez que encontrara la solución a cualquier dificultad teológica, su decisión era no enorgullecerse de aquel particular logro teológico.

El «púlpito» o «escritorio» (predicar o escribir) pueden convertirse en plataformas para exhibir el ego. Esta es una enfermedad común en el ministerio. Los predicadores eficaces pueden convertirse rápidamente en ineficaces por tornarse orgullosos de su talento. Necesitamos escuchar la advertencia de Malaquías 2:1-2: «A vosotros, pues, sacerdotes se dirige esta amonestación: Si no estáis atentos y no os proponéis de corazón el honrar mi nombre —dice el Señor del universo—, enviaré maldición sobre vosotros y convertiré en maldición vuestras bendiciones. De hecho, ya he decidido convertirlas en maldición porque ninguno de vosotros toma en consideración este aviso» (BLP).

Sabemos que Herodes tuvo un significativo episodio de orgullo al hablar. Las Escrituras recogen el incidente con claridad contundente: (Hechos 12:21-23) «En la fecha fijada para la audiencia, Herodes, vestido de sus máximas galas reales, ocupó su lugar en la tribuna y pronunció un discurso ante sus súbditos. La plebe gritó exaltada: -¡No es un hombre sino un dios el que habla! En aquel mismo instante, un ángel del Señor lo hirió de grave enfermedad por haberse arrogado el honor que corresponde a Dios, y murió comido por gusanos» (Hechos 12:21-23).

Edwards estaba totalmente al tanto de estos pasajes y avisos. Su resolución número 12 habla de «lo rechazaré inmediatamente». Podríamos decir «trataré el asunto inmediatamente» o «lo echaré fuera».

23. Resuelvo, iniciar con frecuencia algunas acciones deliberadas, que puede parecer muy improbable el llegar a hacerlas, *para la gloria de Dios*, y recorrer el camino hacia atrás en búsqueda de la intención, motivación y fines originales; *y si hallo que no son para la gloria de Dios, reputarlas como un quebrantamiento de la cuarta resolución.*

Aquí podemos ver la cuarta referencia a la gloria de Dios en las resoluciones. Esta particular resolución refleja la determinación de Edwards de no dejar que una motivación espuria o egoísta se deslice en cualquiera de sus actos propuestos. Edwards contempla la posibilidad de que alguna actuación potencialmente pareciese no ser «para la gloria de Dios». Esta particular resolución necesita ser interpretada a la luz del mensaje de Edwards «El deber del autoexamen» (Kimnach 1999, WJE 10: 482-492), donde Edwards exhorta a sus oyentes a «considerar sus caminos» (Hageo 1:5). Hay en este sermón una cita muy útil que arroja bastante luz sobre esta resolución: «Por ello, todas nuestras acciones han de ser estrictamente examinadas y puestas a prueba, y no tan solo para considerar la acción exteriormente por sí misma: sino también de qué principio proceden nuestros actos; por qué principio interno actuamos y vivimos, porque las acciones son buenas o malas de acuerdo con el principio del que surgen. Debemos considerar que lo que hacemos, *lo hacemos por amor a Dios y a sus mandamientos*, o *por amor a nosotros mismos*, lo cual es, para nuestra carne, amor a este mundo, y amor al pecado. Debemos diligentemente considerar por qué es que oramos, leemos, escuchamos y cantamos salmos, si es por amor a la fama o por el miedo a la desgracia; o sólo por costumbre, educación o moda; *o si lo hacemos por amor a Dios y por piedad.* Porque de otro modo, ninguna de estas cosas sirven para nada: no somos más que vacuidad y vanidad, un metal que suena y un címbalo que retiñe. Por eso debemos examinar y considerar estrictamente la naturaleza de todas nuestras acciones» (Kimnach 1999, WJE 10: 488). Esto es precisamente lo que Edwards quiere decir en la resolución 23 cuando habla de la necesidad de «recorrer el camino hacia atrás en búsqueda de la intención, motivación y fines originales». Edwards estaba apasionado por la gloria de Dios, y apasionado por librar su vida de cualquier vestigio de cualquier cosa que pudiese desviar su atención de la gloria de Dios.

¿Qué quiere decir con «reputarlas»? «Reputar» tiene un sentido en el antiguo inglés de «considerar, pensar, estimar o evaluar» algo, para reconocerlo como un quebrantamiento de la cuarta resolución. Entiendo que el sentido que da a «reputar» es como «eludir» o «abandonar» tal tipo de motivación. Esto demuestra el compromiso absoluto de Edwards con la gloria de Dios. Creemos que esto es precisamente lo que hizo en lo concerniente a la predicación, la cual formó una parte amplia de su llamamiento.

27. Resuelvo, que nunca omitiré nada obstinadamente, excepto si la omisión es para la gloria de Dios; y que examinaré frecuentemente mis omisiones.

La única advertencia sobre dejar de hacer algo sería «para la gloria de Dios». De nuevo vemos la preeminencia de su motivación dominante en la vida de Edwards.

8. Otros autores

John Piper ha escrito uno de los mejores libros en esta área, *La supremacía de Dios en la Predicación*, tomando mucho prestado de su mentor de toda la vida, Jonathan Edwards. Piper establece una conexión entre predicar para la gloria de Dios y el avivamiento. Hay algo en la perspectiva de la predicación de Edwards que la hace propicia para el avivamiento. Su motivación es para la gloria de Dios. Piper «nos llama a volver al nivel bíblico de la predicación, un nivel ejemplificado por muchos de los gigantes del púlpito del pasado, especialmente Jonathan Edwards y Charles Spurgeon» (Warren Wiersbe). Si los predicadores se tomaran en serio el mensaje de Piper y siguieran sus instrucciones, estaríamos en el buen camino hacia el avivamiento que tan desesperadamente necesitamos.

El predicador escocés James Stewart lo presenta así: los fines de toda genuina predicación son «estimular la conciencia de la santidad de Dios para alimentar la mente con la verdad de Dios, purgar la imaginación por medio de la belleza de Dios, abrir el corazón al amor de Dios y dedicar la voluntad al propósito de Dios» (James Stewart. Citado en Piper: 23).

Uno de los mejores libros que jamás he leído es *Conociendo a Dios*, de J. I. Packer. Es una llamada apasionada a la comunidad cristiana en general para que conozca a Dios. Nos da un tratado magistral sobre la persona de Dios. Cada pastor haría bien en comenzar con Packer y predicar sobre los atributos de Dios.

9. Conclusión

Esta obra trata de esa clase de predicación que conduce al avivamiento y el despertar espiritual. Lo que hemos considerado en este capítulo es la preeminencia de Dios en la predicación. Edwards fue usado en el avivamiento sostenido debido su particular enfoque en Dios. Desearía apelar a los predicadores aquí para redescubrir la Trinidad en nuestras predicaciones. Estar delante de nuestro Dios (Isaías 40:9). Daniel 11:32 en la versión de Reina-Valera 1960 afirma «más *el pueblo que conoce a su Dios* se esforzará y actuará.» Necesitamos a personas que conozcan su Dios, para que puedan esforzarse, y actuar para el Reino de Dios. Para que esto suceda, necesitamos tener un contingente de predicadores que conozcan a su Dios (intelectual y emocionalmente) que puedan guiar a su pueblo en esta clase de conocimiento. Dios

Trino, vuelve a ocupar tu lugar de preeminencia que te corresponde en los púlpitos de las iglesias de hoy en día.

Una oración

Frances Brook

Mi meta es el mismo Dios
Mi meta es el mismo Dios, ni gozo, ni paz,
Ni siquiera bendición, sino Él mismo, mi Dios;
Está para guiarme allí —no a lo mío, sino a lo suyo—
A cualquier costo, querido Señor, por cualquier vía.
***
Pero la fe sigue hacia su meta en Dios,
Y el amor puede confiar que Señor lo guie allí;
Sostenida por él, mi alma se mantiene firme
Hasta que Dios cumpla del todo mi más profunda oración.
***
No importa si el camino a veces es oscuro,
No importa si el costo a menudo es grande,
Él sabe cómo puedo alcanzar mejor la marca,
El camino hacia él es necesariamente estrecho.
***
Una cosa sé, no puedo decirle, no;
Una cosa hago, corro hacia mi Señor;
Mi Dios, mi gloria aquí, día tras día,
Y en la gloria mi gran premio está.

CAPÍTULO 8

Edwards, el hombre y la predicación que aviva

«Dios envió a su Hijo al mundo para ser la luz del mundo de dos maneras, a saber, revelando su mente y voluntad al mundo, y también dando al mundo un ejemplo perfecto. Por ello los ministros son puestos para ser luces, no sólo como maestros, sino también como ejemplos al rebaño (1 Pedro 5:3, Jonathan Edwards. Kimnach 2006, WJE 25: 93).

«Si un hombre enseña rectamente y camina torcidamente, más derribará en la noche con su vida, de lo que construye de día con su doctrina» (John Owen. Uno de los puritanos originales).

Comentarios introductorios

Con frecuencia es el hombre (la persona) el que hace al mensaje. A menudo es el mismo predicador de avivamiento el instrumento del avivamiento. Por eso queremos estudiar la conexión entre la predicación de avivamiento y Jonathan Edwards como hombre.

1. Definición

Así como tenemos claro que la verdad absoluta y el mensaje a comunicar que nos ha sido confiado es la Palabra de Dios, de la misma manera creemos que el profesor de predicación de Yale, Phillips Brooks, tiene razón al afirmar que la predicación es la verdad pasada a través del prisma de la personalidad. La comunicación efectiva de la verdad implica una mezcla de proclamación, explicación y demostración. La verdad es vivida ante la congregación de tal manera que la hace atractiva. Lo que Edwards predicaba, ¡Edwards lo vivía! No a la perfección, pero sí con autenticidad. Este punto está relacionado con la conexión entre mente y corazón en la predicación (Capítulo 1). Lo que estamos subrayando aquí es el tema de la integridad.

2. Perspectiva bíblica

Isaías estaba involucrado en el ministerio, pero entonces se encontró con Dios de un modo nuevo y renovador (Isaías 6:1-8). Isaías fue comisionado de nuevo al ministerio con una nueva pasión, una nueva visión, y una nueva capacitación. Él experimentó un avivamiento personal, y esto lo capacitó para ministrar al pueblo de Dios y a las naciones con un perfil de avivamiento y despertar en su ministerio. Lo mismo puede decirse de Ezequiel (Ez. 1).

«Y *la Palabra se encarnó* y habitó entre nosotros; y vimos su gloria, la que le corresponde como Hijo único del Padre, lleno de gracia y de verdad» (Juan 1:14). Jesús fue un maestro de la comunicación. El principio de «encarnación» implica dar cuerpo a la verdad en el ejemplo de una Persona. La gente era atraída hacia él, y por medio de él a Dios, debido al modo en que vivía la verdad que él proclamaba y explicaba.

Los apóstoles eran hombres que experimentaron la verdad del avivamiento y del despertar en Pentecostés, y por ello eran capaces de transmitir lo que ellos mismos habían experimentado. «Se trata de la vida eterna que estaba junto al Padre y que se ha manifestado, que se nos ha hecho visible y nosotros la hemos visto y damos testimonio de ella y os la anunciamos, eso que hemos visto y oído, os lo anunciamos ahora para que viváis en unión con nosotros como nosotros vivimos en unión con el Padre y con su Hijo Jesucristo» (1 Juan 1:2, 3).

La experiencia singular de Pablo en el camino a Damasco (Hechos 9), su experiencia inicial de la plenitud del Espíritu (Hechos 9:17), y su experiencia continuada en la plenitud del Espíritu (Hechos 13:9) lo cualificaron como ministro de la predicación de avivamiento (Hechos 14:1; 17:1, 2; 19:1-6). Conociendo el poder del ejemplo, Pablo exhortó a los ancianos de Éfeso: «Cuidad de vosotros mismos y de todo el rebaño sobre el que os ha puesto el Espíritu Santo como vigilantes. Pastoread la Iglesia que el Señor adquirió con el sacrificio de su propia vida» (Hechos 20:28) y exhortó a Timoteo a «reavivar el don de Dios» (2 Tim. 1:6) sabiendo que un ministro con una llama moribunda no es el mejor candidato para un ministerio de avivamiento y despertar.

Pablo escribe a Timoteo: «Toda la Escritura es inspirada por Dios, y útil para enseñar, para redargüir, para corregir, para instruir en justicia, a fin de que el hombre de Dios sea perfecto, enteramente preparado para toda buena obra (2 Tim. 3:16-17, RV60). Las Escrituras juegan un papel significativo en la influencia espiritual del oyente, pero la expresión «hombre de Dios» alude al carácter e integridad del predicador. Es difícil subestimar la influencia del hombre, junto a la del mensaje.

Pedro exhorta al liderazgo: «Esto es lo que pido a vuestros dirigentes yo, que comparto con ellos la tarea y soy testigo de la pasión de Cristo y partícipe de la gloria que está a punto de revelarse: apacentad el rebaño de Dios confiado a vuestro cargo, velad sobre él, no a la fuerza o por una rastrera ganancia, sino gustosamente y con generosidad, como Dios quiere; no como dictadores sobre quienes estén a vuestro cargo, sino *como modelos del rebaño*» (1 Pedro 5:1-3, BLP). Los pastores pueden y deben ser ejemplos del rebaño en el avivamiento y en el despertar. Un «predicador del avivamiento» será un predicador avivado.

Las Escrituras son claras: Dios nos llama a liderar con el ejemplo, y una de las áreas principales del liderazgo a la que somos llamados como pastores y predicadores, es el área del avivamiento y del despertar.

3. Citas de Edwards

Una manera de sustanciar este punto es volver a los diarios de Edwards, donde hay numerosos ejemplos de su propio avivamiento y despertar personal. «*He tenido, muchas veces, el sentido de la gloria de la Tercera Persona de la Trinidad, y de su oficio como Santificador; en sus santas operaciones, impartiendo vida y luz divinas al alma. Dios, al impartir su Espíritu Santo, ha resultado ser una fuente infinita de gloria y dulzura divinas; en su plenitud y siendo suficiente para llenar y satisfacer el alma;* derramando de sí mismo dones secretos; como el sol en su gloria, difundiendo dulce y placenteramente luz y vida. *Y a veces tengo una emotiva sensación de la excelencia de la palabra de Dios como la palabra de vida; y como la luz de la vida; una palabra dulce, excelente y dadora de vida; acompañada de una sed para oír esa palabra, que puede morar ricamente en mi corazón*» (Jonathan Edwards, Claghorn WJE 16: 80. Énfasis mío). Edwards ministró basándose en las riquezas de su experiencia personal con Dios. ¡Qué ejemplo!

Si echamos un vistazo a la experiencia de Edwards con Dios, descubrimos que la palabra «dulzura» aparece 642 veces para describir a Dios y la naturaleza de la vida espiritual. He aquí una muestra: «El primer fundamento del deleite que un verdadero santo tiene en Dios, es su propia perfección; y el primer fundamento del deleite que tiene en Cristo, es su propia belleza; él mismo aparece como "distinguido entre diez mil" y "todo en él codiciable" (Cantares 5:10, 16); el camino de salvación por Cristo, es un camino delicioso hacia él, debido a las dulces y admirables manifestaciones de las divinas perfecciones en él; las santas doctrinas del evangelio, por las que se exalta a Dios y se humilla al hombre, se honra y se promueve la santidad, y se deshonra y disuade grandemente al pecado, y se manifiesta el libre y soberano amor; son gloriosas doctrinas a sus ojos, y dulces a su paladar, más importantes que cualquier idea de su interés en estas cosas. En verdad los santos se regocijan en su interés por Dios, y en que Cristo les pertenece; y por eso tienen gran razón; pero este no es la principal fuente de su gozo: ellos primero se regocijan en Dios como glorioso y excelente en sí mismo, y entonces en segundo lugar se regocijan porque un Dios tan glorioso es suyo: ellos primero tienen su corazón lleno de *dulzura*, por la visión de la excelencia de Cristo, y de la excelencia de su gracia, y en la belleza del camino de salvación por medio de él; y entonces tienen un gozo secundario, porque tan excelente Salvador, y su excelente gracia son suyos» (Jonathan Edwards. Ramsey 2: 250). Sabemos que esto no era meramente un conocimiento teórico para Edwards, ya que sus diarios demuestran una amplia evidencia de conocimiento empírico de la dulzura de Cristo. Consideremos, por ejemplo, su narrativa personal:

«Y cuando terminó la conversación, caminé solo, a un solitario lugar de los pastos de mi padre, para meditar. Y mientras caminaba hacia allí, y miré al cielo y a las nubes; vino a mi mente, una dulce sensación de la gloriosa majestad y gracia de Dios, indescriptible. Me pareció ver a ambas en una suave conjunción: majestad y mansedumbre unidas: una majestad fresca, amable y santa; y también una mansedumbre majestuosa; una tremenda *dulzura*; una sublime, inmensa y santa suavidad» (Jonathan Edwards. Kimnach 1999 WJE 10: 274, 275).

4. Citas de eruditos edwardsianos

«Si la predicación ha de ser eficaz en el avivamiento nunca ha de divorciarse de *nuestra experiencia de la presencia de Dios*. Esto es fundamental si deseamos experimentar el avivamiento a través de nuestra predicación» (Keevil: 166. Énfasis mío). Edwards, en las citas arriba mencionadas, ilustra perfectamente lo que Keevil está diciendo.

Según Kimnach, «la metáfora organizadora del sermón es la cristiana convencional de la luz, aunque Edwards analiza el concepto con tanta energía e imaginación que parece estar definiendo un concepto innovador. Su lema es "arder y brillar", que se corresponde con fuego e inteligencia —o voluntad y entendimiento. Para Edwards, lo importante es que las dos dimensiones de la luz estén *equilibradas equitativamente* y unidas en un todo funcional. Por ello el ministro debe ser versado en las Escrituras y estar familiarizado con las "obras interiores" del Espíritu Santo; asimismo, la doctrina que predica debe ser «brillante y completa», o puramente inspiradora y rica en contenido. El ministro debe dirigir a su rebaño discretamente aunque presentando la verdadera religión de manera auténtica» (Kimnach 2006 WJE 25: 82). Estas «obras internas» se refieren a la experiencia que Edwards tuvo de la verdad. Edwards no disocia al hombre del mensaje. La disonancia entre el mensaje predicado y el mensaje vivido ha de ser mínima, y este elemento de autenticidad e integridad da una autoridad espiritual a la predicación de avivamiento.

En una carta escrita desde Northampton al reverendo Thomas Prince de Boston, y datada el 12 de diciembre de 1743, Edwards aporta información detallada de la sorprendente obra de Dios. Cuando Whitefield predicó, Edwards «lloró durante toda la ceremonia» (Diario de Whitefield) y la congregación fue «igualmente afectada». Durante la tarde el poder se incrementó todavía más. Edwards escribe (1743) que la congregación estaba «extraordinariamente derretida por cada sermón» con «casi toda la asamblea llorando» durante la predicación. «La predicación conmovedora de Whitefield había reavivado los fuegos del avivamiento en aquella ciudad de Massachusetts, tal y como los meses siguientes mostrarían» (Haykin: 83). La respuesta de Edwards a la predicación de Whitefield es significativa por cuanto establece el tono para los feligreses de Edwards. Ellos veían en él un ejemplo de cómo responder a la «predicación de avivamiento». Su integridad al dar ejemplo a sus parroquianos (feligreses) es un factor significativo a la hora de comprender la dinámica espiritual de la predicación de avivamiento. La autenticidad a la que Kimnach alude ha sido demostrada en este estudio del avivamiento.

Edwards tenía una visión de la predicación muy «encarnacional». Según Westra, Edwards veía al ministro como «una especie de salvador subordinado» (Sermón sobre Hechos 20:28. Westra: ix). Tenía una elevadísima visión del sermón y de la predicación como «medios de gracia» (influencia de Calvino. Westra: ix). «Los ministros permanecen como significaciones de Dios» (Westra: x), y «su propósito expreso era preparar los corazones para la Palabra y comunicar con total integridad las relaciones vitales y conexiones entre las palabras habladas y las oídas, y sus significados definitivos en la mente y voluntad de Dios, el cual es Palabra, tanto creativa como redentora. En la predicación el ministro intenta fielmente externalizar el mundo espiritual de la voluntad y mente de Dios y al mismo tiempo demostrar una respuesta obediente, amable y personal a la perfección y gloria infinitas de Dios» (Westra: x).

Tratando de describir la idea que Edwards tenía del conocimiento como vivencial o conocimiento participativo, Stout afirma lo siguiente: «Las dos partes de la doctrina encarnan las creencias profundamente sostenidas por Edwards sobre la conversión y sus efectos en el alma. En primer lugar él busca distinguir el entendimiento espiritual de todo conocimiento meramente "teórico", sin importar cuán ortodoxo o sofisticado sea. Es un "gusto" o "sentimiento" de la belleza y excelencia de las cosas divinas, un conocimiento directo, inmediato, intuitivo y auto-autentificador de su verdad y realidad. Edwards se esfuerza mucho por describir este conocimiento en términos empíricos: es una "vívida aprehensión", "un ver y sentir cierto" que es "profundamente intenso y conmovedor". Esta es la diferencia entre tener una noción de que la miel es dulce y realmente probar su *dulzura*. Pero precisamente porque esto es directo e inmediato es verdadero conocimiento; de ahí que lo llame "luz" espiritual (Stout 2003 WJE 13: 50). Esta cita ayuda a clarificar que la *experiencia* que Edwards tenía de la verdad era el catalizador del avivamiento.

Aquí se superponen de algún modo la visión de Edwards de la mezcla entre mente y corazón, y el conocimiento tanto teórico como empírico de la verdad. Carrick hace una útil observación que muestra la conexión entre integridad moral, pasión y predicación eficaz de avivamiento: «...este sentimiento apasionado, que pertenece a la esencia de la verdadera predicación, está intrínsecamente relacionado con la espiritualidad o la piedad del corazón del predicador» (Carrick 2000: 54). También, «pero el elemento más importante en el uso eficaz que el predicador hace de la exclamación es sin duda la piedad de su corazón y la fuerza de su alma» (Carrick 2000: 55).

La predicación vivencial era algo más que apelar *a los corazones y a las mentes* de los hombres, mujeres y niños. Su objetivo era cambiarlos, no solo posarse sobre ellos. Richard Baxter pone lo explica bien cuando dice, «Como el hombre no es proclive a vivir de acuerdo a la verdad que conoce, *a menos que esta lo afecte profundamente*, de igual modo tampoco su alma goza de su dulzor, *a menos que la especulación dé paso al sentimiento*. El entendimiento no es toda el alma, y por tanto no puede hacer todo el trabajo...

El entendimiento debe captar las verdades, y prepararlas para la voluntad, y debe recibirlas y recomendarlas a los sentimientos… los sentimientos son, como siempre lo han sido, el fondo del alma» (Steele. Énfasis mío).

5. Ilustraciones de los propios sermones de Edwards

Para apreciar la importancia que Edwards da al papel que desempeña la persona en el púlpito, volvemos al sermón de ordenación de Edwards titulado «La verdadera excelencia de un ministro del evangelio», predicado en 1744, el cual muestra su más clara y convincente visión del predicador en un único documento. Es significativo que su texto fue «Él *era antorcha que ardía y alumbraba*» basado en Juan 5:35 (RV).

1. El predicador está para *arder con la verdad, por la capacitación del Espíritu*

«La verdadera fe es algo ardiente, así como lo es el verdadero arrepentimiento; hay un poder y ardor santos en el gozo y consolación espiritual; sí, como en la verdadera humildad, sumisión y mansedumbre cristianas. La razón es porque este divino amor o caridad es la suma de toda gracia verdadera, la cual es una santa llama encendida en el alma. Es por esto especialmente, que un ministro del evangelio es una "luz ardiente"; un ministro así, tiene su alma encendida por el fuego celestial; su corazón arde de amor por Cristo, y posee fervientes deseos sobre la expansión de su reino y gloria; y también un ardiente amor por las almas de los hombres, y deseos de que se salven» (Kimnach 2006 WJE 25: 91, 92). Además, «Su ferviente celo, cuyo fundamento y origen está en esa llama santa y poderosa del amor a Dios y al hombre, que está en su corazón, aparece en el fervor de sus oraciones a Dios, por su pueblo, y con él; y en el denuedo, y poder con el que predica la palabra de Dios, declara a los pecadores su miseria, y los advierte para que huyan de la ira que ha de venir, y reprueba, y testifica contra toda impiedad; y el denuedo no fingido y compasión con los que invita a los cansados y pesadamente cargados a venir a su Salvador» (Kimnach 2006 WJE 25: 92).

2. Como una luz ardiente, *la verdad debe estar encendida en su corazón*.

El predicador debe estar familiarizado con la religión empírica, y no debe ignorar las obras interiores del Espíritu de Dios, ni las estratagemas de Satanás; ha de ser capaz para guiar las almas que están bajo dificultades particulares. Por eso ha de ser un escriba bien instruido en las cosas que pertenecen al reino de Dios; alguien que «saque de sus tesoros cosas nuevas y viejas» (Mateo 13:52. Kimnach 2006 WJE 25: 93).

3. Los ministros han de ser fuentes tanto de *luz* como de *calor*, es decir, entendimiento y fervor.

Ambos han de ir juntos, en hermosa simetría. La luz sin calor y el calor sin luz son deficientes. «Esta es la gloria del sol, que tan brillante y gloriosa luz, y tan poderoso, renovador y vivificante calor, son irradiados juntos por esa luminaria» (Kimnach 2006, WJE 25: 95). La aplicación que Edwards hace de que estas dos cualidades juntas es poderosamente reveladora: «Aquí un ministro del evangelio podrá responder a los fines de su ministerio: por este medio su ministerio no sólo será agradable, sino también provechoso. Si un ministro posee *luz sin calor*, y alimenta a su auditorio con discursos aprendidos, sin el sabor del poder de la piedad, o sin muestras del fervor de espíritu, y del celo por Dios y el bien de las almas, podrá gratificar los oídos con comezón, y llenará las mentes de su pueblo con nociones vacías; pero no estará alcanzando sus corazones, o salvando sus almas. Y si, por otro lado, se conduce con un celo agresivo e intemperante, y con *un calor vehemente, sin luz*, será como encender una llama profana en su pueblo, e incendiar sus pasiones y afectos corruptos; pero no los hará nunca mejores, ni los hará avanzar un paso hacia el cielo, sino que los desviará rápidamente hacia el otro camino. Pero si se demuestra a sí mismo en su ministerio, como *una luz ardiente y brillante*, esa será la manera de promover el verdadero cristianismo entre su pueblo, haciéndolos a la vez sabios y buenos, y haciendo que la religión florezca entre ellos en su pureza y belleza» (Kimnach 2006, WJE 25: 96). «Pero cuando la luz y el calor acompañan la una a la otra, toda la faz de la tierra se llena de frutos, y se adorna, y todas las cosas son potenciadas y florecen, y la humanidad disfruta de vida y bienestar» (Kimnach 2006, WJE 25: 97). El hombre y el mensaje necesitan estar intrincada e inextricablemente entrelazados.

6. Las 70 Resoluciones

Hay un sentido en el cual el conjunto de todas las resoluciones apunta a esta verdad. Edwards se coloca a sí mismo y a su decisión en su relación con Dios. Algunos de los votos muestran esto de manera más nítida. Consideremos las siguientes:

> Resolución nº 6. Resuelvo, *vivir con todas mis fuerzas*, mientras viva.
>
> Resolución nº 22. Resuelvo, esforzarme por obtener para mí mismo tanta felicidad, en el otro mundo, *como pueda en la medida de lo posible, con todas mis fuerzas, fortaleza, vigor, y vehemencia, incluso violencia, de que soy capaz, o pueda esforzarme en aplicar,* en cualquier forma imaginable.
>
> Resolución nº 56. Resuelvo, nunca abandonar, ni cejar en lo más mínimo, *mi lucha contra mis corrupciones*, a pesar de que pueda fracasar.
>
> Resolución nº 64. Resuelvo, que cuando descubra esos «gemidos indecibles» (Ro. 8:26), de los que habla el apóstol, y esos «quebrantamientos del alma por desear», de los que habla el salmista (Salmo 119:20), que los promoveré *hasta más no poder, y que no me cansaré de intentar denodadamente* descargar mis deseos, ni de insistir en tal denuedo. 23 de julio y 10 de agosto de 1723 (Énfasis mío).

Estas cuatro resoluciones muestran hasta donde llega Edwards en su intento de cultivar su relación con Dios. En un capítulo anterior (Capítulo 5) subrayé estos mismos compromisos para sugerir que tal vez estas expresiones delatan una fundamental auto dependencia y reflejan la necesidad de ser fortalecidos por Dios. Sin embargo, introduce sus votos con esta afirmación: «Siendo consciente de que soy incapaz de hacer nada sin la ayuda de Dios, humildemente yo le ruego por su gracia que me capacite para guardar estas resoluciones…»

Lo mínimo que podríamos decir aquí es que no podemos culpar a Edwards por la extensión y grado en el que él mismo y su resolución son puestos sobre la mesa. Eso está especialmente claro en su primera resolución: «Resuelvo hacer todo lo que creo que es mi deber y más para el bien y el avance de la humanidad en general. Resuelvo hacer esto, sean cuales sean las dificultades que me encuentre, tantas y tan grandes como sean».

Las resoluciones fueron escritas principalmente en un periodo de tiempo de formación espiritual, al comienzo de su ministerio y carrera. Podemos decir que estas resoluciones expresan las metas de Edwards, y expresan su incipiente espiritualidad. Esto es significativo. Él coloca sus velas en la dirección de esos ideales. Edwards fue un hombre con propósito, con visión, con aspiraciones, resuelto. En su sermón «Urgencia en el Reino de Dios» (Febrero de 1753), Edwards insiste en la importancia de «la fuerza del deseo», de «la firmeza de la resolución», de la «grandeza del esfuerzo», y del «compromiso y denuedo» incluyendo la «superación de la oposición y las dificultades» (Lesser WJE 19: 276-279). Él mismo ejemplifica en sus resoluciones esta misma «vehemencia» y «violencia» que él pide de sus congregantes.

7. Otros autores

¿Qué dicen otros autores sobre el papel del predicador como hombre? «Estamos constantemente en tensión, si no bajo presión, de concebir nuevos métodos, nuevos planes, y nuevas organizaciones para que la Iglesia avance y para asegurar el crecimiento y la eficiencia del evangelio. Esta moda actual tiene la tendencia de perder de vista al hombre o de hacer naufragar al hombre dentro del plan o de la organización. El plan de Dios es hacer más del hombre, mucho más de él que de cualquier otra cosa. El hombre es el método de Dios. La Iglesia busca mejores métodos; Dios busca mejores hombres» (Bounds – *El predicador y la oración*). Qué gran verdad. El asunto en la predicación de avivamiento tiene mucho que ver con la integridad del predicador. Lo que se necesita son hombres y mujeres de Dios. Cuando alguien escucha los relatos del avivamiento de hoy, o lee de los avivamientos del ayer, un tema que resurge es la obra profundísima del Espíritu Santo en la vida del predicador, primero produciendo quebrantamiento en él, y después usándolo.

«Él me convenció más y más de que no podemos predicar el evangelio de Cristo sin *que hayamos experimentado su poder en nuestros propios corazones*. Estando profundamente convencido del pecado, por el Espíritu Santo de Dios, en su primera conversión, el Sr. Tennent había aprendido por expericia a diseccionar el corazón del hombre natural» (Whitefield hablando de Tennent – podría aplicarse fácilmente a Edwards. Énfasis mío).

Como dice Baunds «…Es importante que reconozcamos que el hombre hace al predicador. Es decir, el mensajero, es, si fuera posible, más que el mensaje; el predicador, más que el sermón: hace el sermón» (Bounds: 6).

«Un somero vistazo a la historia de los avivamientos nos llevará inevitablemente a la conclusión de que esos ministros que florecieron durante los tiempos de grandes avivamientos religiosos se caracterizaron principalmente por una autoridad espiritual poco común. Jonathan Edwards… es con referencia citado como ejemplo de ese tipo de predicación, leyendo cada palabra de su sermón, levantando su manuscrito ante ojos enrojecidos. Sabemos que su predicación no sólo entretenía a los eruditos y sofisticados académicos de su tiempo, sino más bien hacía que algunos de sus oyentes ueran tan conmovidos por la Palabra que predicaba, que caían al suelo, sacudidos por el temor en la presencia de un Dios ofendido. Indudablemente, el efecto de la predicación de este hombre se debía a la autoridad que le daba el Espíritu de Dios» (Keevil: 167).

 **Viviendo Dentro de la Familia de la Trinidad**
(Donald English)

8. Conclusión

> ¿Quién podrá subir al monte del Señor?
> ¿Quién podrá permanecer en su santa morada?
> El de manos honradas y corazón limpio,
> Quien no desea la mentira ni jura en falso.
> Ese recibirá la bendición del Señor,
> La recompensa del Dios que lo salva.
> (Salmo 24:3-5)

¡Señor, apasiónanos por tu gloria! Una pasión que nos consuma completamente y que eclipse toda búsqueda de sí mismo. Señor, danos un espíritu de quebrantamiento y de genuina humildad. Señor, danos aquello que necesitamos para presentarnos limpios ante ti, primero, y después ante los demás. Quebranta nuestro corazón con lo que quebranta el tuyo. Llénanos de fe y valor para obrar la dura tarea del arrepentimiento. Coloca nuestros corazones en el Salmo 51. Haznos creer en ti para recibir un completo y libre perdón, y una limpieza profunda y un fresco derramamiento de tu poder. Encamina nuestros pasos hacia cualquier senda de reconciliación y restitución que tu Espíritu y tu Palabra requieran de nosotros. Llénanos y fortalécenos para ser ese hombre, esa mujer de Dios. Y entonces llénanos con ese Espíritu de oración, y capacítanos para entrar en la esfera de ministerio que tú has ordenado para que caminemos en él (Efesios 2:10). Capacítanos para ser el avivamiento que buscamos, y entonces predicar con integridad, con unción, con quebrantamiento, con compasión, con poder, con todo lo que tú tienes para nosotros. Sacúdenos con una pasión total y consumidora por tu gloria. «Vino un hombre llamado Juan, enviado por Dios. Vino como testigo, para dar testimonio de la luz, a fin de que todos creyeran por medio de él. No era él la luz, sino testigo de la luz» (Juan 1:6-8). Amén. «Él debe brillar cada vez más, mientras yo he de ir quedando en la sombra» (Juan 3:30).

CAPÍTULO 9

Conectando soberanía de Dios y responsabilidad humana[14]

«Dios es Dios, y es un Dios soberano» (Jonathan Edwards, Sermón nº 572).

«Dios no otorgará tan grande e infinita misericordia como es la vida eterna a las personas que no reconocen su soberanía en este asunto. Una vez que esa convicción en el corazón destierra las imaginaciones, y toda cosa elevada que se exalta a sí misma contra Dios, entonces Dios se ve movido rápidamente a revelar su gracia y amor, y derramar el aceite de la consolación sobre el alma» (Jonathan Edwards, Sermón: «El hombre natural en una condición terrible») (Hickman II; 829).

«Si tuviéramos que preguntar, dado el volumen total de lo que Edwards escribió, qué idea única resulta más importante que cualquier otra, la respuesta tendría que ser la absoluta soberanía de Dios y la negación vehemente de la existencia de lo que se han denominado "causas secundarias" o cualquier fuerza que opera independientemente de Dios. Edwards podría coincidir con Spinoza en ser uno de los hombres "intoxicados por Dios"» (Smith 1992: 142).

---

14 Usamos la frase «responsabilidad humana» y no «libre albedrío» porque creemos que refleja mejor el concepto bíblico del hombre. El hombre es «esclavo del pecado» (Romanos 6:17-20) y no es libre, aunque sí es totalmente responsable de sus acciones, y como tal será juzgado.

Introducción: Sabemos que Edwards era refor4mado, calvinista y puritano. ¿Hasta dónde podemos rastrear el avivamiento partiendo de su hincapié en la soberanía de Dios? Relacionado con esto está el modo en el que Edwards combina la soberanía divina con la responsabilidad humana. ¿Hasta qué grado podemos rastrear el avivamiento partiendo de esta mezcla particular?

1. Definición

Ya tratamos anteriormente la centralidad y la supremacía de Dios en la predicación de Jonathan Edwards (capítulo 7). Este punto es más específico. Trata de uno de los atributos de Dios: Su soberanía. También trata de cómo Edwards une en una yuxtaposición bíblica la soberanía divina y la responsabilidad humana. Este es un asunto crucial en el avivamiento: la soberanía de Dios en él frente al papel y la responsabilidad del hombre en el avivamiento.

¿Qué queremos decir por la soberanía de Dios? En relación al debate en boga entre la «apertura de Dios» y el «teísmo abierto» con sus múltiples variantes, o lo que se quiere decir al afirmar que Dios es soberano, es importante clarificar los conceptos. Esencialmente, cuando afirmamos la soberanía de Dios, afirmamos que Dios tiene *el poder supremo, y que es libre de cualquier control externo, incluyendo la influencia humana. El diccionario da los siguientes sinónimos de «soberanía»: autonomía, independencia, libertad, autodeterminación, autogobierno* (Merriam-Webster). La RAE define soberano como: «El que ejerce o posee la autoridad suprema e independiente; elevado, excelente y no superado». Como afirman las Escrituras: «Nuestro Dios está en los cielos; él hace todo lo que le place» (Salmos 115:3).

La idea de la responsabilidad del hombre también necesita ser claramente definida. Mientras afirmamos el concepto de responsabilidad humana, nos abstendremos del uso del término «libre voluntad». Ciertamente el mismo Edwards no respaldaría esa idea. Incluso la reducción moderna del título de su obra clásica *«La libertad de la voluntad»* es engañosa, y haríamos bien en recuperar el título completo *«Una cuidadosa y estricta investigación en las* prevalecientes ideas modernas *de la libertad de la voluntad*» (Énfasis mío. Ramsey: 453), para entender que Edwards estaba respondiendo a las entonces prevalecientes ideas modernas de la libertad de la voluntad, negando este concepto y clarificando lo que él consideraba que era una representación más bíblica de la verdad, involucrando la responsabilidad y la rendición de cuentas del hombre pero no su libertad y autonomía. Edwards creía que cada ser humano (individualmente) y toda la humanidad (colectivamente) somos justamente responsables por nuestros actos, aunque no tengamos esperanza (fuera de la gracia) por estar atados al pecado.

El reto es descubrir cómo estos dos conceptos (soberanía divina y responsabilidad humana) se correlacionan. ¿Y cómo se relacionan con el avivamiento? Algunos teólogos del avivamiento tratan de discutir el papel de la soberanía de Dios en el avivamiento y el papel de la responsabilidad del cristiano individual o de la iglesia en el avivamiento. Unos cuantos teólogos intentan correlacionar los dos. Pero los que como Edwards lo han logrado son minoría.

2. Perspectiva bíblica

Dios es soberano en todo lo que hace. 1 Cr. 29:11-12 afirma: «Tuyos son, *Señor*, la grandeza, el poder, la gloria, el honor y la majestad, porque todo cuanto hay en cielo y tierra te pertenece, y ejerces el reinado y el dominio sobre todo. Tu presencia irradia riqueza y gloria, Tú eres *soberano* de todo, en tu mano está la fuerza y la grandeza y con tu mano engrandeces y fortaleces a todos» (Ver también Job 23:13; 42:2; Salmos 103:19; Proverbios 16:4; Lamentaciones 3:37; Isaías 46:9-10; y Romanos 9:18-21).

Dios es soberano en la elección de su pueblo. Efesios 1:11-12: «El mismo Cristo en quien también nosotros participamos de la herencia a la que hemos sido destinados de antemano según el designio de Dios que todo lo hace de acuerdo con los planes de su libre decisión. Así, nosotros, los que habíamos puesto nuestra esperanza en el Mesías, nos convertiremos en himno de alabanza a su gloria.» Romanos 9:19-

21 declara: «Alguien tal vez objetará: Si nadie es capaz de oponerse al plan divino, ¿cómo puede Dios recriminar algo al ser humano? Pero ¿y quién eres tú, mísero mortal, para exigir cuentas a Dios? ¿Le dice acaso la pieza de barro al alfarero: "Por qué me hiciste así"? ¿No tiene facultad el alfarero para hacer del mismo barro un jarrón de lujo o un recipiente ordinario?» Ver también Juan 6:44; Efesios 1:4; 2:10.

Dios es soberano en lo que respecta al avivamiento de sus decadentes seguidores. La cuestión retórica de Job 38:37 coloca las cosas en perspectiva (para Job y para nosotros): «¿Quién sabe enumerar las nubes e inclina los cántaros del cielo?» es una de las más claras afirmaciones de la soberanía de Dios sobre el avivamiento en toda la Escritura. La clásica visión de los huesos secos, con su hincapié en la iniciativa divina, y en la promesa divina, acentúa la importancia de una intervención de la soberanía divina, ya que de otro modo, no existe manera de que esos huesos secos vuelvan a revivir (Ezequiel 31:1-14). Proverbios 21:1 dice: «La mente del rey es una acequia que el Señor dirige a donde quiere.» Si el corazón del rey, y en consecuencia el corazón de su pueblo, y cualquiera de su pueblo en particular, es una corriente de aguas en manos del Señor, él la dirigirá «a donde quiere.» Vemos la soberanía de Dios en este prototipo de avivamiento recogido para nosotros en Hechos 2:1-4: «Al llegar el día de Pentecostés continuaban todos reunidos en el mismo sitio. De pronto, un estruendo que procedía del cielo y avanzaba como un huracán invadió la casa en que estaban congregados. Vieron luego una especie de lenguas de fuego que se repartían y se posaban sobre cada uno de ellos. El Espíritu Santo los llenó a todos, y en seguida se pusieron a hablar en distintos idiomas según el Espíritu Santo les concedía expresarse.» Mateo 28:18: «Jesús se acercó y les dijo: -Dios me ha dado pleno poder en el cielo y en la tierra.» También ver Joel 2:23 (el avivamiento como lluvia del cielo).

La Biblia afirma la responsabilidad de la persona humana *en general*, en cuanto a su salvación, y en su avivamiento y despertar espiritual. Desde el comienzo, cuando el hombre fue hecho a la imagen de Dios, los mandamientos son dirigidos a la voluntad. Las Escrituras asumen que los humanos son responsables de sus actos, los cuales se convierten en la base de la justicia y del juicio. Hay en las Escrituras un llamamiento general a la *salvación* de toda la humanidad: «Cualquiera que invocare el nombre del Señor será salvo» (Joel 2:32; Hechos 2:21; Romanos 10:13). Haynumerosas referencias del evangelio llamando a todos, como una oferta de buena fe (Juan 3:16, etc.). Las Escrituras indican que Cristo murió por los pecados de todo el mundo (1 Juan 2:2, etc.). en cuanto al asunto del avivamiento de la iglesia, Hay referencias que dan a entender que el avivamiento depende del elemento humano. Notemos el «si» en la siguiente referencia tradicional al avivamiento: 2 Crónicas 7:14 «*Si* mi pueblo, que lleva mi nombre, se humilla, ora, me busca y se arrepiente de su mala conducta, yo lo escucharé desde el cielo, perdonaré sus pecados y devolveré la salud a su tierra.» Podríamos citar muchos otros pasajes para mostrar que el avivamiento depende de la apropiada actuación del creyente, sea la oración, el arrepentimiento, o cualquier otra actuación. Veamos Santiago 4:8-10: «Acercaos a Dios, y Dios se acercará a vosotros. ¡Limpiad vuestras manos, pecadores! ¡Purificad vuestros corazones, los que os portáis con doblez! Reconoced vuestra miseria; llorad y lamentaos; que la risa se os convierta en llanto, y en tristeza la alegría. Humillaos ante el Señor y él os ensalzará.» Podríamos presentar muchos versículos para mostrar el hincapié en la responsabilidad humana en general, en la salvación o en el avivamiento y despertar.

Su conexión

¿Cómo se relacionan la soberanía divina y la responsabilidad humana? Presentaremos algunas Escrituras interesantes y después trataremos de resumir lo que creemos que es la correlación existente entre estas dos verdades gemelas. Hechos 2:33 declara: «Dios lo entregó conforme a un plan proyectado y conocido de antemano, y vosotros, valiéndoos de no creyentes, lo clavasteis en una cruz y lo matasteis.» (Este versículo reconoce tanto la soberanía de Dios como la responsabilidad humana). En cuanto a la santificación del creyente, ambos elementos actúan íntimamente unidos: Filipenses 2:12-13 «Y puesto que siempre me habéis obedecido, queridos míos, ahora que estoy ausente, afanaos con santo temor en lograr vuestra salvación, con más empeño aún que si yo estuviese presente. Es Dios mismo quien realiza en vosotros el querer y el hacer, más allá de vuestra buena disposición.» *(Dios toma la iniciativa en nuestra salvación, tanto en su inicio como en su consumación. Pero aquí existe un papel vital que juega el creyente como individuo).* Ver también 2 Timoteo 2:19 donde tanto soberanía como responsabilidad coexisten en una hermosa yuxtaposición.

Creo que para ser fieles a toda la Escritura, necesitamos afirmar la primacía de la soberanía divina a la vez que subrayamos la responsabilidad humana. Si entendemos esta supremacía bíblica y este hincapié en la soberanía sin negar la responsabilidad humana, entenderemos la visión de Edwards acerca de la vida, la salvación y, lo que es más pertinente a nuestro interés, del avivamiento.

3. Citas de Edwards

Edwards dice «que el gobierno moral de Dios sobre la humanidad, el tratamiento que les da como agentes morales, haciéndolos el objetivo de sus mandamientos, consejos, llamamientos, advertencias, protestas, promesas, amenazas, recompensas y castigos, no contradice una disposición determinante de todo cuanto en su providencia sucede, sea lo que sea, a lo largo y ancho del universo: ya sea por eficiencia positiva, o por su permiso» (*La libertad de la voluntad*, Indianapolis: The Bobbs-Merrill Co. Inc., 1969: 258, Piper).

Dios es soberano. La evolución de lo que creía sobre la soberanía de Dios está bien documentada en su propia narrativa personal. Cito aquí una generosa porción para que el lector entienda lo importante que para Edwards era la soberanía:

> Desde mi infancia, mi mente ha querido llenarse de objeciones contra la doctrina de la soberanía de Dios, por escoger a quien quiere para vida eterna, y rechazar a quien le place, dejándolos perecer eternamente, y ser perpetuamente atormentados en el infierno. Me solía parecer una horrible doctrina. Pero recuerdo muy bien el momento, cuando parecía estar convencido, y plenamente satisfecho, en cuanto a esa soberanía de Dios, y de

su justicia al disponer eternamente del hombre, de acuerdo a su beneplácito soberano. Pero nunca pude explicar, cómo, o por qué medios, fui convencido; ni en lo más mínimo imaginar, en ese tiempo, ni tampoco mucho después, que hubiera habido una extraordinaria influencia del Espíritu de Dios: sino sólo ahora sé que vi más allá, y mi razón comprendió la justicia y lo racionable que era. Sin embargo, mi mente descansó; y se acabaron todas aquellas cavilaciones y objeciones que hasta entonces había morando con migo, durante toda mi vida precedente. Y ha habido, desde aquel día hasta hoy, un maravilloso cambio en mi mente en relación a la doctrina de la soberanía de Dios; así que desde entonces rara vez he encontrado que se levante alguna objeción contra la soberanía de Dios, en el sentido más absoluto, al mostrar misericordia a quién desea mostrar misericordia, y endurecer y condenar eternamente a quien quiere. En la absoluta soberanía y justicia de Dios, con respecto a la salvación y condenación, mi mente descansa segura, tanto como cualquier cosa que mis ojos hayan visto; al menos, así es a veces. Pero a menudo desde esta primera convicción, he tenido otra clase de sentimiento acerca de la soberanía de Dios, distinta de la que tuve. Desde entonces con frecuencia he tenido, no solo una convicción, sino una *deliciosa* convicción. La doctrina de la soberanía de Dios me ha parecido muy a menudo, una doctrina de placer rebosante, brillante y dulce y la soberanía absoluta es lo que deseo atribuirle a Dios. Pero mi primera convicción no era ésa. (Chamberlain WJE 18: 791, 792).

El primer sermón de Edwards en Boston, predicado el 8 de julio de 1731, «Dios glorificado en la obra de redención, por la grandeza de la dependencia del hombre bajo Él, en su plenitud», subraya con fuerza la soberanía de Dios. Este hincapié parece ser un precursor del avivamiento. Kimnach comenta: "Dios glorificado" es un importante sermón porque es la segunda entrega, tras la *Quaestio*, (del latín, cuestión) del argumento anti-arminiano de Edwards validando la absoluta necesidad del hombre ante un Dios soberano. El hombre era dependiente «de», «por», «a través de» y «en»… para recalcar la plenitud de la dependencia del hombre» (Kimnach 1999: 111). He incluido más abajo algunos extractos de sus sermones para que desaparezca toda duda sobre qué opinaba Edwards de la primacía de la soberanía de Dios.

¿Qué hay sobre la conexión de este hincapié en la soberanía con el Gran Despertar? En las series sobre la justificación por la fe, tan útil como catalizador del avivamiento, el hincapié recae en la sola gracia de Dios. Dios «no tiene en cuenta nada en la persona justificada, ya sea piedad, o bondad alguna» (Lesser WJE 19: 147).

Lo que Edwards creía sobre el papel de la soberanía de Dios no sólo se aplica a la salvación. Si ha de haber un avivamiento entre el pueblo de Dios, éste ha de depender de la soberanía de Dios. Esto está tan claro como el cristal en el relato de Edwards de la *Narrativa Fidedigna*. Menciono cuatro de las dieciséis referencias a la soberanía de Dios para dar un ejemplo al lector: «De hecho Dios no ha actuado así, ni ha hecho uso de esos medios, para comenzar a llevar adelante esta gran obra, la cual los hombres en su sabiduría, de haberles pedido consejo, habrían creído muy aconsejable; sino todo lo contrario. Pero me parece a mí que el gran Dios ha obrado a su manera, en la forma de llevar adelante esta obra; para mostrar su propia gloria, y *exaltar su propia soberanía*, su poder y total suficiencia, y desdeñar toda esa fuerza humana, sabiduría, prudencia y suficiencia, en la que los hombres quieren confiar y gloriarse; y así en gran medida crucificar, reprender y echar fuera el orgullo y otras corruptelas del hombre…» (Énfasis mío. Goen WJE 4: 294).

Además, Edwards, reflexionando sobre extraordinarias circunstancias que rodearon al Gran Despertar, reflexiona teológicamente y declara en la *Narrativa Fidedigna*: «No podemos determinar qué gran desastre es el desviarse, cuando se miran todas sus consecuencias, y todo lo que habría podido venir después, de no haber habido desvío; ni si ciertamente (visto así) hubiese habido desastre alguno, o si no hubiese habido misericordia, al prevenir algún gran pecado, o alguna otra cosa más terrible, de no haberlo habido. *Es un gran error nuestro limitar al omnisciente y soberano Dios*, cuyos "juicios son un profundo abismo" (Salmos 36:6), y "sus caminos son inescrutables" (Romanos 11:33), donde no se ha limitado a sí mismo, y en las cosas concernientes a lo que no nos ha revelado sobre sus caminos» (Énfasis mío. Goen WJE 4: 304).

Uno de los rasgos del avivamiento, según Edwards, una marca distintiva[15] que determina la autenticidad del avivamiento, es la exaltación de Dios en el avivamiento, y un conocimiento creciente de los atributos y del carácter de Dios entre la gente. Él afirma que el avivamiento fue «…acompañado con una comprensión admirable y exaltadora de la gloria de las divinas perfecciones, de la majestad de Dios, de su santidad, su *gracia soberana*, etc.; con un amor sensible, fuerte y dulce hacia Dios, y deleite en él, sobrepasando de lejos todos los deleites temporales, o placeres terrenales;…» (Énfasis mío. Goen WJE 4: 328); y también «…un dulce regocijo del alma sobre los pensamientos de Dios, siendo infinita e inalterablemente feliz, y una exultante alegría del corazón sabiendo que Dios es autosuficiente, e infinitamente superior a toda dependencia, y que reina sobre todo, y que lleva a cabo su voluntad con *absoluto e incontrolable poder y soberanía*» (Énfasis mío. Goen WJE 4: 337).

Sin embargo, la genialidad de Edwards no reside tanto en su énfasis sobre la soberanía divina, en mi respetuosa opinión, sino más bien en el modo en el que da primacía a esa verdad mientras recalca también la responsabilidad humana. A mi parecer esta mezcla particular es uno de los secretos de la predicación de avivamiento, y es relevante para que nosotros podamos aspirar a ser predicadores del avivamiento, para entender y asimilar una comprensión similar. ¿Cómo resalta Edwards la responsabilidad humana mientras prioriza la soberanía divina?

Edwards apela fuerte y apasionadamente a la voluntad humana. Sus sermones exaltan la soberanía divina pasando después apelar apasionada y poderosamente a la voluntad humana. La importancia que Edwards da a la «mejora» (arcaísmo de aplicación) o «aplicación» es tan importante que le he dedicado una de las doce «lecciones» que nos

---

15 Edwards escribió un tratado llamado *«Marcas distintivas»* en el que establece el criterio para certificar si un avivamiento era auténtico y de origen divino. Tras descartar muchos (9) falsos criterios para determinar si un avivamiento es o no de Dios, Edwards propone, partiendo de una exposición de 1 Juan 4, cinco criterios para certificar con seguridad si un avivamiento es o no de Dios: la exaltación de Jesús, el Espíritu ataca los intereses de Satanás, la promoción de una exaltada visión de la Escritura, la elevación de la divina doctrina y la promoción de amor a Dios y al hombre. Incluida en la divina doctrina y en la promoción del amor a Dios había una exaltación de la comprensión bíblica de Dios como soberano. Por tanto, Edwards vio la respuesta de la gente para afirmar la soberanía de Dios como quien da autenticidad y establece la legitimidad del avivamiento.

da Edwards sobre la predicación de avivamiento (capítulo 10). Aquí simplemente quiero resaltar que el llamamiento apasionado, la fuerza convincente y lógica de sus argumentos, la persuasión de su retórica, y la sensacional fuerza cautivadora de sus conclusiones muestran cuán claramente Edwards creía en la implicación de la mente, de las emociones y de la voluntad humanas. Su hincapié en la soberanía divina no negaba la responsabilidad humana, sino que más bien informaba, fortalecía y optimizaba su manera de tratar con la responsabilidad humana. Hay quienes no entienden cómo los calvinistas pueden ser misioneros, evangelizadores, predicadores de buena fe y persuasivos. Edwards respondería que es precisamente porque creemos en la soberanía de Dios que de hecho podemos ser misioneros, evangelizadores, predicadores de buena fe y persuasivos. Por tanto la soberanía divina refuerza al predicador calvinista para que confiadamente se dirija a la voluntad humana. Orar a un Dios soberano no paraliza el evangelismo, ni el avivamiento ni el despertar espiritual, sino que más bien los facilita y les confiere poder. A menos que entendamos esta dinámica teológica, nuestra predicación, nuestra predicación de avivamiento, será «paralítica».[16]

Otro aspecto de la «predicación de avivamiento» que involucra a la soberanía de Dios y la responsabilidad humana tiene que ver con la oración. Dios es soberano, pero el medio que emplea la soberanía de Dios para realizar sus planes y propósitos providenciales es la oración. Edwards entiende esta dinámica, y es por ello que toma la iniciativa de escribir el tratado (respiremos hondo) *Un humilde intento de promover un explícito acuerdo y una visible unión del pueblo de Dios, en la oración extraordinaria, para el avivamiento de la religión y la extensión del Reino de Cristo en la tierra, de acuerdo a las promesas y profecías de la Escritura concernientes a los últimos tiempos*. La soberanía divina y la responsabilidad humana (del creyente) en la oración por el avivamiento son dos verdades que operan juntas en una perfecta lógica en la mente bíblicamente instruida de Edwards y en su corazón. Más que quejarse, «¿Por qué orar, si Dios es soberano?» (Es una pregunta

---

16 Para una excelente discusión, considere el artículo de Piper sobre la soberanía de Dios y la oración (ver Bibliografía).

que muestra un profundo desconocimiento de lo que es la soberanía divina). Edwards, bíblicamente instruido, celebra «¡Por cuanto Dios es soberano, la oración es la clave!».

4a. Citas del erudito edwardsiano Piper

Una última directriz para meditar, en vista de todo esto, sobre la acción de Dios: Piensa siempre que todo cuanto Dios hace para con los hombres, su mandato, su llamamiento, su advertencia, su promesa, su lamento sobre Jerusalén, todo esto es su medio de crear situaciones que actúen como motivos para obtener los actos de voluntad que él ha ordenado que ocurran. De este modo él determina definitivamente todos los actos de volición (aunque no todos de la misma manera) y aún así considera al hombre responsable sólo de aquellos actos que este desea llevar a cabo.

Piper ofrece un comentario útil al aclarar lo que Edwards creía sobre la capacidad de la persona humana para elegir, y su relación con la soberanía divina. Piper propone[17] que en primer lugar, Edwards argumenta que lo que determina lo que la «voluntad» escoge no es la propia voluntad, sino más bien motivos que vienen de fuera de la voluntad. Más precisamente, «es ese motivo, el cual, al ser visto en la mente, es más fuerte, lo que determina la voluntad» (p. 9). Él define el motivo así: «Por motivo, quiero decir todo aquello que mueve, excita o invita a la mente a la volición, sea una cosa única, o muchas cosas juntas» (p. 9). Por «el motivo más fuerte» quiere decir «aquello que parece más atractivo» (p. 10). O como dice después, «la voluntad es siempre igual al mayor bien aparente» (p. 9), donde «bien» significa «lo agradable» o «gratificante» (p. 11).

La voluntad esclavizada del hombre

Por tanto la determinación de nuestra voluntad no recae en sí misma. Es determinada por el motivo mayor tal como lo percibimos y nos son dados. Sin embargo, todos los hombres están en cierto sentido escla-

---

17 *La libertad de la voluntad*, Indianapolis: The Bobbs-Merrill Co. Inc., 1969.

vizados, como dice Pablo, sea por la justicia o por el pecado (Romanos 6:16-23), o como dijo Jesús, «Todo el que comete pecado, esclavo es del pecado» (Juan 8:34). Todos estamos esclavizados para hacer lo que estimamos es más deseable en un momento dado de decisión. Estamos esclavizados a hacer lo que más deseamos hacer. Somos incapaces de hacer otra cosa siempre y cuando no estemos físicamente impedidos.

Edwards describe esta situación con las expresiones *necesidad moral* e *incapacidad moral* por un lado, y *necesidad natural* e *incapacidad natural* por otro. La necesidad moral es la necesidad que existe entre el motivo más fuerte y el acto de volición que obtiene (p. 24). Por eso todas las elecciones son moralmente necesarias puesto que son determinadas por el motivo más fuerte. Son necesarias en que, dada la existencia del motivo, la existencia de la elección es cierta e inevitable. La incapacidad moral, en consecuencia, es la incapacidad que todos tenemos de escoger lo contrario de lo que percibimos que es el motivo más fuerte (p. 28). Somos moralmente incapaces de actuar contrariamente a lo que en un momento dado queremos hacer. Si perdemos nuestra inclinación al estudio seremos moralmente incapaces de estudiar.

La necesidad natural es «esa necesidad a la que los hombres están sometidos por la fuerza de las causas naturales» (p. 24). Lo que sucede es necesario de forma natural al producirse no por causas morales sino físicas. Sentarme en esta silla sería necesario por una «necesidad natural» si estuviese encadenado ahí. La incapacidad natural es mi incapacidad de hacer algo incluso queriéndolo. Si estoy encadenado a esta silla mi motivo más fuerte sería levantarme (digamos, si la habitación está ardiendo) pero sería incapaz de hacerlo.

Por qué es necesaria esta clarificación

Esta diferencia entre incapacidad moral e incapacidad natural es clave en la solución que da Edwards a la llamada antinomia entre la disposición soberana de Dios de todas las cosas y la responsabilidad del hombre. He aquí la solución: la capacidad moral no es un requisito previo de la responsabilidad. La capacidad natural sí. «Cualquier incapacidad que nos dispense puede resumirse en una sola cosa; a saber, la falta de capacidad o fortaleza natural; incluso la falta de entendimiento, o de fortaleza externa» (p. 150).

Pero la incapacidad moral para hacer lo bueno no nos sirve de pretexto para dejar de hacerlo (p. 148). Puesto que amamos más las tinieblas que la luz y que por tanto (por causa de nuestra incapacidad moral) no podemos venir a la luz, sin embargo, somos responsables por no venir, esdecir, que podemos ser justamente castigados por no venir. Esto concuerda con un juicio humano casi universal, ya que cuanto mayor es el deseo del hombre de hacer el mal, mayor es su incapacidad para hacer lo bueno y así más perverso se juzga que es por los hombres. Si los hombres creyeran realmente que la incapacidad moral excusa al hombre de su culpa, la perversión humana decrecería entonces en proporción a la intensidad de su amor por lo malo. Pero esto es contrario a las sensibilidades morales de casi todos los hombres.

Por tanto la incapacidad moral y la necesidad moral por un lado y la responsabilidad humana por el otro, no son una antinomia. Su unidad no es contraria a la razón o a la experiencia moral normal de la humanidad. Por tanto, para ver cómo la soberanía de Dios y la responsabilidad del hombre conviven perfectamente entre sí, solo tenemos que entender que el modo como Dios obra en el mundo no es imponiendo una necesidad natural sobre el hombre para después hacerlos responsables de lo que ellos no pueden hacer aunque deseen hacerlo. Sino que más bien Dios dispone todas las cosas (Efesios 1:11) de modo que, según la necesidad moral, todos los hombres elijan s aquello que ha sido ordenado por Dios desde toda la eternidad (Piper 1969: 258).[18]

Sigue una muestra de uno de los sermones de Edwards subrayando la soberanía divina: «Pero Dios es un ser infinitamente maravilloso, porque posee infinita excelencia y hermosura. Tener una infinita excelencia y hermosura, es lo mismo que tener infinita amabilidad. Él es un ser de infinita grandeza, majestad y gloria; y por tanto es

---

18 Todas las citas de Edwards han sido tomadas de: *La libertad de la voluntad*, Indianapolis: The Bobbs-Merrill Co. Inc., 1969, p. 258, por John Piper ©2013 Desiring God Foundation. Página web: desiringGod.org].

infinitamente digno de honor. Es infinitamente más sublime que los más grandes potentados de la tierra, y de los más sublimes ángeles del cielo; y por lo tanto es infinitamente más digno de honor que ellos. Su autoridad sobre nosotros es infinita; y el fundamento por el que tiene derecho a nuestra obediencia, es inmenso por cuanto es infinitamente digno por sí mismo de ser obedecido, y tenemos una universal e infinita dependencia absoluta de él» (Lesser WJE 19: 342).

4b. Citas de otros eruditos edwardsianos

John Smith, ese erudito edwardsiano que escribió un excelente tratado llamado «*Jonathan Edwards, puritano, predicador, filósofo*», destacó un elemento importante y esencial en su predicación al dec ir: «Si tuviéramos que preguntar, dado el volumen total de lo que Edwards escribió, qué idea única resulta más importante que cualquier otra, la respuesta tendría que ser la absoluta soberanía de Dios y la negación vehemente de la existencia de lo que se han denominado "causas secundarias" o cualquier fuerza que opera independientemente de Dios. Edwards podría coincidir con Spinoza en ser uno de los hombres "intoxicados por Dios" » (Smith 1992: 142). La única advertencia que deseo añadir a este excelente resumen sería la de reiterar que esta posición no niega la responsabilidad humana ya que, como estamos viendo, Edwards creía en la voluntad del hombre, a la que se se dirigía.

5. Ilustraciones de los propios sermones de Edwards

Parece que Edwards era proclive a enfatizar la soberanía de Dios en la predicación de avivamiento. Existen muchas referencias a este tema de la soberanía de Dios, de la elección divina y de la predestinación durante ambos periodos del Gran Despertar. En algunos casos esto puede verse por el título del sermón. Veamos los siguientes sermones: nº 345 «Dios es soberano en la conversión»; nº 360 «Dios es Dios, y es un Dios soberano»; nº 572 (1741) Juan 6:45. «Nunca hubo un hombre que pudiera entender alguna vez cómo era Cristo, sin que su corazón fue infaliblemente llevado a él»; nº 505 Hechos 9:13-15. «Esto ocurre con respecto a la concesión que Dios hace a ciertas personas de la misericordia salvadora, que no hay más nada que decir sino que muestra misericordia». Febrero de 1739; nº 528 Romanos 8:29-30. «Las cosas que Dios hace por la salvación y bendición de los santos son como una cadena inexpugnable que va de una duración sin principio a una duración sin fin.» (7 de diciembre de 1739; nº 594 Oseas 11:3). «La búsqueda de la salvación es un asunto en el que las personas necesitan abundantemente de la ayuda de Dios» (17 de febrero de 1741).

Pero más allá de los títulos de los propios sermones está la fidelidad a la doctrina de la soberanía en todos los mensajes de este periodo. Edwards es notablemente coherente cuando predica de las grandes doctrinas de la fe tal como las entendía la tradición reformada. El tenor general o naturaleza de esos sermones es completamente coherente con el énfasis en la soberanía de Dios. Como el eminente erudito edwardsiano Minkema afirma: «El reconocimiento de la soberanía de Dios en la salvación, uno de los temas principales del corazón del calvinismo, es para Edwards parte y parcela de la obra del Espíritu en el avivamiento» (Minkema WJE 14: 436).

He aquí una muestra de la predicación de Edwards sobre la soberanía: «Hay una absoluta y universal dependencia de Dios del redimido. La naturaleza e intención de nuestra redención es tal, que los redimidos son en todo directa, inmediata y enteramente dependientes de Dios: son dependientes de él para todo, y son dependientes de él de todos modos. Las muchas maneras por las que un ser puede depender de otro para su bien, y por las que el redimido de Jesucristo depende de Dios para su bien total, son estas, a saber, que obtienen su bien *de* él, y que tienen todo *por medio* de él, y tienen todo *en* él. Que él es la causa y origen de donde procede todo su bien, por tanto *de* él; y que él es el medio por el que se obtiene y se alcanza, por tanto lo tienen por medio de él; y que él es ese bien mismo que es dado y concedido, por tanto es *en* él» (Valeri WJE 17: 202, Sermón: «Dios glorificado en la dependencia del hombre»).

6. Las 70 Resoluciones

Edwards se refiere directamente a Dios en once ocasiones en sus *70 Resoluciones*, pero Dios está muy presente en todas y cada una de ellas. Edwards era un hombre «intoxicado de Dios», y no hay duda de que al usar la palabra «Dios» carga con todo lo que la herencia reformada y puritana quiere decir con Dios. Sorprendentemente, no hay referencias explícitas a la soberanía de Dios. El fuerte hincapié en la responsabilidad humana, junto con un implícito hincapié en Dios como soberano, nos ayuda a ver cómo estas dos realidades evolucionaron en la teología y la praxis de Edwards.

7. Otros autores

Packer, en su estimulante libro *«El Evangelismo y la Soberanía de Dios»*, cita un diálogo entre un calvinista, Simeón, y un arminiano, Wesley. La conversación arroja bastante luz sobre el significado de la soberanía en relación con nuestra salvación (Packer: 3-5).

«Deberíamos afirmar la verdad tanto de la soberanía de Dios como del libre albedrío del hombre. *«Lo Abstracto de los Principios»* fue la confesión fundacional del Southern Baptist Theological Seminary. Fue escrita por Basil Manly Jr. en 1859. Manly era calvinista, y con todo el artículo IV sobre la providencia revela un equilibrio saludable y teológico en nuestro antepasado bautista. Manly escribió: «Dios desde la eternidad decreta o permite todas las cosas que han de suceder, y perpetuamente sostiene, dirige y gobierna a todas las criaturas y todo cuanto acontece; pero no es autor del pecado ni lo aprueba en ninguna manera, ni tampoco destruye el libre albedrío y la responsabilidad de las criaturas inteligentes» (Daniel Alkin. Quisiera discrepar aquí del uso que Alkin hace de la expresión «libre albedrío», tal y como lo haría Edwards, afirmando el argumento esencial de la coexistencia entre la soberanía divina y la responsabilidad humana).

Sunder Krishnan, en su buen libro: *«Atrapando el Viento del Espíritu»*, usa la metáfora de navegar para capturar la relación que hay entre la responsabilidad humana y la soberanía divina. El viento sopla de donde quiere, pero debemos disponer nuestras velas. Sea que pensemos en las disciplinas espirituales o en el avivamiento, ambos elementos son necesarios si queremos alcanzar nuestro deseado refugio.

8. Conclusión

Jesús enseñó claramente: «Por aquel entonces dijo Jesús: Padre, Señor del cielo y de la tierra, te doy gracias porque has ocultado todo esto a los sabios y entendidos y se lo has revelado a los sencillos. Sí, Padre, así lo has querido tú. Mi Padre lo ha puesto todo en mis manos y nadie sabe quién es el Hijo, sino el Padre; y nadie sabe quién es el Padre, sino el Hijo y aquellos a quienes el Hijo quiera revelárselo. ¡Venid a mí todos los que estáis cansados y agobiados, y yo os daré descanso!» (Mateo 11:25-28).

Claramente la prerrogativa de iluminar y de revelar la verdad, y a Dios mismo, recae en la elección soberana del Hijo: «...nadie sabe quién es el Padre, sino el Hijo y aquellos a quienes el Hijo quiera revelárselo» (Mateo 11:27). De todos modos, Jesús continúa extendiendo una invitación abierta a todos los que están cansados y agobiados, y les ofrece inequívocamente descanso para sus almas. Solo en la eternidad entenderemos completamente cómo la soberanía divina y la responsabilidad humana conviven pacíficamente, pero haremos bien en mantener a ambas en una especie de tensión armoniosa en la que la verdad de la Palabra de Dios sobre estos asuntos se mantiene en su integridad teológica y evangelística.

Para una buena reflexión teológica sobre el tema, recomendamos.

http://www.ayudapastoral.com/level-one/level-2b/general/jona-than-edwards-sobre-el-libre-albedrio-habilidad-natural-y-habili-dad-moral/

CAPÍTULO 10

La importancia de la aplicación

«No le llevó mucho tiempo describir las sensaciones de los desafortunados. Dando por hecho las consecuencias eternas de la ira de Dios, *las hizo parecer personales e inmediatas* a cada uno de los miembros de la congregación que se hallaban sentados ante él. Eliminando el mundo externo al lugar de reunión, y acortando el tiempo restante hasta el juicio final, no en siglos, sino como si fuera mañana o posiblemente hoy; él enviaba a cada ciudadano inconverso de Enfield a su bien merecida destrucción. Nada sino la propia mano de Dios los retenía. Dios estaba muy airado. En cualquier instante podía soltarlos de su mano» (Winslow: 192).

«Pero se trata de que pongáis en práctica esa palabra y no simplemente que la oigáis, engañándoos a vosotros mismos. Quien oye la palabra, pero no la pone en práctica, se parece a quien contempla su propio rostro en el espejo: se mira y, en cuanto se va, se olvida sin más del aspecto que tenía. Dichoso, en cambio, quien se entrega de lleno a la meditación de la ley perfecta —la ley de la libertad— y no se contenta con oírla, para luego olvidarla, sino que la pone en práctica» (Santiago 1:22-25, BLP).

«Tras sacar a la luz el pensamiento del escritor bíblico en su contexto, los predicadores han de discernir entonces lo que el Espíritu Santo quiere decir a los hombres y mujeres de la generación actual a quienes predican. La posición de los expositores eficaces no es sermonear a sus oyentes acerca de la Biblia, sino hablarles como si fueran los oyentes originales de la Biblia. La aplicación, por tanto, no es accidental en la predicación expositiva. Es esencial» (Haddon Robinson/Larson: 58).

Comentarios introductorios

Charles Finney lo dijo claramente: «Un avivamiento no es más que un nuevo comienzo de obediencia a Dios. Como en el caso de un pecador convertido, el primer paso es un profundo arrepentimiento, un quebrantamiento del corazón, un postrarse en el polvo ante Dios, con profunda humildad, y abandono del pecado» (Finney, *Primera Lectura — Qué es un avivamiento de la religión*). El momento en el que la obediencia es requerida, es el momento en el que el avivamiento sucede. Aunque hay un elemento soberano en el avivamiento, el cual es preeminente, desde una perspectiva humana el asunto gira en torno a la rendición y a la obediencia. Si esta premisa es verdadera, muestra la razón de que Edwards recalque tanto la importancia de la aplicación de la Palabra por el Espíritu, dirigida a la voluntad. Este puede ser de hecho el secreto a voces de la teología de Edwards acerca del avivamiento. Asumiendo un conocimiento de la soberanía de Dios, Edwards siempre empleó la Palabra para cambiar la voluntad. La aplicación del Espíritu a la voluntad en cuanto al tema de la obediencia, es el corazón del avivamiento, y Edwards entendió más que la mayoría el asunto de la voluntad y de cómo la gracia soberana de Dios se relacionaba con la voluntad del oyente. A menudo es a través de la aplicación realizada por el predicador que el Espíritu Santo transmite el mensaje al corazón; por eso somos colaboradores de Dios (1 Co. 3:9). Edwards es muy calvinista en su idea de la predicación como una empresa divina y humana.

1. Definición

La aplicación del mensaje tiene que ver con aportar la relevancia concreta del texto y de la doctrina al oyente. Los puritanos también emplearon el término «mejora», no en el sentido moderno de hacer algo mejor, sino en el sentido de mejorar nuestras vidas asimilando la verdad expuesta. El diccionario nos da su definición alternativa de mejora: «El acto de dar provechoso uso o aplicación a algo, o el estado de ser empleado provechosamente; darle una buena valoración; aplicación práctica, de una doctrina, principio o teoría, afirmada en un discurso» (Cita Sesuda). Otro término usado para describir la aplicación era «uso» o «utilización», esto es, que el uso o relevancia tiene esta verdad para el oyente, no de manera utilitarista, sino de un modo edificante y útil.

Hace falta también aclarar la diferencia entre el predicador, por un lado, que apela a la voluntad mostrando cómo se aplica la verdad, y qué pasos se han de dar para mejorarla/asimilarla y, por otro lado, el Espíritu Santo que hac que la predicación de la Palabra sea eficaz y transformadora a través de la regeneración (en los no salvos) y la santificación (en los salvos). Una cosa es que el predicador «aplique» el texto (apele a la voluntad con fervor y urgencia); y otra que el Espíritu Santo «aplique» el texto en el espíritu del oyente (lo haga real y eficaz).

2. Perspectiva bíblica

Hay numcrosas referencias de la Escritura que refuerzan la importancia de aplicar la Palabra de Dios a la vida.

«Las palabras de los sabios son como aguijones y, reunidas en colecciones, son como estacas bien clavadas, regalos de un mismo pastor» (Eclesiastés 12:11, BLP). La Nueva Traducción Viviente (NTV) dice: «Las palabras de un sabio maestro mueven a los estudiantes a la acción...».

Hay muchas exhortaciones en la Escritura. Es muy fácil ver cómo sus argumentos pasan de indicativos a imperativos en las epístolas (especialmente en las cartas paulinas), pero allí donde encontremos un mandamiento en la Escritura es importante que descubramos el «porqué» (Por ejemplo, su base en el evangelio) así como «el qué y el cómo» (el «culto razonable», que le corresponde). Habiendo hecho esto entonces, no deberíamos tener miedo de insistir en las demandas de los imperativos. Romanos 6 es un ejemplo obvio. Aquí, Pablo aplica el evangelio haciendo la pregunta, «¿Debemos continuar en pecado para que la gracia abunde?» Lo que se aplica aquí, pues, es el evangelio: Siendo sepultados y resucitados con Cristo en el bautismo, no estamos más bajo el dominio del pecado. «Por lo tanto, no dejéis que el pecado reine en vuestros cuerpos mortales, dándole todos los caprichos.» El imperativo en sí mismo es una aplicación o, mejor aún, una implicación, derivado de «por tanto (*oun*)» (Michael Horton).

La originalidad del gran «Sermón del Monte» de Jesús reside en la insistencia sobre la aplicación. La diferencia entre el constructor sabio y el insensato radica en el hombre sabio «…que escucha mis palabras y actúa en consecuencia» (Mateo 7:24) mientras que el insensato «… escucha mis palabras y no actúa en consecuencia» (Mateo 7:26). «*Si comprendéis estas cosas y las ponéis en práctica seréis dichosos» (Jesús) (Juan 13:17). «Porque todo el que hace la voluntad de mi Padre que está en los cielos, ese es mi hermano, y mi hermana, y mi madre» (Mateo 12:50).*

Jesús dijo que *la Gran Comisión* implica «…enseñar a otros a *observar* todo lo que os he mandado…» (NASB) o como dice la NVI «y enseñándoles a *obedecer* todo lo que os he mandado.»

Pablo dijo a Tito que en su predicación debía hacer hincapié en la aplicación: «Tú, sin embargo, debes *decir a todos cómo vivir de modo que concuerde con la verdadera enseñanza» (*Tito 2:1) (ERV).

Describiendo cómo aplica el Espíritu Santo la Palabra, haciendo que el mensaje sea eficaz y fructífero en el oyente, Efesios 1:13 dice «Y también vosotros, los que habéis escuchado el mensaje de la verdad, la buena noticia de vuestra salvación, al creer en Cristo habéis sido sellados con el Espíritu Santo prometido» (BLP). En el día de Pentecostés, vemos cómo el apóstol Pedro aplicó la Palabra (Hch. 2:29-36), y a continuación vemos cómo el Espíritu Santo hace que la aplicación sea eficaz, con el siguiente efecto: «Cuando los allí reunidos oyeron *esto*, se afligieron profundamente, y preguntaron a Pedro y a los otros apóstoles: Hermanos, ¿qué debemos hacer?» (DHH) También Esteban aplicó el mensaje (Hch. 7:51-53) pero fue el Espíritu Santo el que aplicó la Palabra predicada por Esteban: «Oyendo estas cosas, se enfurecían en sus corazones y crujían los dientes contra él.» (Hch. 7:54, DHH).

Santiago nos exhorta como creyentes a ser hacedores de la Palabra. El predicador evangélico hará todo lo posible para que esto sea algo fundamental en sus sermones.

3. Citas de Edwards

Al considerar la teología que hay tras una fuerte aplicación y apelación a la voluntad, hemos de entender cómo Edwards cree tanto en la soberanía de Dios como en la responsabilidad del hombre. Hemos intentado elaborar esta dinámica en el capítulo 9, así que aquí sólo haremos una breve referencia a la teología que subraya la importancia de dirigirse a la voluntad en la aplicación. Edwards afirma en su excelente sermón «Insistiendo en el Reino de Dios», predicado en el apogeo del pequeño gran avivamiento (Febrero de 1735), que es imperativo en el buscador insistir firmemente, con «fuerza vehemente» (Lesser WJE 19: 276), y «decisión firme» (Lesser WJE 19:277), con un «compromiso total de la mente en este asunto» (Lesser WJE 19:277), y con «denuedo» (Lesser WJE 19: 278); Edwards creía que ese esfuerzo y aplicación eran importantes: «Por muy pecador que sea un hombre, y sean cuales sean sus circunstancias, hay no obstante una posibilidad de que se salve; él mismo puede serlo, y Dios es capaz de llevarlo a cabo, teniendo la misericordia suficiente para ello; y hay provisión suficiente a través de Cristo, que Dios puede compaginar con el honor, justicia y verdad debidos a su majestad; de modo que no hay falta de suficiencia en Dios, ni de capacidad en el pecador, en cuanto a lo que sigue: el mayor pecador viviente, el más vil, el más ciego, muerto, o duro de corazón, puede ser alcanzado por la luz y la gracia salvadoras» (Lesser WJE 19: 281, 282). Edwards creía que, debido a la responsabilidad moral del individuo, había que dirigirse a la voluntad con una poderosa aplicación.

Edwards se esfuerza en marcar la diferencia entre pensamientos seductores forzadamente impuestos en la mente (aplicación espuria) y la aplicación espiritual auténtica: «Una verdadera aplicación espiritual de la palabra de Dios es de una naturaleza mucho más sublime: tanto más que el poder del diablo, como para aplicar la palabra de Dios a un muerto, y devolverlo a la vida; o para convertir una piedra en un ángel. La aplicación espiritual de la palabra de Dios consiste en aplicarla al corazón, con influencias espiritualmente iluminadoras y santificadoras. La aplicación espiritual de una invitación u oferta del evangelio consiste que el alma sienta o saboree las bendiciones santas y divinas que se le ofrecen, así como la dulce y maravillosa gracia del oferente, que hace tan graciosa oferta, y de su santa excelencia y fidelidad para cumplir lo que ofrece, y su gloriosa suficiencia para hacerlo; llevando y estimulando así al corazón para que abrace la oferta (Ramsey WJE 2:225).

4. Citas de eruditos puritanos sobre el papel que la aplicación desempeña en la predicación puritana

Según Kimnach, prominente erudito de la predicación de Edwards, «La primera etapa del sermón es el *texto*, consistente en un pasaje de la Escritura acompañado por una o dos páginas de exégesis. Esta división presenta el tema del sermón en el contexto de la Palabra de Dios, la verdad y la realidad eterna a través de la cual toda realidad humana es evaluada. El tema no siempre es tan preciso o explícito en lo que afirma como la filosofía humana requeriría de una tesis; Por tanto, la segunda división del sermón, la *doctrina*, comienza con una declaración doctrinal que en el sermón hace las veces de una tesis en un ensayo formal. La declaración doctrinal es analizada, explicada, y confirmada por medio de una serie de encabezamientos numerados conocidos mayoritariamente como «razones». Finalmente, la tercera división del sermón, la *aplicación* (o *mejora*), ofrece explícitas directivas numeradas, conocidas mayoritariamente como «usos» para la mente y conducta humana, los cuales se infieren de la *doctrina*. Las divisiones de la *doctrina* y la *aplicación* constituyen aproximadamente el cincuenta por ciento del sermón» (Kimnach 2007: 105). Lo que sigue es importante: según Kimnach, Edwards dedicaba el cincuenta por ciento de su mensaje a la aplicación. Un somero vistazo a sus estudios confirma lo que Kimnach dice.

Los puritanos hicieron hincapié en la estructura porque creían en la primacía del intelecto. Creían que la gracia entra en el corazón a través de la mente. De acuerdo a Packer, «Dios no mueve a los hombres a la acción por mera violencia física, sino que guía sus mentes a través de su palabra, y *llama a responder con un deliberado consentimiento y con una obediencia inteligente*. Esto conduce a que el primer deber de cada hombre respecto a la palabra de Dios es entenderla; y el primer deber de cada predicador es explicarla». Es tarea del predicador explicar la Biblia de manera clara y organizada para que el rebaño pueda acercarse y alimentarse de ella (Steele, *Dialéctica Aplicada*).

> «Entristecería profundamente a cualquiera escuchar la excelente doctrina que algunos ministros poseen, mientras la dejan morir en sus manos por la falta de cierre y de una aplicación vívida» (Richard Baxter, Steele).

Los bancos de la iglesia están repletos de personas que «conocen» los fundamentos de la fe cristiana y que sin embargo permanecen tristemente sin dejarse cambiar por ellos. Hay igualmente personas en los bancos de la iglesia que aman sinceramente las doctrinas de la fe cristiana pero que están perpetuamente inseguros de la relación práctica que estas tienen con la vida diaria. Los puritanos estaban profundamente preocupados por estos dos fenómenos. En consecuencia, los puritanos se esforzaron por hacer que el texto de la Escritura afectara a las conciencias individuales de cada oyente. Los predicadores puritanos trabajaron duramente para ser prácticos, ya que entendieron que «la doctrina no tiene vida a menos que la persona 'tienda puentes' entre la verdad bíblica y la vida diaria.» Por eso Thomas Hooker escribe, «Cuando leemos sólo de doctrinas, éstas pueden alcanzar el entendimiento, pero cuando leemos o escuchamos ejemplos, el sentimiento humano hace la labor de presentarnos el caso como propio. Los puritanos lograron hacer práctica la predicación predominantemente a través del uso de la aplicación» (Steele).

Ryken resume las siete categorías de aplicación de William Perkins de *El Arte de Profetizar*, dependiendo de las condiciones individuales de los oyentes: I. Los no creyentes que son tanto ignorantes como imposibles de enseñar… II. Los que son enseñables, pero todavía ignorantes… III. Los que tienen conocimiento, pero aun no se han humillado… IV. Los que se han humillado… V. Los que creen… VI. Los que han caído… VII. Hay también personas mixtas… (21).

La fuerza de la aplicación era, desde cierto punto de vista, uno de los aspectos más impactantes de la predicación puritana, y es justificable que la teoría de la aplicación discriminatoria es el más valioso legado que los predicadores puritanos han dejado a aquellos que desean predicar la Biblia y su evangelio de modo eficaz hoy en día (Packer: 288). «La principal preocupación de la predicación puritana era transmitir la infalible Palabra de Dios a su pueblo. Estaba marcada por una preocupación no adulterada de escudriñar las Escrituras, cotejar sus hallazgos, y aplicarlos a todas las áreas de la vida» (Beeke, citado en Steele). «¿Cómo podría un predicador esforzarse por emplear la Palabra de Dios desde el púlpito sin hacer un esfuerzo resonante y vigoroso por entenderla, no sólo de manera general, sino en forma concreta? Los puritanos buscaban a la vez un conocimiento telescópico de las Escrituras y un entendimiento microscópico de ella» (Steele). El formato de predicación sugerido por William Perkins que aparece al final de su *El arte de profetizar* es un ejemplo convincente de la progresión lógica y de la organización sistemática que caracterizaron los sermones puritanos. Perkins defiende que los predicadores han de:

a. Leer el texto claramente a partir de las escrituras canónicas.
b. Dar el sentido y la comprensión de éste leyéndolo según está escrito.
c. Recopilar unos cuantos puntos provechosos de doctrina extraídos del sentido natural.
d. Aplicar correctamente, *si tienen el don*, las doctrinas recopiladas a la vida y costumbres de los hombres en un simple y sencillo discurso» (Steele citando a Ryken. Énfasis mío).

Estemos o no de acuerdo en que la aplicación es opcional si uno no tiene el don, de lo que se trata aquí es que Edwards poseía ciertamente el don de aplicar las doctrinas a la vida y costumbres de los hombres a través de un discurso simple y sencillo, y que ejerció ese «don» poderosamente. Creo que hay una fuerte cornexión entre este hecho y el avivamiento y despertar subsiguientes.

> «Un razonamiento sigue a otro razonamiento, sin más transición que un punto y aparte; *una vez que la última prueba se ha dejado clara, siguen los 'usos' o aplicaciones;* también en secuencia numerada, y el sermón termina cuando no hay nada más que decir» (Énfasis mío. Perry Miller. Steele).

«Durante el tiempo anterior a la Reforma, gracia y naturaleza estaban separadas. Es la idea de un universo de dos plantas. En el piso de arriba está lo espiritual y santo. En el piso de abajo está lo pecaminoso, lo carnal y lo impío. Por ejemplo, el clero tenía prohibido casarse como si el matrimonio fuese terrenal y por tanto pecaminoso. Lutero en parte reformó esto y acercó la gracia junto a la naturaleza. Por ejemplo, él se casó con una ex-monja, Catalina. Juan Calvino fue más allá y enseñó que la gracia debe traspasar la naturaleza. Lo terrenal debe ser santificado por lo celestial. Los puritanos fueron todavía más lejos y enseñaron con más detalle que Calvino, que los principios bíblicos deben ser aplicados a cada aspecto de la vida. Hay principios bíblicos o éticas bíblicas para el matrimonio, para la crianza de los hijos y el hogar, para maestros y profesores universitarios, doctores médicos, abogados, arquitectos y artistas, para granjeros y jardineros, políticos y magistrados, para hombres de negocios y tenderos, para agentes de comercio vendedores, para militares y para banqueros. Para los puritanos la dicotomía (división) entre naturaleza y gracia, la visión prevalente de los teólogos medievales, estaba esencialmente equivocada. No es que las cosas celestiales sean santas y que las cosas terrenales sean malditas o turbias. Para los puritanos la gracia debe penetrar y permear toda la vida terrenal y santificarla. Incluso los cascabeles de los caballos son consagradas al Señor» (Zacarías 14:20. Hulse).

Edwards era puritano, y a este respecto fue un puritano clásico. Para valorar la idea que Edwards tenía de la aplicación y su importancia, Ramsey, discutiendo sobre la conversión de «*Los Sentimientos Religiosos*» de la forma de sermón a la de discurso, afirma: «Es interesante notar cómo la forma básica de sermón se mantiene dentro de la obra; en muchos casos primero se expone y se defiende una señal y después viene la 'aplicación', que consiste en mostrar cómo se aplica el principio a la vida real» (Ramsey WJE 1: 27). De eso se trata: la aplicación muestra cómo se aplica el texto y la doctrina a la vida real. Para valorar la veracidad de esto no sólo en sus reflexiones, sino más concretamente en sus sermones, pasamos a considerar algunos ejemplos de sus predicaciones.

5. Ilustraciones de los propios sermones reales de Edwards

Para Edwards lo principal era la aplicación. Edwards cambia con frecuencia a la segunda persona. En un solo mensaje, («Insistir en el Reino»), predicado en el apogeo del Gran Despertar (Febrero de 1735) solo en la aplicación, usa en el sermón la palabra «tú» y «vosotros» 465 veces (pp. 282 a 304; 23 páginas). He aquí un pequeño ejemplo con las palabras «tú» y «vosotros» subrayados para ilustrar la fuerza que tiene la aplicación personal: en once líneas Edwards usa el pronombre en segunda persona 22 veces.

Dios te está llamando ahora de un modo extraordinario, y esto concuerda con la voluntad y la palabra de Cristo que ahora debo, en su nombre decirte, como alguien puesto sobre ti, y enviado a ti con ese fin; por eso es que su voluntad es que tú escuches lo que digo, como su voz: ¡Yo por tanto te suplico de parte de Cristo ahora que corras al Reino de Dios! Quien quiera que seas, joven o anciano, pequeño o grande; seas lo que tú seas; si tú eres un gran pecador, si tú has sido alguien que ha vuelto atrás, si tú has entristecido al Espíritu, deja de ser quien tú eras, y sea lo que sea que tú hayas hecho, no te detengas a hacer objeciones, sino levántate, ¡aplícate a tu obra! Haz, lo que tú tengas que hacer, con tus fuerzas. Cristo te está llamando antes, y no pares de hablar de su gracia y sus beneficios imperecederos, ya que la ira va tras <u>ti</u> persiguiéndo<u>te</u>; ¡huye por <u>tu</u> vida a donde puedas, y no vuelvas la mirada detrás de <u>ti</u>![19]

Los sermones de Edwards no sólo ilustran la aplicación personal, sino que tienen una dirección clara. Consideremos el siguiente extracto de la porción de la aplicación del sermón: «La justicia de Dios en la condenación de los pecadores», predicado en mayo de 1735, durante el apogeo del avivamiento. Hayn 169 referencias incisivas al «tú» y al «vosotros» en esta aplicación. Pero démonos cuenta de cómo el predicador toca asuntos personales comprometidos y abiertos:

¿De cuántas clases de perversión habéis sido culpables <u>vosotros</u>? ¿Cuántas han sido las abominaciones de <u>vuestra</u> vida? ¿Cuánta mundanalidad y desprecio de Dios habéis ejercido <u>vosotros</u>? ¿Cuánta desatención habéis mostrado a las Escrituras, a la Palabra predicada, a los sábados, y a los sacramentos? ¿Cuánta mundanalidad habéis mostrado al hablar, muchos de <u>vosotros</u>, sobre las cosas santas? ¿En qué manera habéis guardado el día santo de Dios muchos de <u>vosotros</u>, sin considerar la santidad del momento, ni cuidar cuáles sean <u>vuestros</u> pensamientos. Sí, <u>vosotros</u> no sólo habéis pasado el tiempo en pensamientos mundanos, vanos y sin provecho, sino en pensamientos inmorales; agradándoos a <u>vosotros</u> mismos reviviendo pasados actos de perversión, y tramando nuevos actos. ¿Acaso no habéis pasado <u>vosotros</u> mucho tiempo santo, gratificando <u>vuestras</u> lujurias en <u>vuestras</u> imaginaciones; sí, no sólo el tiempo santo, sino también el tiempo de la adoración pública a Dios, cuando <u>os</u> presentáis en la inmediata presencia de Dios? ¡Cómo no sólo no habéis participado de la adoración, sino que además en ese tiempo habéis estado festejando <u>vuestras</u> lujurias, revolcándoos en abominable suciedad! ¡Cuántos sábados habéis pasado <u>vosotros</u>, uno tras otro, de una manera miserable! ¡Algunos de <u>vosotros</u> no sólo han tenido pensamientos mundanos y perversos, sino que también han tenido un comportamiento externo perverso! Cuando en sábado, <u>vosotros</u> os habéis juntado con <u>vuestros</u> compañeros perversos, ¡Cómo habéis tratado el tiempo santo entre <u>voso-</u>

---

19 La traducción al español no necesita de la repetición del pronombre tanto como el original inglés, pero se ha preservado su inclusión para tener idea de lo que dice el autor.

tros! ¡Qué clase de conversación ha habido allí! ¡Sí, cómo algunos de vosotros, con un porte indecente, habéis deshonrado abiertamente y desechado con desdén los sagrados cultos de la casa de Dios, y del día santo! Y lo que habéis hecho algunos de vosotros en la soledad, esas prácticas perversas que habéis hecho en secreto, incluso en el tiempo santo, Dios y vuestra propia conciencia las conocen» (Lesser WJE 19: 348, 349. Énfasis mío).

Edwards sigue denunciando en este poderoso sermón muchos pecados, incluyendo «venganza y malicia» (350), «codicia» (350), «el espíritu orgulloso» (350), «cuán sensuales habéis sido» (350), «abominable lascivia» (350), «mentir» (351), «descuidando las almas de vuestros hijos» (351), y un ejército de otros pecados. ¡La lista sigue y sigue! Y entonces concluye «Y bien, ¿podéis acaso pensar habiéndoos portado así, que Dios está obligado a mostraros misericordia? ¿No os da vergüenza, después de todo esto, de decir que Dios es muy duro al desecharos? ¿Puede, acaso, quien ha vivido una vida tal abrir su boca para justificarse a sí mismo, u objetar contra la justicia de Dios por condenarlo, o quejarse de que Dios es duro por no concederle la gracia transformadora y perdonadora...» (Lesser WJE 19: 352).

6. Las 70 Resoluciones

Es un sentimiento muy real que cada una de las 70 Resoluciones muestra la determinación de Edwards de aplicarse la Palabra de Dios a sí mismo. Muchas de las resoluciones fueron confeccionadas como respuesta a un sermón concreto (nº 43, nº 65). Algunas de ellas generalmente (nº 1-4, nº 6, nº 22, nº 62) refuerzan la importancia de la diligencia y la determinación, aunque todas ellas reconocen la importancia de la voluntad en la formación espiritual de la persona.

7.Otros autores y predicadores

«La palabra de Dios no fue escrita para enseñarnos a parlotear o para ser elocuentes y sutiles… está para cambiar nuestras vidas, para que deseemos servir a Dios, para darnos enteramente a él, y para conformarnos a su buena voluntad» (Juan Calvino).

Robert Murray McCheyne (1814-1843) hablaba frecuentemente de predicar el «sermón de acción». Interesante referencia, indudablemente dirigida al hincapié en la aplicación y la puesta en práctica.

> «La Biblia no fue dada para incrementar nuestro conocimiento sino para cambiar nuestras vidas» (D. L. Moody).

«(…) La predicación aplicada es con frecuencia una predicación costosa. Como a menudo se ha dicho, cuando Juan el Bautista predicaba en forma general, Herodes lo escuchaba con gusto. Pero cuando Juan aplicó sus predicaciones de manera concreta, perdió la cabeza. Tanto interiormente, en la propia conciencia del predicador, como en las conciencias de su público, una aplicación valiente de la verdad de Dios costará un precio» (Beeke, citado por Steele).

John Stott, autor de uno de los mejores libros sobre predicación jamás escritos (*Entre Dos Mundos*), resalta la importancia de la aplicación: «La conclusión no sólo ha de recapitular sobre tu sermón, ha de aplicarlo. Obviamente, tendrás que ir aplicándolo a medida que se desarrolla, pero has de guardar algo para el final que prevalecerá sobre tu público para que pase a la acción: 'Sin llamamiento[20] no hay sermón'. Predica a través del entendimiento hacia el corazón (es decir, la voluntad). La meta del sermón ha de ser para 'atacar el baluarte de la voluntad y capturarlo para Jesucristo.' ¿Qué es lo que quieres que hagan? Emplea varios métodos para conseguirlo:

a. *Argumentos*: Prever objeciones y refutarlas.

b. *Amonestación*: Advertir de las consecuencias de la desobediencia.

---

20 Tiene aquí el sentido de una citación judicial.

c. *Convicción indirecta*: Excitar la indignación moral y volverla después en contra (Natán con David).

d. *Ruegos*: Aplicar la suave presión del amor de Dios, en lo concerniente a su bienestar, y a las necesidades de los demás.

e. *Visión*: Pintar un cuadro de lo que es posible a través de la obediencia a Dios en esa área. (Stott: 211-216)

Por último, una cita muy útil sobre el papel del llamamiento al altar[21] y la llamada a la aplicación y al compromiso proviene de Donald English: «Si deseamos entregarnos por entero a Dios, hay algo que hay que decir para que lo hagamos por entero, esto es corporalmente, ¡para Dios! Para mucha gente esta acción, de avanzar hacia un área concreta en un acto de adoración, expresa, simboliza, encarna, e incluso libera ese profundo compromiso que de otra manera permanece en el cerebro, oculto, e incluso atrapado dentro de nuestro individualizado mundo. Por todas estas razones sugiero que el llamamiento al altar todavía desempeña un papel necesario entre nosotros» (English: 111).

8.Conclusión

Si hay una expresión que pudiera usar para resumir este asunto, sería «mejorando la mejora». La primera palabra «mejorando» en el sentido moderno, y la segunda en el sentido del siglo XVIII de «uso provechoso o aplicación de algo». Puesto que hasta aquí hay tal estrecha conexión entre avivamiento y voluntad, los predicadores del avivamiento necesitan conocer no sólo con la teología que sostiene la aplicación del mensaje, sino también el espíritu y la técnica de hacer que la aplicación sea incisiva y personal.

---

21 Aunque Edwards no hacía ningún «llamamiento al altar» su hincapié en la aplicación lo convierten en un «precursor real» de tal práctica de llamar a la gente a tomar una decisión clara.

Me gusta el acróstico que Rick Warren usa para predicar con A-P-L-I-C-A-C-I-O-N-E-S (modificado ligeramente por el autor para que tenga sentido en castellano).

- A   ¿Actitud que ajustar?
- P   ¿Prioridad que cambiar?
- L   ¿Lección que aprender?
- I   ¿Ídolo al que renunciar?
- C   ¿Carácter que cambiar?
- A   ¿Actividad a evitar?
- C   ¿Comisión que obedecer (Gran Comisión)?
- I   ¿Incidente que revisar?
- O   ¿Ofensa que perdonar?
- N   ¿Nueva dirección que tomar?
- E   ¿Egoísmo al que renunciar?
- S   ¿Sanidad de alguna relación?

CAPÍTULO 11

El orgullo espiritual y la predicación de avivamiento

«Pero él da una mayor gracia. Por eso dice: «Dios hace frente a los orgullosos y concede, en cambio, su favor a los humildes» (1 P. 5:5) (BLP).

«No venga pie de soberbia contra mí, y mano de impíos no me mueva» (Sal. 36:11; RVR60).

«En la fecha fijada para la audiencia, Herodes, vestido de sus máximas galas reales, ocupó su lugar en la tribuna y pronunció un discurso ante sus súbditos. Le plebe gritó exaltada: '¡No es un hombre sino un dios el que habla!' En aquel mismo instante, un ángel del señor lo hirió de grave enfermedad por haberse arrogado el honor que corresponde a Dios, y murió comido por gusanos» (Hechos 13:21-23; BLP).

«Permitidme que os insista de modo particular en cuanto a vigilar incesantemente acerca del orgullo espiritual. Ahí hay un gran peligro» (Jonathan Edwards. Stout WJE 22: 531).

«Orgullo espiritual sin discernimiento… Ese es el último obstáculo a superar en un pecador por la convicción, a la hora de convertirse; y ese es el conflicto más difícil del santo: y es lo último antes de alcanzar un buen nivel de conquista y de liberación; es lo que más batalla contra de Dios, lo más contrario al Espíritu del Cordero de Dios; y que lo asemeja más al diablo su padre, en el engaño y en el secretismo propio de la serpiente; y que se esconde en lo más profundo, y es activo al máximo, es lo que manera secreta está dispuesto a mezclarse con cualquier cosa» (Jonathan Edwards, Goen WJE 4: 415, 416).

Comentarios Introductorios

Si entendemos el corazón de Edwards en cuanto a su perspectiva de la verdadera espiritualidad, vemos que estaba enamorado del Dios Trino. El principal fin del hombre es glorificar a Dios y disfrutar de él para siempre. Como vimos en el capítulo 7, *La supremacía de Dios en la predicación*, Edwards creía que todo giraba en torno a Dios. La revolución copernicana colocó al sol, en vez de la tierra, en el centro del universo; es heliocéntrica, y no geocéntrica. Las Escrituras, del mismo modo, proponen una distintiva cosmogonía espiritual: todo gira en torno al Hijo, y no alrededor de la humanidad, o del ser humano particular, el ego. El universo es teocéntrico, no antropocéntrico. Este antropocentrismo natural tan profundamente arraigado en nuestra humanidad necesita un reenfoque revolucionario. La conversión y la santificación son, en esencia, una reconfiguración del centro esencial. Si el Dios Trino ha de ser verdaderamente glorificado, tenemos necesariamente que ocuparnos del orgullo espiritual. Edwards creía esto. Hasta que no entiendas lo que Edwards quiere decir sobre el orgullo espiritual, la necesidad de una conversión radical, y una santificación profundamente asentada, no podrás valorar su visión de la predicación avivadora.

La predicación avivadora eficaz contempla el derrocamiento del ego y el quebrantamiento del orgullo espiritual. En este capítulo trataremos sobre el predicador y como se enfrenta al orgullo espiritual en sí mismo y después sobre el predicador enfrentando el orgullo espiritual en su ministerio.

1.Definición

El orgullo espiritual puede parecer un oxímoron y, hablando teológicamente, ¡lo es! La verdadera espiritualidad, desde la óptica edwardsina, implica la glorificación de Dios y el derrocamiento del ego de modo que se reconozcan la posición de Cristo como Señor y la justicia de la gloria del Dios Trino. Con Juan el Bautista, Edwards dice que «él debe brillar cada vez más, mientras que yo he de ir quedando en la sombra» (Jn. 3:30).

Satanás es 'el rostro publicitario' (el ejemplo por excelencia) del orgullo espiritual. Creado con una extraordinaria belleza, Satanás se enorgulleció de su posición y privilegio (Is. 11:13; Ez. 28:12-13). Pablo advierte a Timoteo del peligro de aquellos neófitos que caen en el orgullo, el cual fue la razón de la caída de Satanás (1 Ti. 3:6). Edwards nos advierte: «Esto es lo más semejante al pecado que cometió en un cielo de luz y gloria, lugar en el que fue exaltado en gran manera en sabiduría divina, honor, belleza y felicidad.» (Goen WJE 4: 416). Edwards dice: «El engaño del corazón humano se manifiesta, más que ninguna otra forma, en su *orgullo espiritual* y en su justicia propia. La sutileza de Satanás se ve en su máxima expresión en cómo maneja a las personas en relación con este pecado. Y tal vez una de las razones es porque en ese campo posee mucha experiencia; sabe cómo comienza, y conoce bien su origen secreto» (Ramsey WJE 1: 319).

El orgullo espiritual es la tendencia dañina de los no regenerados por esforzarse en basarse en sí mismos para ser aceptados delante de Dios. Es el intento de considerar la justicia propia basándose en los esfuerzos personales, y en regodearse y presumir de la justificación por los propios méritos (Ef. 2:8, 9). El ejemplo negativo del fariseo orando junto al publicano demuestra este punto: «A unos que alardeaban de su propia rectitud y despreciaban a todos los demás, Jesús les contó esta parábola: En cierta ocasión, dos hombres fueron al Templo a orar. Uno de ellos era un fariseo, y el otro un recaudador de impuestos. El fariseo, plantado en primera fila, oraba en su interior de esta manera: '¡Oh Dios! Te doy gracias porque yo no soy como los demás: ladrones, malvados y adúlteros. Tampoco soy como este recaudador de impuestos» (Lucas 18:9-11).

Edwards veía el arminianismo como una amenaza a la fe verdadera porque reforzaba el orgullo espiritual. Lo contempló como una afrenta a la gloria de Dios y diametralmente opuesto al teocentrismo de las Escrituras. Sus argumentos teológicos con arminianos y entusiastas hallaron un terreno común en sus repetidas advertencias contra el *orgullo espiritual*. El orgulloso necesita humillarse a conciencia, y así lo deja claro: «para sacarlos de la creencia en su dignidad y suficiencia.» Sea que la suficiencia esté arraigada en «una felicidad falsa e imaginaria», o en una «falsa justicia», «la criatura debe ser destronada para que Dios pueda ser exaltado» (Pawn WJE 20: 27).

El orgullo espiritual también es mayoritario en los regenerados. Se trata de la insidiosa y persistente tendencia de asumir algún nivel de «crédito» o autoestima excesiva, *junto al engaño subsiguiente arraigado en la justicia propia y en la preocupación por uno mismo. De manera especial sucede cuando los individuos y las comunidades son testigos y protagonistas del avivamiento y del despertar, ya que hay una tendencia presente en los no santificados para distorsionar la obra divina e interpretarla de un modo que exalta el ego religioso, potenciando el orgullo espiritual.*

El orgullo espiritual es ciertamente tan dañino y penetrante en los cristianos, que intenta infiltrarse en la vida y ministerio del predicador. En particular, «los predicadores del avivamiento» tienen que luchar contra el orgullo si desean ser eficaces. Este ulterior aspecto del «orgullo espiritual» en el predicador, será el foco primordial de este capítulo.

2. Perspectiva Bíblica

Baruc, contemporáneo de Jeremías, tuvo que ser reprendido por Jeremías acerca del asunto del «orgullo espiritual» en su vida. «¿Y tú buscas para ti grandezas? No las busques;» (Jer. 45:5; RV60). Esta es una advertencia de la que cada predicador ha de tomar nota. El orgullo espiritual puede fácilmente hacerse hueco en el corazón del predicador, ¡especialmente en el de un predicador que siente pasión por un avivamiento y un gran despertar! ¡Nuestra pasión necesita ser la gloria de Dios, no nuestra propia gloria!

Se nos advierte de la primacía del orgullo espiritual en la vida de Simón. Las Escrituras dicen: «Desde hacía tiempo, se encontraba en la ciudad un hombre llamado Simón, que practicaba la magia y tenía asombrada a toda la población de Samaria. *Se las daba de persona importante*» (Hch. 8:9). Antes de su conversión, tuvo problemas serios con el orgullo. El siguiente versículo indica que tenía cierta fama: «Y gozaba de una gran audiencia tanto entre los pequeños como entre los mayores. Esa es la personificación del poder divino: eso que se llama el Gran Poder» (Hch. 8:10). Cuando vio la obra de Dios por medio de Felipe, codició ese mismo poder que había contemplado (Hch. 8:18). Esto es significativo, porque muestra que Pedro se dio cuenta de lo que había detrás de su petición, y reconoció el «orgullo espiritual», reprendiendo a Simón: «No es posible que recibas ni tengas parte en este don, pues Dios ve que tus intenciones son torcidas» (Hch. 8:21).[22] Esto es muy significativo, puesto que muestra que Simón estaba motivado por el orgullo y la ambición espiritual de ser un predicador. Nosotros, como predicadores, necesitamos tomar nota de esto.

De particular interés para nosotros en el tema de «La predicación de avivamiento y el orgullo», es la reconocida inclinación de Pablo a luchar contra el orgullo espiritual. Pablo mismo dice que «...por causa de estas incomparables grandes revelaciones. Precisamente *para que no se me suban los humos a la cabeza*, tengo una espina clavada en mi carne» (2 Co. 12:7, BLP).

3. Citas De Edwards

Re: El orgullo espiritual en los no regenerados.

En su magna obra,[23] un masivo y profundo tratado sobre la espiritualidad titulada *Los Sentimientos Religiosos*, Edwards se ocupa ex-

---

22. El pecado de "simonía" toma su nombre de este personaje bíblico. La simonía es el acto de pagar para recibir sacramentos, incluyendo la ordenación para un oficio religioso o cualquier otra posición en la jerarquía de una iglesia. La práctica es denominada así tras Simón el Mago, el cual se describe en Hechos de los Apóstoles 8:9-24 como ofreciendo a dos discípulos de Jesús, Pedro y Juan, un pago a cambio de su poder para impartir el poder del Espíritu Santo a cualquiera sobre el que impusiera sus manos (Wikipedia).

23. *Magnum opus*, (plural: *magna opera*, por tanto *opus magnum/opera magna*), del latín que significa "gran obra" que se refiere al mayor, y tal vez mejor, más grande, más popular, o más renombrado logro de un artista (Wikipedia

tensamente de las sutilezas del orgullo espiritual *en la vida de los no regenerados*. Mira esta cita: «No hay hombre viviente que no se ensalce debido a la soberbia de sus propias experiencias y descubrimientos, y que por ser tantas brille ante sus propios ojos; que confíe en sus experiencias, y se justifique por ellas. Sin embargo, puede emplear términos humildes, hablando de sus experiencias como de las grandes cosas que Dios ha hecho por él, y quizá mencionando a otros para glorificar a Dios por ellos; y aún así se siente orgulloso de sus experiencias y se atribuye algo a sí mismo, como si sus experiencias fueran alguna dignidad que le pertenece» (Ramsey WJE 1: 318). Esto tiene implicaciones en cuanto a *«La predicación de Avivamiento»*. A veces, podemos asumir que la gente que profesa fe realmente la tiene, cuando a menudo no es así. En el evangelio de Juan se nos informa de que «mientras Jesús permaneció en Jerusalén durante la fiesta de la Pascua, fueron muchos los que vieron los milagros que hacía, y creyeron en él» (Jn. 2:23). Pero en el siguiente versículo leemos: «Pero Jesús mismo no se fiaba de ellos, porque conocía a todos...» (Jn. 2:24, RV60). Con el mismo discernimiento espiritual provisto por el Espíritu, deberíamos tener cuidado de no asumir que profesar es igual a tener. La predicación de avivamiento significa, como lo hizo Juan el Bautista, dirigirnos a la causa real y poner el hacha a la raíz (Lc. 3:9), que es el orgullo espiritual.

Edwards afirma que «la primera base objetiva de los sentimientos saludables, es la excelente y agradable naturaleza trascendental de las cosas divinas, *tal cual son en sí mismas; y no cualquier cosa concebida relacionada con el yo, o que busque el propio interés»* (Ramsey WJE 1: 240). Según Edwards, si hay una conversión auténtica, la primera motivación de esa conversión no es el propio interés, sino el afecto hacia Dios y el dulzor de las cosas divinas, un afecto inspirado y generado por Dios y para Dios. «Él es origen, camino y meta de todas las cosas. ¡A él la gloria por siempre! Amén» (Romanos 11:36). El orgullo espiritual busca interponerse y oscurecer a Dios, pero la regeneración con arrepentimiento divino siempre implica un abandono radical de la vida egoísta, no un fortalecimiento piadoso del yo religioso. Una vez más, Edwards es radical al afirmar: «Algo más, totalmente distinto del amor propio puede ser la causa de esto, a saber, un cambio realizado en su manera de ver las cosas y en los gustos de su corazón; por cuyo medio adquiere la belleza, la gloria, y la bondad suprema, en la naturaleza de Dios, tal cual es en sí misma. Esto puede ser lo que primeramente atraiga su corazón a él, y haga que su corazón se una a él, *previamente a cualquier consideración sobre su propio interés o felicidad*, e incluso después de eso, y como fruto de ello, necesariamente busque su interés y felicidad en Dios» (Énfasis mío. Ramsey WJE 1: 241). El orgullo espiritual pretende quitarle a Dios la preeminencia y la gloria que le corresponden.

Re: El orgullo espiritual en los cristianos maduros

El *orgullo espiritual* es una de las tentaciones principales del hombre, y el verdadero peligro subyace en el hecho de que un orgullo de este nivel es una posibilidad real para el hombre con inquietudes religiosas. Así que el hombre más deseoso de cumplir con sus deberes cristianos, en contraste con el apático e indiferente, será más propenso a compararse con otros en su desventaja y para su propia gloria. El orgullo espiritual está implícito en la conclusión de que uno es mejor que los demás o que puede con justicia reclamarle a Dios basándose en logros espirituales. Ninguna de las dos conclusiones concuerda con la verdadera humildad. Al recalcar este punto, Edwards estaba denunciando mucha de la piedad popular de los avivamientos con una prueba decisiva, no «logros espirituales» o «grandes y abrumadoras experiencias» que pueden atraer el orgullo y la auto-exaltación, sino el reconocimiento fundamental de la *gloria* divina que atrae libremente y en amor (Ramsey WJE 1: 36).

«Otra cosa que a menudo se mezcla con las experiencias de verdaderos cristianos, que es la peor mezcla de todas, es un grado de auto-justificación u orgullo espiritual. Esto a menudo se ve mezclado con el regocijo de los cristianos: el gozo que tienen no es en realidad el gozo de la fe, o un regocijo en Jesucristo, sino que es en parte, un regocijo en sí mismos. Muy a menudo, en su altivez, es un mirarse a sí mismos, viendo sus propios altos logros» (Goen WJE 4: 461).

Re: El orgullo espiritual en los promotores o «amigos» del avivamiento

Mientras Edwards analizaba el ocaso del avivamiento, tenía esto para decir respecto del orgullo espiritual actuando en las vidas de los «amigos» del avivamiento: «La primera, y peor causa de los errores que prevalecen en este estado de cosas, es el orgullo espiritual. Esta es la puerta principal por la que el diablo entra en los corazones de aquellos que son celosos por la expansión de la religión. Es la principal entrada del humo del insondable abismo, para entenebrecer la mente hasta que hacerle perder el juicio: este es el asa principal por la que el diablo agarra a las personas religiosas, y la principal fuente de desorden que él mete, para obstaculizar y entorpecer la obra de Dios. Esta causa de error es la principal fuente, o como mínimo, el principal soporte, de todo. Hasta que este mal no sea curado, las medicinas serán inútiles para sanar otros males. Por esa causa la mente se defiende a sí misma en otros errores, y se protege a sí misma contra la luz que la podría corregir y reclamar. ¡Ay, cuánto orgullo albergamos los mejores de nosotros en nuestros corazones! Es la peor parte del cuerpo de pecado y de muerte: es el primer pecado que entró en el universo, y el último que será desarraigado. ¡Es el más obstinado de los enemigos de Dios!» (Goen WJE 4: 415).

Edwards creía que los creyentes en Northampton eran culpables de orgullo espiritual y ofendían al Espíritu Santo, apagando su influencia y enfriando los fuegos del avivamiento. Edwards señaló que el orgullo espiritual era la causa principal del ocaso del primer gran avivamiento. «¿Dónde están los hombres que tenían tanto de la presencia de (Dios), pero que luego la han perdido y han caído en un estado de fría oscuridad, si no es por haber abandono a Dios en alguna de las formas mencionadas, dando pie a la lujuria, al orgullo espiritual, a la mundanalidad, la indolencia, o algunas otras (lujurias) odiosas. Vosotros que (lo) habéis perdido, ninguno de vosotros puede decir que lo perdisteis por esforzaros fervientemente por estar más cerca de Dios ni tampoco por buscarle seriamente» (Stout WJE 22: 528).

Escribiendo a William McCulloch, Edwards explica la causa del ocaso del Gran Avivamiento: «Es probable que otros te hayan informado por carta antes de ahora sobre cómo están las cosas en Nueva Inglaterra. En verdad, según muchos cuentan, es muy penoso: ha cambiado mucho en los últimos dos años; más o menos es por ese tiempo, creo que desde que el Espíritu de Dios comenzó a apartarse y la gran obra fue declinando. Dos años atrás, grandes multitudes habían sido exaltadas en el país hasta una excesiva altura, con gozo y enaltecimiento, y por falta de vigilancia y sensibilidad hacia el peligro y la tentación que existen en tales circunstancias. Muchos se exhibieron en gran manera, y el diablo, cobrando ventaja, hizo que multitudes, sin percatarse de ello, se apartasen lejos de Dios y de su deber. Provocaron a Dios al no santificarlo a esta altura del crecimiento, como debía haber sido; él vio nuestro orgullo espiritual y nuestra autoconfianza, y las llamas contaminadas que se levantaban de aquel celo incontrolado y profano; y pronto, él se apartó lejos de nosotros; y la consecuencia ha sido que 'el enemigo ha llegado como un torrente' (Is. 59:19), en varios aspectos, hasta que el diluvio ha cubierto toda la tierra» (Goen WJE 4: 558, 559).

Re: El orgullo espiritual en los ministros

Citamos a Edwards advirtiendo a los ministros del peligro del orgullo espiritual: «El mismo pueblo de Dios debe ser más celoso de sí mismo con respecto a este particular al día de hoy, ya que las tentaciones que muchos tienen por este pecado son enormes: los grandes y distinguidos privilegios con que Dios premia a muchos de sus santos, y *los altos honores que concede a algunos ministros,* son grandes pruebas personales a este respecto. Es cierto que altos niveles de la presencia espiritual de Dios tienden a mortificar en gran medida el orgullo y cualquier maldad; pero sin embargo, aunque al experimentar estos favores, hay mucho que reprime el orgullo por un lado, también hay mucho que tienta y provoca, por otro; y correremos un gran peligro por esta causa si no somos vigilantes y oramos» (Goen 4: 417). Si el apóstol Pablo había de ser vigilante, si los ángeles del cielo cayeron por causa del orgullo espiritual, entonces cuánto más vigilante debe estar el ministro del evangelio, especialmente si se dedica a la predicación de avivamiento.

Re: El orgullo espiritual en su propia vida y ministerio

Edwards entendió que su propia conversión giraba en torno al asunto del amor propio frente al amor de Dios. En su propia experiencia, descartó cualquier experiencia religiosa que no se ocupara correctamente del conflicto entre el yo y Dios, aunque hasta cierto punto parece que dejaba que coexistieran. En sus propias palabras: «La siguiente cosa que tuve que hacer entonces, fue averiguar si esa era mi religión. Y entonces Dios se complació en ayudarme a alcanzar la más sencilla remembranza y revisión crítica de aquello por lo que había pasado, de la naturaleza religiosa, a lo largo de varios de los últimos años de mi vida. Y aunque pude descubrir mucha maldad atendiendo a mis mejores deberes, muchos pensamientos egoístas y fines carnales, mucho *orgullo espiritual*, auto-exaltación, e innumerables y variadas maldades que me rodeaban; yo digo, que a pesar de que ahora discierno los pecados de mis cosas santas así como los de mis otros actos; con todo, Dios se agrada, siempre que vaya examinando rápidamente mi vida para poner esta cuestión fuera de dudas, mostrándome que, de vez en cuando, he actuado por encima de la influencia extrema del mero amor hacia mí mismo; que he deseado agradarle y glorificarle, como mi mayor felicidad, etc. Y este examen fue realizado por gracia con un sentir real de la misma templanza mental divina. Me agrada pensar ahora en la gloria de Dios; y suspiro por el cielo, como un estado en el que puedo glorificar a Dios perfectamente, más que como un lugar de felicidad para mí mismo» (Kimnach 2006, WJE 25: 249).

Pocos negarían que Edwards mostró una extraordinaria visión y entendimiento de las cosas de Dios, ya que indudablemente él luchó contra el orgullo espiritual de un modo similar a la experiencia del apóstol Pablo mencionada anteriormente (2 Co. 12:7), y además, fue un privilegiado al ser protagonista de una extraordinaria y sorprendente obra de Dios, un despertar poco común. Como prueba de que Edwards luchó contra el orgullo espiritual en su propia vida y ministerio, veamos el siguiente apunte de su diario, el sábado, dos de marzo de 1723: «¡Oh cuánto más bajo y vil soy cuando siento al orgullo trabajando en mí, que cuando estoy en una humilde disposición mental! ¡Cuánto más, infinitamente más, es preferible una actitud humilde que una actitud orgullosa! Ahora me doy perfecta cuenta, y lo siento de verdad. ¡Cuán inmensamente más agradable es un deleite humilde, que un alto concepto de mí mismo! ¡Cuánto mejor me siento, cuando me humillo a mí mismo de verdad, que cuando me complazco en mis propias perfecciones! ¡Oh, cuanto más placentera es la humildad que el orgullo! ¡Oh, que Dios me llene con una humildad superabundante, y que para siempre me proteja de todo orgullo! Los placeres de la humildad son ciertamente los más refinados, íntimos y exquisitos deleites del mundo. ¡Qué aborrecible es el hombre orgulloso! ¡Qué insensato, estúpido, miserable, ciego, engañado y pobre gusano soy, cuando el orgullo actúa en mí!» (Claghorn WJE 16: 768).

Creo que Edwards era consciente del orgullo que había en su propia vida por la explicación que da de las causas del ocaso del avivamiento. Él afirma: «...hubo demasiadas muestras de orgullo público, si puedo llamarlo así. ¿Acaso no *fuimos* ensalzados con el honor que Dios *nos* dio como pueblo, mucho mayor que el de mucha gente?» (Énfasis mío. Edwards se incluye a sí mismo, Stout 2003, WJE 22: 255).

Conclusión

Al leer la siguiente descripción de la sutileza del orgullo, tengo la clara impresión de que Edwards era claramente consciente del poder del orgullo en su propia vida, así como en las vidas de los «amigos» del avivamiento, que eran capaces de descarriar y arruinar sus frutos por causa del orgullo espiritual:

> La humildad y la desconfianza de uno mismo, y la entera dependencia de nuestro Señor Jesucristo, serán nuestra mejor defensa. Sigamos manteniendo una vigilancia estricta contra el *orgullo espiritual*, o contra el ensalzamiento por experiencias y consuelos extraordinarios, y altos favores del cielo que cada uno de nosotros habríamos recibido. Por eso, necesitamos de manera especial tras esos favores , vigilar estricta y celosamente nuestros corazones, ya que de ahí suelen surgir pensamientos auto-exaltadores acerca de lo que hemos recibido, y altos conceptos de nosotros mismos pretendiendo ser algunos de los más eminentes santos

y exclusivos favoritos del cielo, y que el secreto de Dios está solamente con nosotros, y que por encima de todos somos puestos como grandes instructores y censores para mejorar a esta malvada generación: y con la arrogancia de nuestra propia sabiduría y discernimiento, naturalmente asumimos ciertos *aires de profetas* o de *extraordinarios embajadores del cielo*. Al hacer grandes descubrimientos de Dios para nuestras almas, no no deberíamos resplandecer ante nuestros propios ojos. Moisés, después de hablar con Dios en el monte, aunque su rostro resplandecía al punto de deslumbrar a Aarón y al pueblo con su rostro resplandeciente, no resplandecía sin embargo ante sus propios ojos: «Él no se dio cuenta de que su rostro resplandecía» (Ex. 34:29). Que nadie piense que está fuera del peligro de su orgullo espiritual, incluso vistiendo sus mejores armaduras. Dios vio que el apóstol Pablo (pienso que probablemente es el más eminente santo que jamás haya vivido) no estaba fuera de peligro, no, no después de haber hablado con Dios en el tercer cielo; ver 2 Co. 12:7» (Goen WJE 4: 277).

El orgullo es la peor víbora que hay en el corazón; es el primer pecado que entró en el universo, y permanece debajo de todo en la cimentación del edificio completo del pecado, y es la más secreta, falsa e indetectable en su manera de trabajar, de las lujurias, cualesquiera que sean. Está listo para mezclarse con cualquier cosa y nada es más aborrecible para Dios, y más contrario al espíritu del evangelio, o que tenga tan peligrosas consecuencias; y no hay otro pecado que permita más el que el diablo entre en los corazones de los santos, para exponerlos a sus engaños. Lo he visto en muchos casos, y en santos eminentes. El diablo ha entrado esta puerta en el presente después de algunas destacadas experiencias y extraordinaria comunión con Dios, y tristemente los ha engañado y desviado, hasta que Dios, misericordiosamente, abrió sus ojos y los libró; y ellos mismos se han dado cuenta después de que fue el orgullo quien los traicionó». (Goen WJE 4: 277, 278). Tal vez la triste experiencia de algunos de sus colegas, como Davenport,[24] propició esta reflexión. Edwards, tratando

---

24 James Davenport (1716-1757) fue uno de aquellos extremistas que durante el Gran Avivamiento puso a la idea del avivamiento un serio "ojo morado" al participar en prácticas escandalosas. Según la Wikipedia, Davenport "fue un clérigo americano y predicador itinerante conocido por sus continuas actuaciones controvertidas durante el Primer Gran Avivamiento... Sus actuaciones durante ese tiempo con frecuencia lo enfrentaron a las autori   dades eclesiásticas y civiles. Davenport denunció

siempre de atacar la raíz del asunto, persiguió estos hábitos erróneos conducían al espíritu del orgullo espiritual.

«El orgullo es más difícil de discernir que cualquier otra maldad, porque su naturaleza en muchas ocasiones consiste en que la persona tiene un alto concepto de sí mismo: pero no es de extrañar que quien tiene ese alto concepto de sí mismo no lo sepa, porque él necesariamente piensa que la opinión que tiene de sí mismo es la que merece, y por tanto no es tan alta; si pensara que su opinión de sí mismo no fuera la merecida, dejaría de tenerla. Pero, de todas las clases de orgullo, el orgullo espiritual, es el más escondido y el que cuesta más trabajo descubrir; y eso por la siguiente razón, porque en todos aquellos que son orgullosos espiritualmente, su soberbia consista en un alto concepto en estas dos cosas: a saber, su ilustración y su humildad; ya que ambos constituyen un fuerte prejuicio contra el descubrimiento de su orgullo» (Goen WJE 4: 417).

«Es un pecado que tiene, podemos decir, muchas vidas; si lo matas, aún seguirá vivo; si lo mortificas y lo suprimes de una forma, surge de otra; si crees que ha desaparecido, todavía está ahí. Son muchas sus formas, que aparecen de diferentes modos y aspectos, uno bajo el otro, y rodea el corazón como las capas de una cebolla; si lo arrancas, entonces hay otro debajo. Lo que necesitamos, pues, es mantener la vigilancia de la mejor forma imaginable, sobre nuestros corazones, con respecto a este asunto, y clamar más fervientemente al gran Escrutador de corazones, para recibir su ayuda. 'Quien confía en sí mismo es un necio' (Proverbios 28:26)» (Goen WJE 4: 416, 417).

---

muchas veces a sus colegas clérigos por sus conductas, como cuando etiquetó a Joseph Noyes, el pastor de New Haven, como "un zorro vestido de oveja." Davenport es también conocido por sus "*Hogueras de las Vanidades*", las quemas públicas que organizó en New London. Como Girolamo Savonarola, Davenport animó a sus seguidores a destruir libros inmorales y objetos lujuriosos quemándolos. Solía decir que podía distinguir a la gente que era salva de la que estaba condenada sólo con mirarla. El 7 de marzo de 1743, Davenport exhibió tal vez su más estrafalario comportamiento en un incidente que lo revistió de fama imperecedera, o infamia. El día anterior, había guiado una multitud a la quema de una gran pila de libros; este día los llamó a tirar sus ropas caras y lujosas al fuego, para probar su completo compromiso con Dios. Davenport, enseñando con el ejemplo, se quitó los pantalones y los lanzó a la hoguera. Una mujer de la multitud rápidamente rescató los pantalones de las llamas, y se los devolvió a Davenport, suplicándole que volviese en sí. "Este acto rompió el encanto de Davenport," escribió el historiador Thomas Kidd. Davenport había ido demasiado lejos, con carisma o sin él, y la multitud rápidamente se dispersó. En julio de 1744 Davenport publicó una retractación aduciendo que había sido poseído por "espíritus demoníacos" (Wikipedia).

Un eminente santo no debe verse a sí mismo como eminente en nada; todas sus gracias y experiencias están dispuestas para que le parezcan comparativamente pequeñas, especialmente su humildad. No hay nada que tenga que ver con la experiencia cristiana y la verdadera piedad, que esté fuera de su percepción que su humildad. Su agudeza visual está mil veces más dotada para discernir su orgullo, que su humildad. Por el contrario, el hipócrita iluso, que está bajo el poder del orgullo espiritual, a nada está tan ciego como a su orgullo; y nada ve tan claro, como la demostración de humildad que está en él (Ramsey WJE 1: 334, 335).

4. Citas de los eruditos edwardsianos

Bailey ha investigado la predicación de Edwards y ha apuntado que para Edwards, Dios permite que las verdades dificultosas permanezcan oscuras e irresolubles a la razón humana para que los predicadores sean humildes y probar si serán obedientes predicando la palabra clara de Dios (como la elección soberana) incluso cuando no puedan resolver todas las dificultades con su entendimiento humano. Edwards citaría Proverbios 3:5,7: «Confía plenamente en el Señor y no te fíes de tu inteligencia… No presumas de sabio, respeta al Señor y evita el mal» y se lo aplica a los predicadores. Dios tiene razones que la razón caída del hombre no puede conocer. Es inevitable, por tanto, que la revelación divina —la Biblia— contenga misterios y aparentes contradicciones. Con nuestra comprensión limitada a las cosas terrenales, resulta lógico que no podamos entender completamente las cosas celestiales, que «son más altas que nosotros.» Es el deber del creyente, y especialmente de los ministros, rendirse a la sabiduría de Dios. La experiencia humana ha demostrado que las cosas que antes eran un misterio, ahora son explicables, y que no tenemos razones para pensar que Dios no seguirá dando a conocer nuevos descubrimientos» (Bailey: 16).

Stoddard influyó significativamente en el estilo y el contenido de la predicación de Edwards (ver apéndice n°3). Edwards siguió a Stoddard en su forma de tratar el orgullo espiritual. Stoddard lo expresa así, «…los hombres deben despojarse de su propia justicia antes de acercarse a Cristo. Quienes piensan que tienen algo para apaciguar la ira de Dios y para congraciarse con él, no aceptarán las llamadas del evangelio con sinceridad. Mientras las personas tengan un fundamento sobre el que construir, no construirán sobre Cristo» (Kistler: 128). «Los hombres deben ver su enfermedad antes de que puedan ver la medicina» (Kistler: 129).

Según Kimnach, el hincapié de Edwards en «sermones de azufre» tenían por fin tratar el asunto del orgullo espiritual: Una meta central de la predicación del miedo fue apagar el orgullo espiritual, inculcando en los pecadores «un espíritu de condenación propia y la justificación de Dios» (*Miscellanies:* 5).

Citando a Dwight, quien se refiere al sermón de Edwards en Romanos 3:19, Gerstner dice: «El sermón… literalmente calla la boca de cada lector y lo obliga, mientras comparece ante su Juez, a admitir, aunque no lo sienta, lo justo de su sentencia. No sé dónde hallar, en ningún idioma, un discurso tan adaptado a desnudar al pecador impenitente de todas sus excusas, para convencerlo de su culpa, y para llevarlo humillado ante la justicia y la santidad de Dios. Según la opinión del Sr. Edwards, este es de lejos su discurso más poderoso y eficaz, y nosotros apenas sabemos de cualquier otro sermón que haya gozado de igual éxito» (Gerstner 1998: 81, 82). Jesús enseñó: «¿Quién puede entrar en casa de un hombre fuerte y robarle sus bienes, si primero no ata a ese hombre fuerte? Solamente entonces podrá saquear su casa» (Mt. 12:29). Solo cuando el asunto del orgullo espiritual está resuelto, entonces el hombre fuerte está atado, y la casa puede ser «saqueada».

5. Ilustraciones de los propios sermones de Edwards

El primer sermón publicado de Edwards fue predicado y publicado en Boston en 1731. Probablemente ese único sermón fue el que situó a Edwards en el mapa. Tras presentar su texto: «Ningún mortal podrá alardear de nada ante Dios» (1 Co. 1:29), Edwards dice: «A lo que Dios apunta en la disposición de las cosas en cuanto a la redención, a saber, es que el hombre no ha de gloriarse en sí mismo, sino sólo en Dios: «Ningún mortal podrá alardear de algo en su presencia; ...que, según está escrito, «El que se gloríe, que se gloríe en el Señor»» (Valeri WJE 17: 200, 201). Edwards pasa inmediatamente a establecer su tesis central: «Cómo este objetivo se alcanza en la obra de redención, a saber, por su absoluta e inmediata dependencia que los hombres tienen de Dios en esta obra, para su bien. Puesto que, todo lo bueno que ellos tienen está en Cristo y a través de él» (Valeri WJE 17: 201).

Una vez más, tratando el asunto del orgullo en su propia congregación, Edwards fue implacable: «¡Cuánto espíritu de orgullo ha aparecido en vosotros! Este es de manera particular el espíritu y la condenación del diablo. ¡Cuántos de vosotros habéis alardeado de vuestros ropajes! ¡Otros de sus riquezas! ¡Otros de su sabiduría y de sus habilidades! ¡Cómo os ha llevado a mirar descaradamente a otros desde arriba! ¡Cuánto os ha costado dar el debido honor a otros! ¡Y cómo habéis mostrado vuestro orgullo imponiendo vuestras voluntades, y oponiéndoos a otros, metiendo cizaña y promoviendo la división, y un espíritu sectario en asuntos públicos! (Lesser WJE 19: 350).

Finalmente, Edwards explica cómo el peligro del orgullo espiritual opera *en el predicador*: «Nuestro oficio y trabajo es el más honorable, porque hemos sido elegidos por Cristo para ser luces o luminarias en el mundo espiritual. La luz es la cosa más gloriosa en el mundo material, y es posible que no haya nada en el mundo natural que refleje una imagen tan grande de la bondad de Dios, como las luces o luminarias del cielo; y especialmente el sol, que constantemente está comunicando su benigna influencia para alumbrar, promover y renovar el mundo con sus rayos; lo cual es probablemente la razón de que la adoración al sol fuera (tal como se supone) la primera idolatría en la que cayó la humanidad. De igual manera hay ministros honrados por su gran Señor y Maestro, que han sido puestos para traer luz a las almas de los hombres, como las luces del cielo lo son para sus cuerpos; y para que puedan ser los instrumentos y vehículos de la más grande bondad de Dios, los más preciosos frutos de su eterno amor por ellos, y medios de esa vida, y refresco y gozo espirituales y eternos, e infinitamente más preciosos que cualquier beneficio recibido de los benignos rayos del sol en el firmamento. Y nosotros ciertamente hemos de ser semejantes para ser los instrumentos de estos inefables beneficios a las almas de nuestros prójimos, si tenemos estas cualidades, que han sido mostradas para ser la verdadera y más apropiada excelencia de los ministros del evangelio» (Kimnach 2006 WJE 25: 97, 98). De todos modos, este privilegio acarrea con él un peligro implícito: Los ministros deben verse como luz y calor, pero como «la adoración del sol» fue común entre los paganos, también hay una inherente inclinación hacia el «orgullo espiritual» en el ministerio. Muchos predicadores usados por Dios han caído en el orgullo espiritual y se ha descalificado a sí mismo para una mayor utilidad por causa de la mencionada soberbia. Especialmente esto sucede en los predicadores del avivamiento quienes, como Edwards y Whitefield, son dotados y capacitados por Dios para ser instrumentos de un gran despertar, los cuales han de vigilar estrechamente sus corazones, para que no caigan en «el lazo del diablo» (1 Ti. 3:7) que fue, y continúa siendo, el orgullo. El orgullo espiritual.

6. Las 70 Resoluciones

Un buen número de resoluciones refleja la pasión de Edwards por la gloria de Dios. Esta es su positiva manera de expresar su aversión hacia el orgullo espiritual. Frases como «Resuelvo, que haré cualquier cosa que crea que será para la gloria de Dios» (nº1); «Resuelvo, nunca hacer nada, sea en cuerpo o espíritu, en más o en menos, que no busque la gloria de Dios.» (nº4 Apéndice nº2).

Por supuesto, la más clara afirmación contra el orgullo espiritual, se halla en la resolución duodécima: «Resuelvo, que si me complazco en ello como una gratificación de orgullo, o vanidad, o de cualquier consideración similar, inmediatamente la arrojaré de mí» (nº12). Tal vez como expresión firme de la aversión hacia el orgullo espiritual podemos reseñar la resolución siguiente: «Resuelvo, que frecuentemente emprenderé algunas acciones deliberadas, que parece difícil realizarlas, para la gloria de Dios, y averiguaré el origen de la intención principal, designios y fines de la misma; y si hallo que no es para la gloria de Dios, la reputaré como una infracción de la cuarta resolución» (nº23, Apéndice nº2).

7. Otros autores

«Si aparezco grande ante sus ojos, el Señor es muy misericordioso ayudándome a ver que no soy absolutamente nada sin él, y ayudándome a mantenerme pequeño ante mis propios ojos. Él me usa. Pero entonces me preocupo de que me use y de que no sea por mi causa que el trabajo se haga. El hacha no puede presumir de los árboles que ha talado. No puede hacer nada sin el leñador. Él la hizo, él la afiló y él la usó. En el momento en que la arroja a un lado, solo se convierte en viejo hierro. Oh, que nunca pierda de vista esto» (Samuel Brengle, citado en *Liderazgo Espiritual*, J. Oswald Sanders: 62).

8. Conclusión

Con un espíritu así deben especialmente revestirse los ministros del evangelio celosos, y aquellos en los que Dios se complace en perfeccionar para usarlos como instrumentos en sus manos para promover su obra. Deben, ciertamente, ser concienzudos en la predicación de la Palabra de Dios, sin ningún temor; al empuñar la espada del Espíritu (Ef. 6:17) como ministros del Señor de los ejércitos, no han de ser tibios o blandos; no han de ser blandos y moderados en cuanto a buscar y despertar la conciencia, sino que han de ser hijos del trueno. La palabra de Dios, que es en sí misma «más afilada que una espada de dos filos», no ha de ser enfundada por sus ministros, sino que debe ser usada para que sus filos cortantes logren su pleno efecto, incluso para «dividir lo que el ser humano tiene en lo más íntimo, hasta llegar a lo más profundo de su ser», Hebreos 4:12, (con tal de que lo hagan sin juzgar a personas concretas, dejando a la conciencia y al Espíritu de Dios que lleven a cabo la aplicación particular); sino que en todas sus conversaciones solo se saboree la humildad, la buena voluntad, el amor y la piedad hacia toda la humanidad; de modo que tal espíritu sea un dulce perfume que se difunda a su alrededor por dondequiera que vayan, o como una luz brillando entre ellos; sus rostros reflejando su luz: han de parecer leones para las conciencias culpables, pero como corderos hacia las personas (Goen WJE 4: 423). Sí, la conversación amigable al estilo de Cristo de esta clase de ministros podría en sí misma asustar las conciencias de los hombres, así como su predicación terrible; ambas cooperarán una con la otra, para someter al duro, y doblegar al corazón soberbio (Goen WJE 4: 423).

Advertencia final para los predicadores del avivamiento

Hay que ejercer la máxima vigilancia contra cualquier apariencia de orgullo espiritual, en todos los que dicen ser parte de esta obra, y especialmente en sus promotores, pero sobre todo en los predicadores itinerantes: los dones más eminentes, y las señales del favor y bendiciones de Dios más sublimes no los excusarán. ¡Ay! ¡Qué es el hombre en su nivel más alto! ¡El cristiano más favorecido, o el ministro más eminente y exitoso, puede pensar ahora que se basta para alguna cosa, o alguien respetable, y que debe extenderse, y actuar entre sus prójimos como si fuese sabio, fuerte y bueno! (Goen WJE 4: 428).

Apelando al ejemplo de Moisés, que mezcló la amargura con su celo, y en consecuencia fue excluido de la Tierra Prometida, Edwards advierte a los ministros jóvenes: «El orgullo espiritual prendió en Moisés en aquel momento. Sus tentaciones al orgullo fueron muy fuertes, porque había hecho grandes descubrimientos sobre Dios, y había sido privilegiado con una íntima y dulce comunión con él, y Dios lo había hecho el instrumento de gran bendición para su iglesia; y aunque era una persona humilde, y según el propio testimonio de Dios era el más manso de todos los hombres sobre la faz de la tierra, aun así sus tentaciones fueron demasiado fuertes para él: lo que seguramente hará que nuestros ministros jóvenes, que han sido grandemente favorecidos y han tenido un gran éxito, esforzarse en ser precavidos y recelosos de sí mismos» (Goen WJE 4: 429).

El orgullo espiritual es un gran peligro para los predicadores de éxito, especialmente para los predicadores del avivamiento. Hablando de la proclividad de los predicadores hacia el orgullo espiritual, Edwards advierte: «...cuando un ministro tiene un gran éxito, de vez en cuando, y así atrae los ojos de la multitud sobre él, y ve cómo le siguen, y que recurren a él como si fuese un oráculo, y que la gente está dispuesta a adorarlo, y a ofrecerle sacrificio, como a Pablo y Bernabé en Listra (Hch. 14:11-13), es casi imposible para un hombre renunciar a revestirse de los aires de un maestro, o de alguna persona extraordinaria; un hombre necesita almacenar una gran cantidad de humildad, y mucha asistencia divina, para resistir la tentación. Pero mayores son los peligros, más vigilantes y perseverantes en la oración hemos de ser, y la desconfianza en nosotros mismos, para que no caigamos en la desgracia» (Goen WJE 4: 429, 430).

CAPÍTULO 12

Cristocentrismo

Citas características de Edwards sobre Cristo

«…Si tus ojos fueran abiertos para ver la excelencia de Cristo, la obra
sería hecha. Creerías inmediatamente en él; y verías tu corazón si-
guiéndole a él. Sería imposible volver atrás» (Edwards, Sermón «El
Hombre Natural en una Condición Terrible»).

«La generación de un principio de gracia en el alma aparece en las
Escrituras comparado con la concepción de Cristo en el vientre... Y
la concepción de Cristo en el vientre de la bendita virgen por el poder
del Espíritu Santo, parece asemejarse claramente a la concepción de
Cristo en el corazón de un creyente por el poder del mismo Espíritu
Santo» (Jonathan Edwards, «*Los Sentimientos Religiosos*»).

Introducción: Ningún trabajo sobre los sermones, obras y teología de
Edwards estaría completo sin considerar el concepto, el tema y la pro-
minencia de su Cristocentrismo. El avivamiento sucede cuando Cristo
es honrado y exaltado. Edwards estaba enamorado de Cristo. Su hincapié en Cristo y su entendimiento de la centralidad de Cristo tienen
mucho que ver con la comprensión y la explicación del Gran Despertar.

1. Definición del cristocentrismo

El cristocentrismo, como sugiere la palabra, es hacer de Cristo el centro. Es honrar y exaltar a Cristo. Más que tener una cristología pura, es tener una cristología pura y apasionada.

He aquí una cita muy útil: «Mientras que el término 'centralidad de Cristo' puede referirse a una variedad de características de la vida del creyente, es un desear al Salvador lo que mejor define la centralidad de Cristo. Un creyente centrado en Cristo desea aferrarse a Cristo más completamente, vivir sólo para él, y amarlo más que cualquier otra cosa. Un cristiano que está verdaderamente creciendo en Dios desea estar más cerca de su Salvador y ser más como él. Pero el cristocentrismo también puede entenderse en la manera como el creyente crece más sensible a los propósitos de Cristo en la tierra. No solo hace que un cristiano esté más sintonizado con Cristo, con su voluntad y sus caminos, sino que también comienza a desarrollar una ternura más profunda hacia otros. Gracias a que el amor de Cristo su Salvador fluye dentro de él, éste comienza a sentir un mayor amor por aquellos que le rodean. Desea mostrar y compartir el amor y la bondad de Cristo. Y busca formas de ayudar y servir a otros para que puedan acercarse a ver, sentir, y entender a Cristo y su amor de una manera más profunda y más real» (Taylor Wise).[25]

Escribiendo sobre la importancia de un enfoque cristocéntrico, A. B. Simpson, fundador de la Alianza Cristiana y Misionera escribió: «…Doy gracias a Dios que se nos ha enseñado que no es la bendición, ni la sanidad, ni la santificación, ni las cosas, ni lo que deseas, sino que es algo mejor. Esto es «Cristo»; esto es él mismo. ¡Cuán a menudo aparece en su Palabra: «Él mismo llevó nuestras enfermedades y cargó con nuestros males», Él mismo «cargó con nuestros pecados en su propio cuerpo en el madero»! Es la persona de Cristo a quién queremos. Mucha gente tiene esta idea y no le sirve para nada. La tienen en su cabeza, en su conciencia y en su voluntad; pero sea como sea no la tienen en su vida y espíritu, porque solamente tienen la expresión y el símbolo externos de la realidad espiritual. Una vez vi una imagen

---

25 Fuente: http://www.examiner.com/article/what-does-it-mean-to-be-christ-centered

de la Constitución de los Estados Unidos, muy hábilmente grabada en plata cobriza, pero cuando la miras más de cerca no hay nada más que un trazo de escritura, pero cuando la ves a la distancia, es el rostro de George Washington. El rostro brilla en la sombra de las letras a corta distancia, y vi la persona, no las palabras, ni las ideas; y pienso, «Esta es la manera de ver las Escrituras y entender los pensamientos de Dios, viendo en ellos el rostro del amor, brillando a través una y otra vez; no ideas, ni doctrinas, sino a Jesús mismo como la Vida, la Fuente y la Presencia sustentadora de toda nuestra vida» (A. B. Simpson, «*Él mismo*»).

A veces un poema o un himno pueden aportar una definición teológica más precisa que un tratado teológico complejo. A. B. Simpson nos dio una excelente «definición» de «cristocentrismo» en su himno clásico titulado «*Él mismo*»:

ÉL MISMO (A. B. Simpson)

Bendición buscaba, ahora es el Señor;
Antes la experiencia — gozo ya su amor;
Dones anhelaba — ahora el Dador;
Sanidad deseaba — ahora el Sanador.

Antes duro esfuerzo — ahora simple fe;
Salvación incierta — sé que le veré;
Antes a él me asía — me sostiene fiel,
Iba a la deriva — mi ancla está en él.

Planes mil hacía — ahora es su poder;
Lleno de ansiedades — él ha de vencer;
Antes mis deseos — guíame su voz;
Ruegos, peticiones — doy la gloria a Dios.

Antes fiaba en obras — de él es la obra, vi;
Antes yo le usaba — ahora él me usa a mí;
Gran poder deseaba — de él es el poder;
Gloria mía buscaba — él es mi querer.

Esperaba el Cristo — ahora es mío, sé;
Mi candil fluctuaba — su fiel luz daré;
Esperaba muerte — ahora su venir;
Toda mi esperanza es con Él vivir.

CORO
De Jesús yo canto, él mi tema será.
Todo encuentro en Cristo, mi todo suplirá.

Traductora: Ellen de Eck (misionera ACyM en Chile)

2. Perspectiva bíblica

¿Qué evidencia bíblica hay para sugerir una conexión entre el avivamiento y la exaltación de Cristo en la predicación? Pablo dijo: «Porque no nos anunciamos a nosotros mismos, sino a Jesucristo, el Señor, presentándonos como vuestros servidores por amor a Jesús» (2 Corintios 4:5). El principal foco de interés de Pablo era Cristo. Lo dijo una y otra vez. Dijo a los corintios: «Decidí que entre vosotros debía ignorarlo todo, a excepción de Cristo crucificado» (1 Corintios 2:2). La predicación de Pablo fue cristocéntrica. Pablo explica a los colosenses que él fue llamado y hecho ministro según la administración de Dios «para llevar a plenitud en vosotros su palabra» (Colosenses 1:25). Pablo continúa explicando que el misterio «ahora ha sido manifestado» (1:26) porque Dios quiso «hacer conocer» cuáles son las gloriosas riquezas: «Cristo, que vive en vosotros y es la esperanza de la gloria» (1:27). Entonces Pablo concluye «a este Cristo anunciamos… para que todos alcancen la plena madurez en su vida cristiana» (1:28). Para esto estaba trabajando y luchando (1:29). Su foco fue claramente «Cristo mismo» (Colosenses 2:4), «en quien se encuentran escondidos todos los tesoros del saber y de la ciencia» (2:3). Evidentemente, la predicación de Pablo era cristocéntrica por excelencia. Pablo, en todas sus epístolas, está enamorado de Cristo. Su frase favorita «en Cristo» o «en Él» impregna todo a lo largo de sus epístolas. Es enseñanza refleja su predicación.

¿Hay, pues, una evidencia bíblica clara que conecte la predicación cristocéntrica con el avivamiento? Ciertamente la hay; hablando del ministerio del Espíritu Santo, Jesús dijo: «Cuando venga el Espíritu de la verdad, os guiará para que podáis entender la verdad completa. No hablará por su propia cuenta, sino que dirá únicamente lo que ha oído y os anunciará las cosas que han de suceder. Él me honrará a mí, porque todo lo que os dé a conocer lo recibirá de mí» (Juan 16:13,14). Este es el papel del Espíritu, glorificar a Jesús en el corazón del creyente. Jesús dijo: «Y cuando yo haya sido elevado sobre la tierra, atraeré a todos hacia mí» (Juan 12:32).

3. Citas de Edwards

Junto con «*Los Sentimientos Religiosos*», tal vez la obra más significativa de Edwards sobre espiritualidad y avivamiento, es su clásica «*Marcas distintivas*». En ambas obras Edwards discute entre «signos negativos» y «signos positivos», criterios falsos y criterios válidos para determinar si un supuesto avivamiento es o no de origen divino. Es de señalar que el primero de los cinco «signos positivos» que provee de una evidencia indiscutible de que un avivamiento es auténtico y de origen divino, es la centralidad y el hincapié en Cristo, es decir, su cristocentrismo. Edwards declara: «Cuando el espíritu que está obrando en medio de la gente lo hace aumentando su amor por ese Jesús que nació de la virgen, y que fue crucificado fuera de las puertas de Jerusalén; y parece confirmar y asentar más sus mentes en la verdad de lo que nos dice el evangelio, que él es el Hijo de Dios, y el Salvador de los hombres; es una señal segura de que ese espíritu es el Espíritu de Dios» (Goen WJE 4: 249). Es muy significativo que Edwards reduzca los «signos positivos» o criterios válidos para certificar si la obra es o no la obra de Dios, a cinco señales. Y el primero y más importante es su énfasis en el cristocentrismo. Desarrollando este mismo punto, Edwards afirma: «Pero las palabras del apóstol son importantes; la persona de la que el Espíritu da testimonio, y hacia quién aumenta el amor y respeto de ellos, debe ser este Jesús que apareció en carne, y no otro Cristo diferente; no un

Cristo místico y fantástico; como la luz interna, que el espíritu de los cuáqueros elogia, mientras disminuye su amor y dependencia de un Cristo externo, o del Jesús que vino en carne, y los aparta de él; pero el espíritu que da testimonio de este Jesús, y que lleva a él, no puede ser más que el Espíritu de Dios» (Goen WJE 4: 250).

4. Citas de eruditos edwardsianos

Lesser, Sin duda una de las autoridades principales en los sermones de Edwards, dice que su hincapié en Cristo es fundamental para entender la naturaleza del Gran Despertar. Aunque Edwards es conocido por su sermón «Pecadores en manos de un Dios airado», la insistencia de Edwards sobre la dulzura y la belleza de Cristo es lo que predomina en el conjunto de sus sermones de avivamiento. Lesser declara que en el sermón de Edwards «La excelencia de Cristo», «Las palabras *amigo o amistad* aparecen 30 veces como podemos comprobar en sus manuscritos». «La gloria de Cristo aparece en las cualidades de su naturaleza humana… Aparece ante nosotros en excelencias que nos son comunes, y que se realizan a nuestro estilo y manera, y así, de algún modo, son particularmente adecuadas para invitarnos a conocerlas y atraer nuestros sentimientos.» En la versión publicada va más allá, más cerca de la gloria divina: «Cristo ha hecho que ocurra; que aquellos que el Padre le ha dado, sean traídos a la familia de Dios; y que él, su Padre, y su pueblo, sean como una sociedad, una familia; y que la iglesia debe ser admitida dentro de la sociedad de la bendita Trinidad» (Lesser WJE 19: 21).

Hemos de recordar que Edwards era reformado y puritano. Un erudito bíblico (Beeke) se refiere a Edwards como el último puritano. Según los datos escriturales de Lucas 24:44-45 y Juan 5:39, los puritanos leían sus biblias a través de lentes teñidas de color rosado por la sangre de un salvador crucificado y Señor resucitado. Su meta en cada texto era fijar que «el gran tema y el entorno que controlaba de la 'predicación empírica' es Jesucristo, ya que es el foco, el prisma y la meta suprema de la revelación de Dios» (Beeke). Incluso William

Perkins, el gran predicador puritano, escribe que el corazón de toda predicación es «predicar un Cristo único, por Cristo, para la alabanza de Cristo» (Beeke).

«En cinco sermones que Edwards predicó inmediatamente antes y durante el avivamiento, y que publicó bajo el título de *«Discursos sobre Varios Temas* más o menos I*mportantes, Relativos al Gran Asunto de la Eterna Salvación del Alma»*, en 1738, apenas se menciona al Espíritu de Dios, mientras que *Cristo es muy prominente»* (Haykin: 49).

5. Ilustraciones de los propios sermones de Edwards

Revisar el contenido cristológico de los sermones de avivamiento de 1734/35, no es decepcionante. Abundan los ejemplos. He aquí una muestra de «La Decisión de Rut», predicada en lo más álgido del Gran Despertar en abril de 1735: «Tienen un excelente y glorioso Señor, que es el unigénito Hijo de Dios; el resplandor de la gloria de su Padre; en quien Dios desde la eternidad tiene infinita complacencia; un Salvador de infinito amor; quien ha derramado su propia sangre, y dio su alma como ofrenda por los pecados de ellos; y que puede salvarlos hasta lo sumo» (Lesser: WJE 19: 310).

En otro buen sermón, «La Justicia de Dios en la Condenación de los Pecadores», Edwards mantiene un maravilloso equilibrio al apelar a dos motivaciones, moviéndose entre el temor y el amor, y recalcando simultáneamente los tormentos de la justicia de Dios y la misericordia del Salvador de Dios, el Señor Jesucristo:

> Si has de ser desechado por Dios para siempre, lo serás de acuerdo a cómo hayas tratado a Jesucristo. Sería justo de parte de Dios desecharte para siempre, sin haberte ofrecido nunca un Salvador. Pero Dios no ha hecho eso; sino que ha provisto un Salvador para los pecadores, y te lo ha ofrecido, su propio Hijo Jesucristo; que es el único Salvador de los hombres; todos los que no son desechados para siempre, son salvos por él: Dios ofrece al hombre la salvación por medio de él, y nos ha prometido que si acudimos a él no seremos desechados. Pero has tratado, y

aún tratas a este Salvador de tal manera, que si has de ser eternamente desechado por Dios, será de acuerdo a tu comportamiento hacia él; que se ve por esto, a saber, porque rechazas a Cristo, y no lo quieres como tu Salvador. Si Dios te ofrece un Salvador para librarte del castigo merecido, y no lo recibes, entonces con toda seguridad eso será justamente lo que tendrás sin él. O, ¿acaso está Dios obligado, ya que no quieres ese Salvador, a proporcionarte otro? Si dándote él una persona infinitamente digna de honor y de gloria, a su propio Hijo unigénito, para ser sacrificio por el pecado, en el fuego de su ira, y por tanto te provee salvación, y te ofrece este Salvador, tú no lo consideras conveniente, y rechazas aceptarlo, ¿es entonces Dios injusto si no te salva? ¿Está obligado a salvarte de la manera que te dé la gana, porque no te gusta la manera elegida por él? ¿O acusarás a Cristo de injusticia porque él no sea tu Salvador, cuando al mismo tiempo no quieres que lo sea, cuando él mismo se ofrece a ti, y te ruega que lo aceptes como tu Salvador?» (Lesser WJE 19: 360).

Algunos de entre nosotros creemos en una vida de experiencia más profunda para los cristianos, en un evangelio que abraza a Cristo no sólo como Salvador del infierno, sino como Santificador, librándonos de nosotros mismos. En Edwards hallamos un fuerte aliado: él critica la tendencia de algunos de acomodar el evangelio: «para que sea más agradable para el hombre, ser salvados del castigo del pecado pero no ser salvados del pecado, sino tener permiso para seguir disfrutándolo y practicándolo. Ellos querrían un salvador que les salvase *en* sus pecados más que un salvador que les salvase *de* sus pecados» (Énfasis mío). Citado en Bailey: 63, tomado del sermón de Edwards: «La clase de predicación que quiere la gente» (Noviembre de 1733). Es significativo que mientras Edwards redobló sus esfuerzos en el Gran Despertar (con la ventaja de que nuestra perspectiva mira hacia atrás en la historia), él puso las bases de un avivamiento diferenciando entre gracia barata y gracia cara, llamando a su pueblo a abrazar el verdadero evangelio y no una imitación barata. El evangelio incluye no sólo liberación del castigo del pecado, sino también del poder del pecado. Este fue el mensaje de A. B. Simpson, fundador de la Alianza, y este mismo fue el mensaje de J. Edwards.

Por último, en el sermón de Edwards «Nuestra debilidad, la fortaleza de Cristo», Edwards se centra en la suficiencia de Cristo para responder al dilema humano. «Hay un mediador suficiente. Y aun cuando estemos sin fuerzas, Cristo ha muerto por nosotros, como dice el versículo del texto. Él es suficiente en su redención, y es suficiente en su poder. El Capitán de nuestra salvación es capaz de vencer a ese potente adversario de nuestras almas. Él vino a este mundo a destruir las obras del diablo, como dice 1 Juan 3:8, 'Para este propósito el Hijo de Dios fue manifestado, para que pueda destruir las obras del diablo.' Él está listo para apiadarse, y para ayudar al desamparado. Nuestro refugio ha de estar en él, y solo en él hemos de poner nuestra confianza. Este es el verdadero David que libra al cordero de las fauces del león, y de las fauces del oso» (Lesser WJE 9: 387).

6. Las 70 Resoluciones

Tal vez el voto que más claramente apunta al cristocentrismo de Edwards sea la Resolución nº 53.

53. Resuelvo, aprovechar cada oportunidad, cuando esté en el mejor y más feliz estado mental, *derramar y abandonar mi alma en el Señor Jesucristo, para poner mi fe y confianza* sólo en él, y consagrarme comple*tamente a él; para que así pueda tener la seguridad de mi salvación, sabiendo que confío en mi Redentor* (8 de julio de 1723).

Otra resolución significativa que refleja este mismo cristocentrismo se halla en la Resolución nº 63: «En el supuesto de que no hubiera más que un solo individuo en el mundo, en cualquier momento, que fuera un cristiano verdadero pleno, con una buena imagen en todos los aspectos, con un cristianismo siempre brillante con verdadero lustre, y de apariencia excelente y atractiva, visto desde cualquier parte y bajo cualquier circunstancia: Resuelvo, actuar como debería hacerlo, empeñándome con todas mis fuerzas en ser ese creyente, que debería vivir en mi época» (14 de enero y 13 de julio de 1723). La pasión de Edwards por ser un «cristiano verdadero» y «tener un cristianismo siempre brillante con verdadero lustre» sólo puede ser explicada por su pasión por la centralidad de Cristo.

7. Otros autores

Pero Edwards no es el único entre los pensadores cristianos que tiene una filosofía cristocéntrica tal como vemos en lo que escribe Calvino: «Como la luna y las estrellas, sabiendo que en sí mismas no son solo luminosas, sino que difunden su luz sobre toda la tierra, sin embargo desaparecen ante el resplandor del sol; del mismo modo, por muy gloriosa que fuera la ley en sí misma, no tiene, sin embargo, tanta gloria en comparación con la excelencia del evangelio. De aquí se sigue, que no podamos valorar suficientemente o tomar en suficiente estima la gloria de Cristo, que resplandece una y otra vez en el evangelio, como el esplendor del sol cuando brilla una y otra vez; y que se trata el evangelio con insensatez, o lo que es peor, que es profanado vergonzosamente, allí donde el poder y la majestad del Espíritu no se hacen visibles, para dirigir las mentes y los corazones de los hombres hacia el cielo» (Calvino sobre 1 Corintios 3:8).

Los contemporáneos de Edwards también reflejan un fuerte cristocentrismo: «Muestra lo más que puedas del Cristo glorioso. Sí, que este sea el lema de todo tu ministerio: Cristo lo es todo. Que otros exhiban en el púlpito modas pasajeras que vienen y van. Especialicémonos en predicar a nuestro Señor Jesucristo» (Cotton Mather, citado por Steele).

La Alianza Cristiana y Misionera, la denominación con la que sirvo, fue fundada sobre un fuerte hincapié en «Solo Jesús». No es este el lugar para demostrar la influencia que los reformadores, los puritanos y Edwards tuvieron sobre Simpson. Bastará decir que los movimientos de santidad de hecho son deudores de estas corrientes de influencia. Este cristocentrismo se refleja en el más conocido himno de nuestro fundador:

SÓLO CRISTO
Por A. B. Simpson
Estrofa I
Cristo sólo es nuestro anuncio, nuestra prédica él será;
Siempre a Cristo ensalzaremos, Cristo sólo se verá.
CORO
Cristo sólo, Cristo siempre, nuestro todo en todo él es;
Salva, santifica y sana, pronto viene él otra vez.
Estrofa II
Cristo sólo es quien nos salva, nuestras culpas él borró;
Su justicia nos ha dado, con su sangre nos limpió.
Estrofa III
Cristo sólo santifica, él embarga nuestro ser;
Con su amor, fe, paz, pureza, y la fuerza de vencer.
Estrofa IV
Cristo sólo es quien nos sana, nuestros males él llevó;
Y la plenitud de vida, en la cruz nos compró.
Estrofa V
Jesucristo pronto viene, y a los suyos llevará;
Por los siglos sempiternos, con su pueblo reinará.
(Simpson, Solo Jesús)

8. Conclusión

Como predicadores necesitamos estar íntimamente familiarizados con Cristo. Edwards demostró una y otra vez tener una intimidad devocional con su Salvador. También hemos visto que una de sus resoluciones refleja su determinación de tener intimidad con Cristo: «53. Resuelvo, aprovechar cada oportunidad, cuando esté en el mejor y más feliz estado mental, derramar y abandonar mi alma en el Señor Jesucristo, para poner mi fe y confianza sólo en él, y consagrarme completamente a él; para que así pueda tener la seguridad de mi salvación, sabiendo que confío en mi Redentor (8 de julio de 1723, Apéndice nº2).

En cuanto a un modelo para el ministerio, me gusta el cristocentrismo de Edwards en relación con el ministro. Si estudias cuidadosamente a Edwards, descubres una notable afinidad entre él y aquellos que resaltaban la vida más profunda como A. B. Simpson con *su* insistencia en la vida de Cristo respecto de la vida del creyente, y la vida de Cristo respecto de la vida del ministro. Edwards creía fuertemente que Cristo seguía ministrando en y a través del ministro. En su sermón «El ministro ante el tribunal de Cristo» (Lucas 10:17,18) predicado el 17 de noviembre de 1736, Edwards se refiere a Juan 4:35, 36. «Se menciona a Jesús como el que siembra… y el predicador es el que cosecha… parece que los ministros del evangelio solo son enviados para cosechar el fruto de *sus* labores» (83). «Ellos no salvan a los hombres, sino que son llamados para atraer a aquellos que él ha salvado» (83). «Es Cristo, por así decir, quien ha arado y sembrado el campo y por sus propios trabajos y sufrimientos quien ha echado los cimientos de su salvación, …lo único que tienen que hacer los ministros es cosechar y recolectar» (Bailey: 83). Nosotros como predicadores necesitamos redescubrir de nuevo la dinámica espiritual del ministerio. No se trata de nosotros. No es nuestra habilidad o trabajo. Se trata de Cristo. Como Pablo dijo: «Dándoles a conocer la gloria y la riqueza que este plan encierra para los paganos. Me refiero a Cristo, que vive en vosotros y es la esperanza de la gloria. A este Cristo anunciamos, corrigiendo y enseñando a todos con el mayor empeño para que todos alcancen la plena madurez en su vida cristiana. Esta es la tarea por la que me afano y lucho con denuedo, apoyado en la fuerza de Cristo que actúa poderosamente en mí» (Colosenses 1:27-29). Él ha de crecer, y nosotros debemos menguar. Amén.

Concluimos con dos preciosas citas cristológicas de Edwards:

> Pero esta es la naturaleza de la verdadera gracia y de la luz espiritual, que abre a la vista de la persona la infinita razón de que debe ser santo en gran medida. Y cuanto mayor gracia tiene, más claro ve, y mayor es su sentido de la infinita excelencia y *gloria* del Ser divino, de la infinita dignidad de la persona de Cristo, y la largura, la anchura, la profundidad, y la altura sin límites del amor de Cristo por los pecadores. Y cuanto más

crece la gracia, más y más se abre el campo a una mayor visión, hasta que el alma se ve absorbida por completo por su amplitud, y la persona queda asombrada al pensar cómo ha comenzado a amar a este Dios y a este glorioso Redentor que de tal manera ha amado al hombre, y que él ama tan escasamente. Y así cuanto más entiende, más la pequeñez de su gracia y amor parece extraño y maravilloso: y por tanto más preparado está para pensar que los demás están por encima de él (Jonathan Edwards, *Los Sentimientos Religiosos*, Smith 1959 WJE 2: 324).

¡Qué felices seríais si vuestros corazones estuviesen persuadidos de acercaros a Jesucristo! Entonces estaríais fuera de peligro: en cualquier tormenta y tempestad que hubiera fuera, vosotros podríais descansar seguros dentro; oiríais el ímpetu del viento, y el rugido del trueno afuera, mientras estáis a salvo en su refugio. ¡Oh, persuadíos de esconderos en Cristo Jesús! ¿Qué mayor seguridad de salvación podéis desear? Ha resucitado para defenderos y salvaros, si acudís a él: lo considera su trabajo; lo comenzó antes de que el mundo fuese, y ha dado su fiel promesa que no romperá; y si lo deseáis y huís hacia él, su vida será vuestra; él responderá por vosotros, solo tenéis que descansar tranquilamente en él; podréis estar tranquilos y ver lo que el Señor hará por vosotros. Si hay algo por lo que sufrir, el sufrimiento es de Cristo, vosotros no tenéis que sufrir por nada; si hay algo que deba hacerse, el hacerlo es de Cristo, no debéis hacer nada sino esperar y mirar a él.

Pero Cristo tiene verdadera excelencia, y tan grande excelencia, que cuando alcanzan a verla ya no miran más allá, sino que la mente se queda allí. Ve una gloria trascendente y una inefable dulzura en él; ve que hasta ahora había estado persiguiendo sombras, pero que ahora ha hallado la realidad; que antes había estado buscando la felicidad en la corriente, pero que ahora ha hallado el océano. La excelencia de Cristo es un motivo adecuado para las naturales ansias del alma, y basta para llenarla por completo. Es una excelencia infinita, tal cual la mente desea, en la que no hay límites; y cuanto más se acostumbra a ella, más excelente parece. Cada nuevo descubrimiento hace que esta belleza parezca más arrebatadora, y la mente no ve su fin; hay espacio suficiente para que la mente profundice más y más, y nunca llegue al fondo. El alma es totalmente arrebatada cuando por primera vez ve esta belleza, y nunca se cansa de ella. La mente nunca se sacia, pero la excelencia de Cristo es siempre fresca y nueva, y busca tanto su disfrute, después de verla durante mil o de diez mil años, como cuando la vio por primera vez. La excelencia de Cristo es algo adaptado a las facultades superiores del hombre, se adapta a relacionarse con la facultad de la razón y del entendimiento, y no hay nada en lo que pueda ocuparse el entendimiento que valga tanto la pena como esta excelencia; ninguna otra cosa es tan grande, noble, y sublime» (Jonathan Edwards: «Salvación, Plenitud y Dulce Refrigerio en Cristo», *Sermones*, Series II, 1728-1729, WJE Online Vol. 43 , Ed. Jonathan Edwards Center).

CAPÍTULO 13

Reflexión Final

Este libro analiza la relación que hay entre predicación y avivamiento. Quise comprender mejor por la historia y por las Escrituras qué clase de predicación conduce al avivamiento. Al principio del estudio, planteamos algunas preguntas clave:

¿Qué conexión hay entre la predicación y el avivamiento? ¿Qué clase de predicación facilitó el avivamiento en el pasado? ¿Qué podemos aprender de Edwards y del Gran Despertar que facilite el despertar en nuestros tiempos? ¿Hay algunas aplicaciones prácticas de nuestro estudio que sean pertinentes para nuestro entorno postmoderno? (p. 5). ¿Qué implicaciones prácticas, cambios y aplicaciones tiene este estudio sobre los predicadores actuales en España, en Latinoamérica y en Norteamérica? (p. 5).

¿Qué clase de sermones fueron predicados antes, durante y tras el Gran Despertar? ¿Qué temas y qué textos fueron predicados? ¿Qué asuntos se trataron? ¿Cómo consideró Edwards a la predicación en general? ¿Cuál fue su filosofía de predicación? ¿Cuál fue el acercamiento de Edwards a la predicación antes, durante y tras el Gran Despertar? ¿Qué lecciones hay para nosotros como predicadores hoy? ¿Qué podemos aprender del Gran Despertar que pueda facilitar el despertar hoy en día? ¿Qué conexión hay entre su predicación y el avivamiento? ¿Qué hizo que sus sermones fuesen tan eficaces? ¿Por qué Dios pareció complacerse en derramar el avivamiento usando esos sermones? (p. 13).

Para concluir quisiera contestar precisa y puntualmente dichas preguntas. Aunque corro el riesgo de simplificar, he intentado condensar la esencia de Edwards y la predicación del Primer Gran Despertar en estas reflexiones y respuestas.

1. ¿Qué clase de sermones fueron predicados antes, durante y tras el Gran Despertar?
   a. La predicación de avivamiento resaltó la eternidad, se centró en Dios, fue cristocéntrica y transmitida en el poder del Espíritu, subrayando vigorosamente la aplicación dirigida a la voluntad.

2. ¿Qué temas y qué textos fueron predicados? ¿Qué asuntos se trataron?
   a. La supremacía y la soberanía de Dios fueron preeminentes.
   b. El mensaje evangélico de la centralidad de la cruz y la resurrección fue preponderante.
   c. Los mensajes fueron relevantes para el oyente, pero el concepto de la relevancia era determinado por los predicadores de acuerdo a las Escrituras, con un mensaje siempre arraigado en las Escrituras.

3. ¿Cómo consideró Edwards a la predicación en general? ¿Cuál fue su filosofía de la predicación?
   a. Edwards fue reformado, y evangélico puritano.
   b. Creía en la preeminencia y la supremacía de la Palabra.
   c. El creía que el Espíritu de Dios infundía vida a la palabra de Dios.
   d. Predicar era ser una luz ardiente y brillante, difundiendo luz y calor, hermoseando la verdad por medio de la exposición de la verdad revelada.
   e. Edwards creía en la presencia real de Cristo en y a través del sacramento de la predicación

4. ¿Cuál consideró Edwards a la predicación antes, durante y tras el Gran Despertar?

a. Edwards apeló tanto al intelecto como al corazón. Rehusó las «componendas» y subrayó un aspecto (mente/corazón) a expensas de otro aspecto (corazón/mente). Edwards fue apasionado pero simultáneamente extremadamente lúcido y convincente.

b. Su contacto con Whitefield le influyó profundamente, en el sentido de subrayar más el aspecto emotivo y una mayor dependencia del Espíritu Santo.

c. Edwards era un estudiante avezado en las corrientes filosóficas y teológicas en boga en su día, y supo cómo compartir con su congregación y con la iglesia en general aquellas advertencias e instrucciones para prevenir y anticipar cualquier influencia que pudiera desviarles de la fidelidad a Dios y a las Escrituras.

d. Debemos resaltar su insistencia en la oración particular y corporal combinado con su dependencia del Espíritu. Podemos aprender de él a unir nuestras fuerzas con los de convicciones similares, trabajar y orar mancomunadamente a favor del avivamiento y de la salud de la iglesia.

5. ¿Qué lecciones hay para nosotros como predicadores hoy? ¿Qué podemos aprender del Gran Despertar que pueda facilitar el despertar hoy en día? ¿Qué conexión hay entre su predicación y el avivamiento? ¿Qué hizo que sus sermones fuesen tan eficaces? ¿Por qué Dios pareció complacerse en derramar el avivamiento usando esos sermones? Tenemos mucho que aprender de Edwards. ¿Qué hay exactamente en Edwards que nos aclare la conexión existente entre predicación y avivamiento?

a. Su pasión por el avivamiento y el despertar son notables.

b. Su pasión por la verdad, por el conocimiento y su convicción de la interrelación que hay entre lo que creemos y cómo nos comportamos.

c. La centralidad del púlpito, y la preparación concienzuda, combinada con un conocimiento perspicaz de las corrientes e influencias intelectuales contemporáneas, y la capacidad y destreza para acercar las Escrituras a los peligros inminentes es una capacidad muy codiciable en el mundo de hoy.

d. Su humildad junto a su gigantesca capacidad como pensador, escritor y predicador

e. El liderazgo que Edwards dio al movimiento del Primer Gran Despertar nos enseña la importancia de comprometernos en un escenario más amplio, prestando nuestros talentos, dones y capacidades para el bienestar de la iglesia en general, y no ser demasiado «localistas» en nuestro compromiso. Su participación como defensor y crítico del avivamiento nos enseña muchísimo sobre la apertura, el discernimiento y la prudencia. Muchas veces con el trigo hay cizaña, y el liderazgo espiritual debe cultivar el discernimiento para saber navegar por los rápidos del caudaloso río del avivamiento y del despertar.

f. La conexión entre la predicación y el avivamiento es poderosa y extremadamente estrecha. La predicación ungida, bíblica, relevante y penetrante es con frecuencia el medio que Dios utiliza para encender y conducir el avivamiento y el despertar espiritual.

Una respuesta en oración al tema principal de cada capítulo

Para terminar, quisiera responder en oración personalmente a cada tema, y he expresado mi oración por escrito aquí en este capítulo. Tal vez mi propia respuesta reflejará o estimulará la suya propia. ¿Qué implica esta obra para mí personalmente, y para mis colegas en el ministerio de la predicación? El avivamiento y el despertar son lo que muchas latitudes requieren hoy. Señor, tu llamado está sobre nosotros. Capacítanos a predicar de tal manera que tu iglesia amada sea avivada y como consecuencia, que haya un despertar entre los perdidos, para que muchos sean convertidos e incorporados a tu iglesia. Todo esto te lo pedimos para la gloria del Dios Trino.

Capítulo 1. Apología de la predicación patética

Señor, capacítame para combinar mente y corazón en la predicación. Para que mi corazón sea tocado profundamente y mi mente sea inflamada con la verdad. Ayúdame a encontrar esta perfecta mezcla, y alcanzar corazones pero, a la vez, también dirigirme a aquellos asuntos que afecten a la razón de las personas.

Capítulo 2. Oración y ayuno

Señor, la oración es la clave del avivamiento. Lo he leído muchas veces. Y que el ayuno es la oración con esteroides. Señor, enséñame las dinámicas de la oración de avivamiento. No solamente sobre las nociones de la verdad, sino también a entrar en una vida de oración. Dame fuerzas y motívame a pasar tiempo orando; enséñame cómo orar ayunando por un avivamiento y a leer aquellos libros que inspiran o promueven la oración y el ayuno por el avivamiento.

Capítulo 3. Fuego del infierno

Señor, dame una fresca visión de la eternidad. Que pueda ver el infierno de una manera como jamás la he visto antes. Pon en mi corazón y en mis cuerdas vocales solemnidad y sobriedad ante la eternidad. Señor, ayúdame a entender cuanto concierne a la perdición eterna. Ayúdame a entender las objeciones y a responder con respuestas razonables y compasivas. Sobre todo, dame compasión por los perdidos.

Capítulo 4. La palabra y la predicación

Señor, tu palabra es vida porque tú eres el dador de vida. Dame un amor renovado por TU PALABRA. Señor, concédeme un hambre renovada por TU PALABRA. Señor, una nueva percepción de TU PALABRA. Señor, ayúdame a memorizar, estudiar, meditar, leer, y escuchar y luego obedecer TU PALABRA. Dame mensajes frescos para la iglesia en España. Dame mensajes frescos para los perdidos en España.

Capítulo 5. El Espíritu Santo

Señor, lléname con TU ESPÍRITU. Ayúdame a no ENTRISTECER, APAGAR, O RESISTIR TU ESPÍRITU. Señor, llévame a una nueva experiencia de TU PLENITUD. Lléname y úngeme de manera renovada. Que esos días de lectura y estudio puedan ser días de una renovada experiencia en ti. Muchos de tus siervos a través de la historia de la iglesia te han rogado y te han encontrado en tu plenitud, lo que ha significado un importante cambio y mejora en sus vidas y en sus ministerios de predicación. Santo Espíritu, ayúdame a honrar al Dios Trino, y a rendirte mi vida, para que mis labios sean tocados con un carbón ardiente de tu altar, y sea comisionado de nuevo para servirte con frescura. Santo Espíritu, dame poder para pagar el precio de buscar tu plenitud y tu fresca unción sobre mi ministerio de la predicación. Purifica mis motivaciones.

Capítulo 6. La mezcla de Palabra y Espíritu y la predicación

Señor, que pueda tener esa perfecta combinación de Palabra y Espíritu en mi vida y en mi predicación. Que haya un equilibrio correcto, una adecuada yuxtaposición de estas dos dinámicas en mi vida. Señor, ayúdame a honrar al Espíritu Santo. Llévame a una nueva relación con el Espíritu Santo.

Capítulo 7. La supremacía de Dios en la predicación

Sé tú mi Visión (Atribuido a Smith, Hall y Smith)

Sé tú mi Visión, oh Señor de mi corazón;
Que nada sea todo para mí, salvo lo que tú eres.
Tú, mi mejor pensamiento, de día y de noche,
Al levantarme o al acostarme, tu presencia es mi luz.

Sé tú mi Sabiduría, y tú mi verdadera Palabra;
Yo siempre contigo y tú conmigo, Señor;
Tú mi gran Padre, yo tu verdadero hijo;
Tú en mí morando, y yo contigo.

Sé mi Escudo en la batalla, Espada en la lucha;
Sé mi Dignidad, sé mi Deleite;
Sé Refugio de mi alma, sé mi Torre alta:
Levántame hacia el cielo, oh Poder de mi poder.

No tomo en cuenta las riquezas, *ni la vacía alabanza del hombre,*
Tú mi Herencia, ahora y siempre:
Tú y sólo tú, *primero en mi corazón,*
Alto Rey de los Cielos, mi Tesoro tú eres.
Alto Rey de los Cielos, mi victoria ganó,
Pueda yo alcanzar los gozos del Cielo, ¡oh brillante Sol de los Cie-
los!
Corazón de mi propio corazón, suceda lo que suceda,
Todavía sé mi Visión, *oh Soberano de todo.*

Señor, dame una fresca visión de tu soberanía. Ayúdame a adorarte en verdad, como Dios soberano. Ayúdame a estudiarte y conocerte mejor, con la mente y el corazón. Ayúdame a declarar con claridad y profundidad a la comunidad española al Dios de la Biblia. Que mi predicación de avivamiento se caracterice por una unción que presente a Dios en toda su belleza y plenitud. Dame una nueva amor por la Trinidad. Un nuevo entendimiento. Ayúdame a crecer en entender quién eres tú. Señor, revélate a mí, como te revelaste a Moisés, Isaías, Ezequiel, Juan, Pablo, y a muchos de tus siervos escogidos. Señor, ayúdame a conocerte y predicarte. Muéstrame cómo predicar de tí, con la supremacía de Dios triunfando sobre todas las cosas.

Capítulo 8. Edwards, el hombre, como predicador

Señor, tú buscas hombres. Tus ojos escudriñan toda la tierra buscando aquellos cuyos corazones estén completamente rendidos ante ti. Señor, que nuestros ojos se encuentren. Otórgame la gracia de ser un hombre íntegro. Hazme una persona que persiga el corazón de Dios. Señor, ayúdame a ser un ejemplo de avivamiento. Señor, obra de forma profunda, renovadora y nueva en mí, que los pastores y la iglesia española perciban que hay una autenticidad espiritual en mí. Señor, bendice y renueva nuestro matrimonio. Capacítanos para servirte juntos.

Capítulo 9. Soberanía y responsabilidad

Señor, no lo entiendo. Guíame para entenderlo. Ayúdame a honrar toda tu palabra. Ayúdame a predicar el Dios soberano, que extiende *bona fide* (buena fe) la oferta de gracia para el mundo. Capacítame para entender esta dinámica. Señor, a menos que tú no desees hacérmelo entender, y simplemente predique lo que hasta ahora no es más que una adivinanza. Señor, Edwards te honró. Él predicó de un Dios soberano. Incluso apeló con pasión e integridad a la voluntad de su audiencia. Señor, hazme capaz de aferrarme completamente a esta dinámica, para poder predicar con mayor integridad, y poder formar siervos tuyos que prediquen con entereza conforme a tu voluntad.

Capítulo 10. Aplicación

Señor, hay algo dentro de mí a lo que intimida el llamamiento al compromiso. Creo que tiene mucho que ver con el egoísmo. Si las personas no responden, eso se refleja en mí. Señor, lo que he hecho tiene que ver conmigo, en vez de tener que ver contigo. Señor, enséñame, en mi vida espiritual y en mi manera de tratar el ministerio, lo que significa aplicar tu palabra a los creyentes y a los incrédulos también. Señor, cueste lo que cueste, dame poder para ser un predicador que trae la Palabra para afectar la voluntad del oyente. La mente, sí, pero también la voluntad. Señor, creo que esto es fundamental para una predicación de avivamiento. Si el avivamiento no es ni más ni menos que un nuevo comienzo de obediencia a Dios, entonces la predicación aplicada es primordial. Señor, lléname con tu Espíritu y capacítame para aplicar tu palabra a mi persona primero y luego a tu pueblo.

Capítulo 11. Humildad personal

Señor, hazme humilde. Ayúdame a temblar ante tu palabra. Tu palabra dice categóricamente: «Pues esto dice el Alto y Excelso, el que vive por siempre, de nombre Santo: Yo habito en las alturas sagradas, pero miro por humildes y abatidos, para *reanimar* el espíritu abatido, para *reanimar* el corazón humillado» (Isaías 57:15) (BLP). Señor, me humillo a mí mismo, y te ruego que me reanimes. Tú habitas en la eternidad. Tú eres alto. Tú eres elevado. Tu nombre es Santo. Señor, tú moras en la eternidad en un lugar alto y santo. Pero tú también moras en el lugar más bajo, en el espíritu contrito y humillado. Señor, líbrame del afán de notoriedad (Tozer). Líbrame de usar el púlpito como una plataforma para presumir. Perdóname, Señor, dame una visión de tu gloria, y que pueda eclipsar todo y cada uno de los vestigios de buscar el egoísmo o la autopromoción.

Capítulo 12. Cristocentrismo

Señor Jesús, ¡Tú has de ser el centro! Tu palabra dice: «a fin de que Él tenga en todo la primacía» (Col. 1:18, LBLA)... o según otra versión reconocida «para que en todo tenga la preeminencia» (RV60). Señor, ayúdame a honrarte. Dame pasión por tu preeminencia. Inunda mi alma con un hambre y una sed crecientes por tu gloria. Señor, sé exaltado en mi vida, en mi predicación, en mi perspectiva. Haz que mi predicación sea llena del Espíritu, que honre a Cristo y glorifique a Dios. Tú has dicho que si fueses levantado, tú atraerías a todos los hombres hacia ti mismo. Tú fuiste levantado en esa cruz, y por tanto Dios te exaltó a través de tu resurrección y te dio un nombre sobre cualquier otro nombre. Señor, sé exaltado en mi vida y mi predicación. Sé el centro. Dame poder para hallar mi texto e ir directamente a la cruz y la resurrección. Y que pueda el Dios Trino ser honrado, y la iglesia bendecida con un poderoso avivamiento y despertar. AMÉN.

Temas adicionales

Señor, ciertamente hay muchas facetas en la predicación de avivamiento. Yo quiero ser un predicador de esa clase. Señor, obra en mis motivaciones. Dame unas manos limpias y un corazón puro. Líbrame de buscar el avivamiento por razones erróneas. Señor, que ninguna razón equivocada o motivación errónea se deslice dentro de mi corazón. Señor, si hay algo que no te honre, sácalo de mi corazón. Señor, que sólo haya la más pura cristología, la visión por el avivamiento, el entendimiento de la escatología que se relacione con el avivamiento, o cualquier otra perspectiva.

Conclusión

Mi palabra final es para mí, y para los pastores que predican. El pueblo de Dios necesita un viento fresco y un fuego renovador. Sea que estén en España, en Latinoamérica, en Norteamérica, o en cualquier otro lugar, por esta causa, muchos en tu pueblo ansían un toque fresco tuyo. Señor, perdónanos por nuestra patética predicación. Y Señor, úngenos para predicar con una unción y bendición frescas. Que tu iglesia pueda ser reanimada. Que los perdidos puedan escuchar nuestra predicación para que sean salvos y que los salvos que escuchan nuestra predicación sean inspirados para alcanzar a los perdidos. Señor, están tan perdidos… Avivamiento y despertar. Señor, hazlo de nuevo. EN TU NOMBRE. Hazlo de nuevo. Tú eres el Dios de Jonathan Edwards. Hazlo de nuevo. Hazlo de manera diferente. Haz lo mismo. Hazlo como sea, donde sea, cuando sea y a través de quien sea que tú soberanamente escojas. Pero Señor, en tu compasión y misericordia, hazlo poderosamente, hazlo en España y Latinoamérica; hazlo en estos días, en estos años, y Señor, complácete en usar a tu siervo y a tus siervos. Que tu Nombre pueda ser altamente honrado y estimado entre las naciones. Amén.

BIBLIOGRAFÍA NÚM. 1

—, *The American Heritage Dictionary of the English Language*. Boston: Houghton Mifflin, 2000.

Alkin, Daniel. http://www.bpnews.net/bpnews.asp?ID=22970

Autrey C. E. *Revivals of the Old Testament*. Grand Rapids: Zondervan, 1960.

Bailey, Richard A. & Gregory A. Wills. *The Salvation of Souls*. Wheaton: Crossway Books, 2002.

Bailey, Richard. *Driven by Passion: Jonathan Edwards and the Art of Preaching*. Hart, et. al. «Legacy» Grand Rapids, Baker: 64-78.

Banister, Doug. *The Word and Power Church*. Grand Rapids: Zondervan Publishing House, 1999.

Beach, J. Mark. *The real presence of Christ in the preaching of the gospel: Luther and Calvin on the Nature of Preaching*. MID-AMERICA JOURNAL OF THEOLOGY 10 (1999): 77-134.

Beeke, Joel et. al. *Meet the Puritans*. Grand Rapids, MI.: Reformation Books, 2006.

Bounds, Edward M. *El Predicador y la Oración*. Barcelona: Clásicos Clie, 2008.

Boyer, Orlando. *Biografías de Grandes Cristianos*. pp. 43-49, (Jonatán Edwards, El Gran Avivador). Miami: Editorial Vida, 2001.

Brown, Robert E. *Jonathan Edwards and the Bible*. Bloomington: Indiana University Press, 2002.

Burns, James. *Revivals, Their Law and Leaders*. Grand Rapids: Baker Book House, 1960.

Bushman, Richard L. *The Great Awakening - Documents of the Revival of Religion, 1740-1745*. Chapel Hill: University of North Carolina Press, 1969. (Contains Stoddard's Defects of Preachers Reproved, 1723).

Cairns, Earle E. *An Endless Line of Splendor - Revival and Their Leaders from the Great awakening to the Present*. Wheaton: Tyndale House: 1986.

Calvin, John. The Institutes of the Christian Religion. Philadelphia: Westminster Press, 1960.

Carrick, John. *The Imperative of Preaching - A Theology of Sacred Rhetoric*. Edimburgo: The Banner of Truth Trust, 2002.

—. *The Preaching of Jonathan Edwards*. Edimburgo: The Banner of Truth Trust, 2008.

Cauchi, Tony. *Let's put fasting back on the menu!* http://www.revival-library.org/leadership/na_fasting.php

Chamberlain, Ava. Yale Publication on the Works of Jonathan Edwards - Volume nº 18 -«*The Miscellanies*» *501 – 842*. New Haven: Yale University Press, 2006.

Claghorn, George S. Yale Publication on the Works of Jonathan Edwards - Volume nº 16 – *Letters and Personal Writings*. New Haven: Yale University Press, 1999.

Conrad, Leslie, Jr. «*Jonathan Edward's Pattern of Preaching*» Church Management 33 (September): 45-47.

—. «*The Importance of Preaching in the Great Awakening*». The Lutheran Quarterly, Vol. XII, Number 2, May, 1960.

DeArteaga, William L. *Quenching the Spirit: Discover the Real Spirit behind the Charismatic Controversy*. Strang Book Group, 1996.

Duewel, Wesley. *Ardiendo para Dios* (Editorial Unilit, diciembre 1995).

Ehrhart, Jim. *«A Critical Analysis of the Tradition of Jonathan Edwards as a Manuscript Preacher».* Westminster Theological Journal 60 (spring): 71-84.

English, Donald. *An Evangelical Theology of Preaching.* Nashville: Abington Press, 1996.

Evans, W. Glyn. *Jonathan Edwards - Puritan Paradox.* Bibliotheca Sacra 124 (January): 51-65

Fant, Clyde E., Jr. *20 Centuries of Great Preaching.* Waco, Texas: Word Books, 3:41-55.

Finney, Charles. *Lectures on Revivals of Religion.* Cambridge: Belknap Press of Harvard University Press, 1960.

Flynt, William T. *Jonathan Edwards and His Preaching.* Th.D. dissertation, Southern Baptist Theological Seminary.

Gardiner, H. Norman. *«Introduction.» Selected Sermons of Jonathan Edwards.* Nueva York: MacMillan Co.

Garvie, A. E. *Jonathan Edwards - The Christian Preacher.* Nueva York: Charles Scribner's Sons, 1921.

Gaustad, E.S. *The Great Awakening in New England.* Gloucester, Mass: 1965.

Gerstner, John. *The Rational Biblical Theology of Jonathan Edwards, Vol. 1.* Orlando: Ligonier Ministries, 1991.

Gerstner, John H. *Jonathan Edwards on Heaven and Hell.* Morgan, Pa: Soli Deo Gloria Publications, 1998.

Geschiere, Charles. *«Taste and See that the Lord is Good»: The Aesthetic-Affectional Preaching of Jonathan Edwards.* Grand Rapids, MI. Calvin Theological Seminary, 2008.

Gilles, John. *Memoirs of Reverend George Whitefield.* New Haven: 1834.

—. *Historical Collections of Accounts of Revivals.* Fairfield: Fairfield Graphics: 1845.

Goen, C.C., Editor. Yale Publication on the Works of Jonathan Edwards - Volume nº 4 - *The Great Awakening*. New Haven: Yale University Press, 1972.

Grazier, James Lewis. «*The Preaching of Jonathan Edwards: A Study of His Published Sermons with Special Reference to the Great Awakening.*» Ph. D. dissertation, Temple University, 1958.

Hannah, John D. «*Jonathan Edwards and the Art of Effective Communication*». Reformation & Revival Journal 11 (Fall): 109-131.

Hardman, Keith J. *Seasons of Refreshing*. Baker Books: 1994.

Hart, D. G. *The Legacy of Jonathan Edwards: American Religion and the Evangelical Tradition*. Grand Rapids, Mich.: Baker Academic, 2003.

Hart, Richard. *Preaching, the Secret to Parish Revival*. Twenty-Third Publications: 2000.

Haykin, Michael A. G. *Jonathan Edwards: The Holy Spirit in Revival*. Webster: Evangelical Press, 2005.

Heisler, Greg. *Spirit-Led Preaching - The Holy Spirit's Role in Sermon Preparation and Delivery*. Nashville: B & H academic, 2007.

Hickman, Edward. *The Works of Jonathan Edwards, Volumes 1 and 2*. Edinburgh, Scotland: The Banner of Truth Trust, 1992.

Houdmann S. Michael. GotQuestions.org «*Hell-Fire Preaching*»

Hoyt, Arthur S. «*Jonathan Edwards*» The Pulpit and American Life. Nueva York: MacMillan C.,

Hulse, Erroll. *A Call to Extraordinary Prayer for Revival*. www. evanwiggs.com/ revival/prinpray/callpray.html

Jonathan Edwards Center, (JEC) ed. *Sermons, Series 2, 1739*. (WJE Online Vol. 54).

Kaiser, Walter C. *Quest for Renewal - Personal Revival in the Old Testament*. Chicago: Moody Press, 1986.

—. *Revive Us Again*. Nashville: Broadman and Holman, 1999.

Keevil, Philip W. *Preaching in Revival: Preaching and a Theology of Awakening.* Nueva York: University Press of America, Inc, 1999.

Kidd, Thomas S. *The Great Awakening – The Roots of Evangelical Christianity in Colonial America,* New Haven: Yale University Press, 2007.

Kimnach, Wilson H. *«The Brazen Trumpet: Jonathan Edwards's Conception of the Sermon»* (pp 29-44) en Jonathan Edwards, His Life and Influence. Charles Angoff, ed. Cranbury, New Jersey: Associated University Presses, 1975.

—. Editor. Yale Publication on the Works of Jonathan Edwards - Volume nº 10 – *The Sermons of Jonathan Edwards.* New Haven: Yale University Press, 1999.

—., Kenneth P. Minkema and Douglas Sweeney, editors. *The Sermons of Jonathan Edwards - A Reader.* New Haven: Yale University Press: 1999.

—. Editor. «True Excellency of a Minister of the Gospel,» en *Sermons and Discourses, 1743-1758.* Yale Publication on the Works of Jonathan Edwards - Volume nº 25. New Haven: Yale University Press, 2006.

—. «Edwards as Preacher» (pp 103-124); *The Cambridge Companion to Jonathan Edwards.* Cambridge: Cambridge University Press, edited by Stein, Stephen, 2007.

—. Caleb J.D. Maskell and Kenneth P. Minkema. *Jonathan Edwards's 'Sinners in the Hands of an Angry God' – A Casebook.* New Haven: Yale University Press, 2010.

Kistler, Don. Ed. *The Nature of Saving Conversion.* Morgan: Soli Deo Gloria Publications, 1999.

Krishnan, Sunder et. al. *Catching the Wind of the Spirit.* Camp Hill, Pa.: Wing Spread Publishers, 2010.

LaHaye, Tim et. al. *La Familia Sujeta al Espíritu.* Puerto Rico: Editorial Betania, 1980.

Legge, David (www.preachtheword.com/sermon/evangelism02.shtml)

Lesser, M. X. Editor. Yale Publication on the Works of Jonathan Edwards - Volume nº 19 – *Sermons and Discourses from 1734 – 1738*. New Haven: Yale University Press, 2001.

Lloyd Jones, Martyn http://www.pentecostalpioneers.org/whatisrevivaljones.html

—. *Preachers and Preaching*. Grand Rapids: Zondervan, 1971.

Lloyd-Jones, D.M. The Puritans: Their Origins and Successors. *Jonathan Edwards and the Crucial Importance of Revival*. Edinburgh: Banner of Truth Trust, 1986.

Logan, Samuel T. «Jonathan Edwards and the 1734-35 Northampton Revival». In book *Preaching and Revival*. Londres: The Westminster Conference, 1984.

Lovelace, Richard. *Dynamics of Spiritual Life – An Evangelical Theology of Renewal*. Downers Grove: IVP, 1979.

Marsden, George M. *Jonathan Edwards, a Life*. New Haven: Yale University Press, 2003.

McClymond, Michael, ed. *Encyclopedia of Religious Revivals in America*. 2 vols. Westport, CT: Greenwood Press, 2007.

McGraw, James. «*The Preaching of Jonathan Edwards*», The Preacher's Magazine, Vol. 32, nº 8. Aug. 1957.

McMullan, Michael D., Ed. *The Glory and Honor of God: Volume 2 of Previously Unpublished Sermons of Jonathan Edwards*. Nashville, Tenn.: Broadman and Holman,

Miller, Perry. *Errand into the Wilderness*. Boston: Harvard University Press, 1956.

Minkema, Kenneth P. and Richard A. Bailey, eds. *Reason, Revelation and Preaching: An Unpublished Ordination Sermon by Jonathan Edwards*. Southern Baptist Journal of Theology, Vol. 3, No. 2, Summer 1995.

Minkema, Kenneth P. Yale Publication on the Works of Jonathan Edwards - Volume nº 14 – *The Sermons and Discourses: 1723-1729*. New Haven: Yale University Press, 1997.

Merriam Webster http://www.merriam-webster.com/dictionary/*sovereignty*

Moore, Doreen. *Good Christians, Good Husbands? Leaving a legacy in marriage & ministry, lessons from the marriages & ministries of Elizabeth & George Whitefield, Sarah & Jonathan Edwards, Molly & John Wesley.* Fearn (Ross-Shire): Christian Focus Publications, 2005.

Murray, Iain. *Jonathan Edwards – A New Biography.* Carlisle: Banner of Truth Trust, 1987.

Nelson, Wilton M et. Al. *Diccionario Historia de la Iglesia.* Miami: Editorial Caribe, 1989.

Neuman, Meredith Marie. *Jeremiah's Scribes: Literary Theories of the Sermon in Puritan New England.* University of Pennsylvania Press, 2013.

Newman, J. H. (http://www.newmanfriendsinternational.org/newman/?p=123).

Orr, J. Edwin. *The Role of Prayer in Spiritual Awakening.* San Bernardino, CA: Campus Crusade for Christ, 1977.

Packer, J. I. *Evangelism and the Sovereignty of God.* Downers Grove, Ill.: Intervarsity Press, 1961.

Pang, Patrick. «*The Pastoral Preaching of Jonathan Edwards*». Preaching 7 (January).

Parrish, Archie and R.C. Sproul. *The Spirit of Revival.* Wheaton: Crossway Books, 2000.

Piper, John. *The Sovereignty of God and Prayer. http://www.desiringgod. org/resource- library/articles/the-sovereignty-of-god-and-prayer,* 1976.

—. desiringgod.org/resource-library/articles/*a-response-to-ji-packer-on-the -so-called-antinomy-between-the-sovereignty-of-god-and-human-responsibility.* 1976.

—. *La Libertad de la Voluntad,* Indianapolis: The Bobbs-Merrill Co. Inc., 1969, p. 258, por John Piper ©2013 Desiring God Foundation. Página web: desiringGod.org.

—. *God's Passion for His Glory - Living the Vision of Jonathan Edwards.* Wheaton: Crossway, 1998.

—. *The Supremacy of God in Preaching.* Carolina del Norte: 2010.

Pratt, Glenn Ralph. *Jonathan Edwards as a Preacher of Doctrine.* Doctorate in Sacred Theology dissertation, Temple University.

Quinlan, Chris. *Resolutions in Plain English* http://chrisquinlan.blogspot.com/2008/10/ resolutions-of- jonathan-edwards-in.html.

Ramsey, Paul. Yale Publication on the Works of Jonathan Edwards - Volume nº 1 – *Freedom of the Will.* New Haven: Yale University Press, 2003.

Robinson, Haddon. *Biblical preaching: the development and delivery of expository messages.* Grand Rapids, Mich.: Baker Book House, 1980.

Robinson, Haddon and Craig Brian Larson. *The Art and Craft of Biblical Preaching.* Grand Rapids: Zondervan, 2005.

Sanders, J. Oswald. *Liderazgo espiritual.* Editorial Portavoz; 6ª ed. edición (14 de noviembre 1995).

Simpson, A. B. «El Mismo» https://docs.google.com/document/d/1gR-4X7clgQ-ygJqob5s9e FGLdKJYZFMQzZvqbHRUOU6k/edit

—. *Jesus Only.* http://www.smallchurchmusic3.com/Lyrics/D05/S05783.php

Smart, Robert Davis. *Jonathan Edwards's Apologetic for the Great Awakening.* Grand Rapids: Reformation Heritage Books, 2011.

Smith, John. Editor. Yale Publication on the Works of Jonathan Edwards - Volume nº 2 –*Religious Affections.* New Haven: Yale University Press, 1959.

—. *Jonathan Edwards: Puritan, Preacher, Philosopher.* Notre Dame, Ind.: University of Notre Dame, 1992.

Spurgeon, Charles. *Discursos a mis estudiantes.* (El Paso, TX: Editorial Mundo Hispano, 2003)ust 1, 2003) Grand Rapids, Mich.: Zondervan Pub. House, 1954, 1980 printing.

Steele, Joseph. «*A Classical Analysis of Puritan Preaching*». http://www.reformation21.org/ articles/a-classical-analysis-of-puritan-preaching.php

Stevens, R. Paul. *The Other Six Days: Vocation, Work and Ministry in Biblical Perspective*. Grand Rapids, Mich.: 1999.

Stein, Stephen J. Ed. Jonathan Edwards (1723), Yale Publication on the Works of Jonathan Edwards - (WJE Online Vol. 5) *Apocalyptic Writings*. New Haven: Yale University Press, 1977.

—. Ed. *The Cambridge Companion to Jonathan Edwards*. Cambridge: Cambridge University Press, 2007.

Stetina, Karen. *Jonathan Edwards's Early Ministry and Preaching. Jonathan Edwards' Early Understanding of Religious Experience: His New York Sermons, 1720-1723*. Lewiston, N.Y., Edwin Mellen Press, 2011.

Stitzinger, James F. *The History of Expository Preaching. The Master's Seminary Journal TMSJ* 3/1 (primavera 1992) 5-32.

Stoddard, Solomon. *The Nature of Saving Conversion*. (Editado por Kistler). Soli Deo Gloria Publications: Morgan, PE., 1999.

Stott, John R. W. *La predicación: Puente entre dos mundos*. Grand Rapids: Libros Desafío, 2000).

Stout, Harry S. *The New England Soul: Preaching and Religious Culture in Colonial New England*. Nueva York: Oxford University Press, 1986.

Stout, H.S. et. al. Editors. Yale Publication on the Works of Jonathan Edwards (WJE) – Volume nº 13 – *The Miscellanies*. New Haven: Yale University Press, 2003.

— et. al. Editors. Yale Publication on the Works of Jonathan Edwards (WJE) – Volume nº 22 – *Sermons and Discourses from 1739-1742*. New Haven: Yale University Press, 2003.

— «Edwards as Revivalist»; *The Cambridge Companion to Jonathan Edwards*. Cambridge: Cambridge University Press, edited by Stein, Stephen, 2007.

Sweeney, Douglas A. Jonathan Edwards and the Ministry of the Word. IVP Academic, Downers Grove, Illinois. 2009.

Tozer, A. W. *La fe más allá de la razón*. (Editorial Portavoz)

Tracy, Patricia J. *Jonathan Edwards, Pastor: Religion and Society in Eighteenth Century Northampton*. Nueva York: Hill and Wang.

Treash, Stephen Alden. *Jonathan Edwards' principles of awakening preaching*. Disertación no publicada; Edimburgo: University of Aberdeen, 1995.

Trumbull, Benjamin. *A Complete History of Connecticut*. Vol. 2, New Haven: 1818.

Turnbull, Ralph. *Jonathan Edwards the Preacher*. Grand Rapids: Baker Book House, 1958.

Tuttle, Mark H. Ed. Christian History Magazine, Vol. IV, nº 4 *Jonathan Edwards and the Great Awakening*. Christian History Institute: 1985.

Westra, Helen. *The Minister's Task and Calling in the Sermons of Jonathan Edwards. Studies in American Religion, 17*. Lewiston, N.Y.: Edwin Mellen, 1986.

Wiersbe, Warren W. and Lloyd M. Perry. *The Wycliffe Handbook of Preaching & Preachers*. Chicago: Moody Press, 1984.

Wilson-Kastner, Patricia. *Coherence in a fragmented world: Jonathan Edwards' theology of the Holy Spirit*. University Press of America.

Winslow, Ana. *Jonathan Edwards*. Nueva York: The Macmillan Company, 1941.

Wise, Taylor. http://www.examiner.com/article/what-does-it-mean-to-be-christ-centered

Wood, Dustin A. *Rhetoric of revival: An analysis of Exemplar Sermons from America's Great Awakenings*. Cincinnati, Ohio: University of Cincinnati, 2009.

Yarbrough, Stephen R. et. al. *Delightful Conviction: Jonathan Edwards and the Rhetoric of Conversion. ABC – CLIO, 1993*.

BIBLIOGRAFÍA NÚM. 2

Atreaga, William L. *De Poder Olvidado: Fuente de Avivamiento*. (Miami: Editorial Vida, 2003).

Bartleman, Frank. Et. al. *Azusa Street: El Avivamiento que Cambió el Mundo*. (Buenos Aires: Editorial Peniel, 2006).

Bounds, Edward M. *El Predicador y la Oración*. (Barcelona: Clásicos Clie, 2008).

Boyer, Orlando. *Biografías de Grandes Cristianos*. Págs. 43-49, (Jonatán Edwards, El Gran Avivador). (Miami: Editorial Vida, 2001).

Bright, Bill. *El avivamiento que Viene: Un Llamado a Nuestro País para Ayunar, orar y «buscar el rostro de Dios»*. (Miami: Unilit, 1996).

Bullón, Dorothy. *Hacía una Teología de Avivamiento*. (Barcelona: Clie, 1998).

Chiang, Alex et. al. *El Poder del Espíritu Santo: ¿Qué Significa hoy en América Latina?* (Lima: Ediciones Puma, 2012).

DeMoss, Nancy Leigh. *En Busca de Dios: el Gozo de Un Avivamiento en Tu Relación Personal Con Dios*. (Chicago: Editorial Moody, 2014).

Edwards, Brian H. *El Avivamiento: Un Pueblo Rebosante de Dios*. (Ciudad Real: Editorial Peregrino, 2001).

Edwards, Jonathan y Nicholas Needham. *Los sentimientos religiosos: La Valida Experiencia Espiritual*. (Graham, CN.: Faro de Gracia, 2000).

Edwards, Jonathan con James Houston, ed., *La Verdadera Espiritualidad – Fe y Avivamiento*. Brazil: Editorial Patmos, 2013.

Finney, Charles. *El Avivamiento*. (Terrassa: Clie, 1990).

Greenfield, John. *El Poder de lo Alto: Aniversario Bicentenario del Gran Avivamiento Moravo 1727-1927*. (Atlantic City: Movimiento Mundial de Avivamiento y Oración, 1931).

Kassabián, Rubén. *Avivamiento: ¿Bendición o Confusión?* (Miami: Editorial Unilit, 1996).

McDermott, Gerald R. *Viendo a Dios – Jonathan Edwards y el Discernimiento Espiritual*. (Salem, Virgina: Gerald R. McDermott, 2000).

Moreno Berrocal, José. *Jonathan Edwards: La Pasión Por la Gloria de Dios*. (Barcelona: Publicaciones Andamio, 2008).

Piper, John. *La Pasión de Dios por su gloria – Viva la Pasión de Jonathan Edwards*. (Colombia: Editorial Unilit, 2009).

Ravenhill, Leonard. *¿Porque no llega el Avivamiento?* (Buenos Aires: Peniel, 2008).

Ravenhill, Leonard. *Requisitos para un Avivamiento*. (Betania: Minneapolis, 1988).

Ropero, Alfonso y Philip Edgcumbe Hughes. *Teología Bíblica del Avivamiento: Avívanos de Nuevo*. (Barcelona: Clie, 1999).

Shaw, Mark. *10 Grandes Ideas de la Historia de la Iglesia*. (Edwards y la Renovación) (pp. 133 – 162). (Barcelona: Publicaciones Andamio, 2002).

Smith, Oswald J. *El Avivamiento que Necesitamos*. (Buenos Aires: Cruzada Mundial de Literatura, 1961).

Spurgeon, C.H. *Sermones del Año de Avivamiento*. (Londres: Banner of Truth Trust, 1961).

Wagner, C. Peter. *Manantiales de Avivamiento*. (Miami: Caribe, 1998).

White, John. *Cuando el Espíritu Santo Llega con Poder*. (Buenos Aires: Ediciones Certeza ABUA, 1995).

Yong-gi Cho, Paul. *Oración: Clave del Avivamiento*. (Puerto Rico: Betania, 1987).

APÉNDICE 1

¿Qué criterio empleamos para definir los parámetros del Primer Gran Despertar?

¿Cuáles son los parámetros del Gran Despertar? ¿Qué criterio emplearemos para determinar los límites del Gran Despertar, Primera Fase y Segunda Fase? Hay varios criterios usados por los eruditos. Naturalmente, hay eruditos que difieren en cuanto a las fechas exactas del Gran Despertar, básicamente porque usan distintos parámetros para verificar la extensión del Gran Despertar. Primero, ¿qué dice el mismo Edwards? Lo podemos ver en su obra *«La Narrativa Fidedigna»* y en su correspondencia durante ese periodo. Si nos fijamos en Northampton, donde Edwards fue pastor, como emplazamiento inicial del Despertar, y recurrimos primordialmente al mismo Edwards para determinar los límites del despertar, podemos establecer las fechas siguientes: de febrero de 1734 a agosto de 1735 (Gran Despertar, Primera fase) y de octubre de 1740 a junio de 1742 (El Gran Despertar, Segunda fase).

Edwards determina los parámetros tal como sigue: El comienzo de una obra de Dios extraordinaria en Northampton parece desarrollarse en el invierno de 1734 (WJE 4: 99; carta inédita del 30 de mayo de 1735) cuando «apareció una extraña flexibilidad en la gente joven de la ciudad, y una inusitada disposición a prestar atención al consejo» (WJE 4: 99). Edwards lo describe como «las presentes y ex-

295

traordinarias circunstancias de la ciudad». «La gente joven también iba cambiando más y más; ellos gradualmente dejaron sus escarceos, y se comportaban visiblemente más decentes cuando asistían a la adoración pública.» Edwards recoge en su carta que había observado una actitud negativa entre los jóvenes, prefiriendo la «diversión» y la «andar juntos» (WJE 4: 99), un eufemismo para relaciones con una connotación negativa. Entonces Edwards escribe: «Entonces prediqué un sermón el Sábado antes de la lectura, para mostrarles lo inapropiado e inconveniente de tal costumbre, y para persuadirlos de que cambiaran; y urgí a los cabezas de familia a que se pusieran de acuerdo entre ellos para gobernar sus familias, y guardarlas en estos tiempos» (WJE, vol. nº 4, pp. 99, 100). Edwards dice en mayo de 1735 que «el invierno anterior» este estímulo comenzó con un sermón… que tuvo lugar a finales de 1733 o tal vez principios de 1734. Es muy probable que este sermón fuese el sermón nº 315, («Prestando Atención y Liberando la Palabra», Hebreos 2:1) predicado en febrero de 1734. En este mensaje él los reprende por prácticas que «desvían la mente» de la «solemnidad de las tardes del Sábado y de los días de lectura, diversiones tales como «salir juntos», ls escarceos, y la bebida, prácticas más inquietantes si cabe porque son habituales «especialmente entre la gente joven» (WJE 19: 38). El contenido de este sermón encaja perfectamente con la propia descripción que Edwards hace de los comienzos del Gran Despertar en la *Narrativa Fidedigna*.» Creo poder estar seguros de concluir que el sermón «Prestando Atención y Liberando la Palabra» fue el catalizador del Primer Gran Despertar, y se demuestra un significativo sermón a estudiar. Según esta investigación, el Gran Despertar comenzó en febrero de 1734. En el prefacio a la *Narrativa Fidedigna*», Edwards escribe a Colman en una carta fechada el 6 de noviembre de 1736, que en abril de 1734 «la repentina y horrible muerte de un hombre joven en la flor de la vida… afectó profundamente a muchos de nuestros jóvenes » (WJE 4: 216). De todos modos, Edwards, en su carta a Colman, fechada el 30 de mayo de 1735, afirma que «entonces un interés por las grandes cosas de la religión comenzó, sobre finales de diciembre y comienzos de enero» de 1735. En otra parte, en el prefacio de la *«Narrativa Fidedigna»*, Edwards escribe «entonces sucedió a finales de diciembre, que el Espíritu de Dios comenzó extraordinariamente a mostrarse, y a obrar maravillosamente entre nosotros; de modo que hubo, de forma muy repentina, y uno tras otro, cinco o seis personas que parecieron convertirse para salvación; y algunos de ellos lo hicieron de forma extraordinaria».

¿Cuándo terminó y por qué? El historiador M. X. Lesser, editor del volumen 19 de la serie de obras de Jonathan Edwards, sugiere que el suicidio de Hawley, el tío de Edwards, en junio de 1735 «de hecho terminó el despertar que había comenzado en Northampton» (WJE 19: 38). Minkema sugiere que ciertamente el suicidio fue un freno al movimiento de avivamiento, aunque sería presuntuoso definir el «final» de la primera fase del Gran Despertar tan definitivamente. Edwards mismo, reflexionando sobre el Primer Gran Despertar en su *«Narrativa Fidedigna»*, describe una fase de declive. En una carta de mayo de 1735 dice que «… comenzó a verse muy claro.. que el Espíritu de Dios estaba retirándose» (Goen: 207).

Conclusión

De acuerdo a esta investigación, las fechas reales de la Primera Fase del Gran Despertar son de febrero de 1734, con una intensificación en diciembre de ese año, hasta junio de 1735, un periodo de unos 17 meses. Queremos analizar cuidadosamente los sermones de antes, de esos 17 meses, y los inmediatamente posteriores para encontrar evidencias significativas que conecten el avivamiento y la predicación. Afortunadamente Edwards documentó y conservó esmeradamente sus sermones, y muchos de ellos han sido preservados para la posteridad.

Hemos estado hablando sobre dos fases del Primer Gran Despertar, dos significativos capítulos de ese libro escrito por Dios mismo. ¿Hay algunas evidencias históricas para identificar el comienzo y el final de la segunda fase del gran despertar? Hemos vuelto a la *«Narrativa Fidedigna»* y la correspondencia adjunta para ayudar a determinar las fechas de la primera fase del Gran Despertar, este documento fue publicado en 1737. Afortunadamente Edwards tenía pasión por la documentación de la historia que tuvo el privilegio de vivir, y escribió por ello profusamente en forma de cartas, libros y manuscritos (sermones). Uno de los documentos más útiles que nos ayuda a definir el resurgimiento del Gran Despertar es «*Algunos pensamientos concernientes al avivamiento*» publicado en 1742, así como muchas cartas «documentales» importantesque analizaban el Gran Despertar, escritos durante la década de los 40 y ya entrados los 50.

¿Qué produjo y cuándo comenzó la revitalización del avivamiento del Gran Despertar (Segunda Fase del Gran Despertar)? En una palabra, Whitefield. Whitefield era un evangelista calvinista, (contra lo que muchos piensan, no es un oxímoron). Llegó a los estados de Nueva Inglaterra en la primavera de 1740 y visitó Northampton del 17 al 20 de octubre de ese año. Su ministerio encendió la balbuceante llama del avivamiento. Esto parece marcar la implantación del Segundo Capítulo del Gran Despertar, al menos en lo que a Northampton se refiere. Continuó y creció debido a la predicación empática de Edwards y de otros oradores invitados. (Samuel Buell visitó Northampton en febrero de 1742 y fue un gran instrumento para encender la llama del avivamiento en ese lugar).

Cuando predicó Whitefield, Edwards «lloró durante todo el tiempo» (Diario de Whitefield) y la congregación fue «igualmente afectada». Durante la tarde el poder se incrementaba aún más. Edwards escribió (1743) que «la congregación estaba extraordinariamente derretida por cada sermón» con «casi toda toda la asamblea llorando a lágrima viva» durante la predicación. «La predicación conmovedora de Whitefield ha reavivado los fuegos del avivamiento en la ciudad de Massachusetts, algo que los próximos meses demostrarían» (Haykins: 83).

¿Hay evidencias que nos permitan establecer el final del Gran Despertar? Edwards, en una carta a Prince a finales de 1743, hace referencia a la «última etapa del avivamiento de la religión» y a finales de 1742 Edwards estaba escribiendo acerca «de personas poco comprometidas en general con la religión y la frescura de sus sentimientos estaban en declive: y algunos jóvenes especialmente habían perdido su fuerza y vigor en la religión de forma vergonzosa, y gran parte de la seriedad y solemnidad de sus espíritus.» (WJE nº 4: 555). Edwards hace referencia a «la obra siguió siendo pura hasta que fue infectadas desde fuera» (p. 555). Edwards aclara lo que significa ese cambio: «nuestra gente oyó, y algunos de ellos vieron la obra en otros lugares, donde había una gran conmoción más visible que aquí, y donde las apariencias externas eran más extraordinarias; se apresuraron a pensar que la obra en estos lugares era más excelente que la que teníamos en medio de nosotros; y sus ojos estaban deslumbrados con la alta profesión y gran espectáculo que hacían quienes venían de otros lugares» (p. 555).

Prestando atención a los parámetros del Gran Despertar, desde la perspectiva de Northampton, podemos hablar de 17 meses desde febrero de 1734 a junio de 1735 y 27 meses desde octubre de 1740 a finales de 1742. Estos datos son fluidos, y por ello no es siempre fácil poder definir los hitos o topes que delinean los parámetros de un avivamiento. Sin embargo, estos proveen un marco específico de referencia dentro del cual podemos identificar específicamente aquellos sermones que fueron predicados durante este periodo específico y sus proximidades.

APÉNDICE 2

Las 70 Resoluciones de Edwards

Estoy apercibido de la realidad de que soy incapaz de hacer cualquier cosa sin la ayuda de Dios, humildemente le pido que por su gracia me permita mantener estas resoluciones, hasta el punto que estén de acuerdo con Su voluntad, por causa de Cristo.

Recuerda leer estas resoluciones una vez a la semana.

1. Tomo la resolución de que voy a hacer todo aquello que piense que sea más para la gloria a Dios, y mi propio bien, beneficio y placer, durante mi tiempo; sin ninguna consideración del tiempo, ya sea ahora o tras millares de años. Me resuelvo hacer cualquier cosa que sea mi tarea y deber para el bien y la ventaja de la humanidad en general. Tomo la resolución, de hacer esto sin importar cualquier dificultad que se me presente, ni cuantas ni que tan grandes puedan ser.
2. Tomo la resolución de estar continuamente dedicado a encontrar algunas nuevas ideas o inventos para promover las resoluciones antes mencionadas.
3. Resuelvo que si alguna vez caigo o me vuelvo perezoso de tal manera que falle para no mantener estas resoluciones, me arrepentiré de todo lo que pueda recordar, cuando recupere mi sensatez.

4. Resuelvo, nunca hacer ninguna clase de cosas, ni más ni menos, ya sea en el alma o en el cuerpo, que tienda a aminorar la gloria de Dios.

5. Resuelvo nunca perder ni un momento de tiempo, sino aprovecharlo en la forma más beneficiosa posible.

6. Resuelvo vivir con todas mis fuerzas mientras viva.

7. Tomo la resolución de nunca hacer nada que me daría miedo hacer si se tratara de la última hora de mi vida.

8. Resuelvo actuar en todos los aspectos, tanto en lo que hablo o hago, como si nadie hubiera sido tan vil como yo, y como si hubiera cometido los mismos pecados, o hubiera tenido los mismos defectos o fallas que los demás; y permitiré que el conocimiento de sus errores no promueva ninguna otra cosa sino vergüenza para mí y muster sólo una ocasión para confesar mis propios pecados y miseria a Dios. Julio 30

9. Tomo la resolución de pensar mucho, en todas las ocasiones, acerca de mi muerte, y estar atento a todas las circunstancias que van a ligadas a esa realidad.

10. Me resuelvo cuando sienta dolor, pensar en los dolores del martirio y del infierno.

11. Tomo la resolución de que cuando piense en cualquier teorema de la divinidad que haya que resolver, de inmediato hacer lo que pueda para resolverlo, si las circunstancias no me lo impiden.

12. Tomo la resolución de que si me deleito en algo como una gratificación para mi orgullo o vanidad en cualquier medida, inmediatamente la rechazaré.

13. Me determino que me esforzaré por encontrar objetos adecuados para ser generoso y caritativo.

14. Me determino, a nunca hacer ninguna cosa por venganza.

15. Me determino a jamás permitirme ni la más mínima emoción de ira hacia seres irracionales.

16. Me determino a nunca hablar algo malo de alguien, que podría tender a la deshonra, ni menos o más, a excepción de hablar sólo lo realmente bueno.

17. Tomo la resolución que viviré de tal forma que hubiera deseado hacerlo cuando me muera.

18. Estoy resuelto a vivir, en todo tiempo, como pienso es lo mejor en mis conceptos más devotos, cuando tengo las nociones más claras de las cuestiones del evangelio y del mundo por venir.

19. Estoy resuelto a nunca hacer nada que tuviera miedo hacer como si yo supiera que no falta más de una hora para escuchar la trompeta final.

20. Tomo la resolución de mantener la más estricta moderación en el comer y beber.

21. Estoy resuelto nunca hacer nada que yo podría ver en alguien más; que me diera ocasión para despreciarlo, o pensar en cualquier forma mal en cuanto a él.

22. Me determino a dedicarme a obtener tanta felicidad para mí en el otro mundo como me sea posible con el poder, fuerza y vigor, la violencia, de que soy capaz de hacer, o puedo llegar yo mismo a ejecutar, en cualquier forma que se pueda pensar.

23. Estoy resuelto con frecuencia a tomar alguna acción deliberada, la cual parece ser lo más adecuado hacer, para la gloria de Dios, y rastrearla a su intención original, los diseños, y fines de ella; y si encuentro que no es para la gloria de Dios, juzgarla como una violación de la cuarta resolución.

24. Estoy resuelto, que cada vez que haga algo visiblemente malo, seguiré su rastro hasta llegar a la causa que la originó; y luego cuidadosamente dedicar todo mi esfuerzo a no hacerla más y luchar y orar con todas mis fuerzas contra la causa de eso.

25. Tomo la resolución de examinar cuidadosa y constantemente, que cosa en mí es la que me provoca duda en lo más mínimo del amor de Dios; y entonces dirigir toda mi fuerza contra ella.

26. Estoy resuelto a deshacerme de toda cosa que descubra que contrista mi certeza.

27. Me determino a nunca omitir voluntariamente alguna cosa, excepto que la omisión sea para la gloria de Dios; y frecuentemente examinar lo que dejo de hacer.

28. Estoy resuelto a estudiar las Escritura tan firme y constantemente y con frecuencia, al punto de que pueda encontrar y plenamente percibir, que estoy creciendo en el conocimiento de ella.

29. Estoy resuelto a nunca dejar de contar que una oración, ni dejarla que considere como una oración, ni como una petición de oración, la cual sea hecha que yo no pueda esperar que Dios responderá; ni una confesión en la cual no pueda esperar que Dios aceptará.

30. Estoy resuelto, a hacer todo lo posible cada semana para ser llevado más alto en la religión (vida cristiana), y a un más alto ejercicio de la gracia, de lo que fue la semana anterior.

31. Estoy resuelto a nunca decir nada en absoluto contra nadie, sino cuando está perfectamente de acuerdo con el más alto grado de honor cristiano, el amor por la humanidad, agradable a la más baja humildad y al sentido por mis propias faltas y defectos, y de acuerdo con la regla de oro; a menudo, cuando diga algo contra cualquier persona, para llevarlo, e intentar que estrictamente pase por el examen de la presente resolución.

32. Estoy resuelto a ser estricta y firmemente fiel a la clase de confianza como la del hombre de Proverbios 20:6 «*Muchos hombres proclaman cada uno su propia bondad, Pero hombre de verdad, ¿quién lo hallará?*» Y que no se cumpla sólo parcialmente en mí.

33. Tomo la determinación a hacer siempre lo que pueda para hacer, mantener, y preservar la paz, cuando pueda ser realizado sin perder el equilibrio en detrimento de otros aspectos. Diciembre 26, 1722.

34. Estoy resuelto, que en las narraciones, nunca hablaré otra cosa sino la verdad pura y simple.

35. Estoy resuelto, que toda vez que me cuestione si he cumplido con mi deber, de tal manera que mi tranquilidad y reposo estén perturbadas, que me tranquilizaré y también trataré como resolver la cuestión. Diciembre 18, 1722

36. Estoy resuelto a nunca hablar mal de nadie, a menos que tenga alguna buena reconvención que comunicar. Diciembre 19, 1722

37. Estoy resuelto a indagar todas las noches, al ir a la cama, en qué cosas he sido negligente, – qué pecado he cometido, y en qué me he negado a mí mismo; también al fin de cada semana, mes y año. Diciembre 22 y 26, 1722

38. Estoy resuelto a nunca pronunciar ninguna cosa festiva, o asunto de risa, del día del Señor, tarde del sábado. Diciembre 23, 1722.

39. Estoy resuelto a nunca hacer nada, en lo que cuestione la legalidad, mientras que intento al mismo tiempo considerar y examinar después, si fue legal o no; a menos que dudara mucho de la legalidad de la omisión.

40. Tomo la resolución a investigar antes de ir a la cama, si he actuado de la mejor manera que podía hacerlo, con respeto a comer y beber. Enero 7, 1723.

41. Estoy resuelto a preguntarme a mí mismo, al final de cada día, semana, mes y año, en dónde podría posiblemente haber sido mejor en cualquier aspecto. Enero 11, 1723

42. Estoy resuelto a renovar con más frecuencia la dedicación de mí mismo a Dios, la cual fue la hecha en mi bautismo, la cual renové solemnemente cuando fui recibido en la comunión de la iglesia, y la cual solemnemente he vuelto a hacer el día de hoy 12 de Enero de 1723.

43. Estoy resuelto, de aquí en adelante, hasta que me muera, a nunca actuar como si fuera mi propio dueño, sino como que soy entera y completamente de Dios, porque será agradable ser hallado así. 12 de Enero de 1723

44. Hago la resolución que ningún otro fin sino la religión (relación con Dios) tendrá ninguna influencia en absoluto en mis acciones; y que ninguna acción se llevará a cabo, bajo ninguna circunstancia con un propósito que no sea éste. Enero 12, 1723.

45. Hago la resolución de no permitir ningún placer o codicia, gozo o tristeza, ni ningún grado de afecto, ni ninguna circunstancia relativa a la misma; sino a aquellas que ayuden a la religión (vida cristiana). Enero 12 y 13 1,723.

46. Estoy resuelto a nunca permitir ni en una pequeña medida el entristecimiento o inquietud en cuanto a mi padre o madre. Resuelvo no permitir tales efectos aún ni en la alteración de mi voz, o movimiento de mis ojos; y ser especialmente cuidadoso de ello en cuanto a cualquiera de nuestra familia.

47. Estoy resuelto a esforzarme hasta lo máximo para negar todo aquello que no sea sumamente agradable para un bien universal, dulce y benevolente, quieto, pacífico, satisfecho y tranquilo, compasivo y generoso, humilde y manso, sumiso y servicial, diligente y laborioso, caritativo y aún paciente, moderado, perdonador y sincero, con templanza, y hacer en todo tiempo aquello a lo que este tipo de carácter me guíe; y a examinar estrictamente, al final de cada semana, si lo he hecho así. Sábado por la mañana, 5 de Mayo de 1723.

48. Estoy resuelto a constantemente, con el mayor esmero y diligencia, y el escrutinio más estricto, observar detenidamente el estado de mi alma, de manera que pueda saber si tengo verdaderamente un interés en Cristo o no; para que cuando yo muera, no sea encontrada ninguna negligencia con respecto a esto de lo que tenga que arrepentirme. 26 de Mayo de 1723.

49. Estoy resuelto a que esto (nº 48) nunca acontezca, si puedo evitarlo.

50. Estoy resuelto a que actuaré así, como pienso; de la misma manera juzgaré lo que haya sido mejor y más prudente cuando venga al mundo futuro. 5 de Julio de 1723.

51. Estoy resuelto a que actuaré así, en cada aspecto, de la forma en que pienso que yo desearía haberlo hecho, si fuera al final condenado. 8 de Julio de 1723.

52. Estoy resuelto a frecuentemente escuchar a personas de edad avanzada comentar cómo hubieran vivido si pudieran vivir de nuevo sus vidas; Resuelvo, que viviré así como pienso que yo desearía haberlo hecho, suponiendo que viva hasta una edad avanzada. 8 de Julio de 1723.

53. Estoy resuelto a mejorar cualquier oportunidad, cuando esté en el mejor y más feliz estado mental, para derramar y confiar mi alma en el Señor Jesucristo, para esperar y depositarme en él, y consagrarme completamente a él; que de esta manera yo pueda estar seguro de mi salvación, sabiendo que he confiado en mi Redentor. 8 de Julio de 1723.

54. Estoy resuelto a que siempre que oiga que se está hablando algo en alabanza para alguna persona, si yo pienso que eso sería en mí, digno de alabanza, yo debería esforzarme en imitarlo.

55. Resuelvo, empeñarme al máximo para actuar así, de la manera que pienso que debería hacerlo, si ya hubiera visto la felicidad del cielo y los tormentos del infierno. 8 de Julio de 1723.

56. Estoy resuelto a nunca detenerme, ni ablandarme en lo más mínimo en mi lucha con mis corrupciones, no importando si no he podido lograrlo.

57. Estoy resuelto a que, cuando tenga temor a las desgracias y adversidades, deberé examinar si he realizado mi deber, y determinado el hacerlo y dejar que el evento sea solamente como la Providencia lo ordene, Yo, tanto como me sea posible, no me preocuparé por nada, sino por mi deber y mi pecado. 9 de Junio y 13 de Julio de 1723.

58. Estoy resuelto a no sólo refrenarme en la conversación, con un aire de desaprobación, enojo e ira sino manifestar un aire de amor, alegría y benignidad 27 de Mayo y 13 de Julio de 1723.

59. Estoy resuelto a que, cuando esté más consciente de las provocaciones de la naturaleza enfermiza y de la ira, lucharé con más fuerza para sentir y actuar con bondad natural; sí, en tales momentos, manifestar benevolencia, aunque pienso que en otros aspectos sería desventajoso, o imprudente. 12 de Mayo y 11 y 13 de Julio.

60. Estoy resuelto a que siempre, cuando mis sentimientos comiencen a aparecer fuera de orden, cuando esté consciente de la menor inquietud dentro de mí, o la más mínima irregularidad, yo entonces me someteré a mí mismo al más estricto examen. 4 y 13 de Julio de 1723.

61. Estoy resuelto a que no daré ocasión a que la negligencia que encuentro en mí afloje mi mente de estar completamente llena y firmemente colocada en la religión (relación con Dios), tampoco daré ocasión a cualquier excusa que pueda yo buscar, y que mi negligencia me incline a pensar que es mejor hacer. 21 de Mayo y 13 de Julio de 1723.

62. Estoy resuelto a nunca hacer nada excepto mi deber, y hacerlo de acuerdo a Efesios 6:6-8, hacerlo voluntaria y alegremente, como delante del Señor y no de los hombres; sabiendo que el bien que cada uno hiciere ese recibirá del Señor. 25 de Junio y 13 de Julio de 1723.

63. Estoy resuelto a que en el supuesto de que no hubiera sino un individuo en el mundo, que fuera apropiada y completamente un Cristiano, en todo aspecto, ya sea de un temple correcto, haré que el cristianismo siempre brille con su verdadero esplendor siendo excelente y amable, desde cualquier punto de vista y carácter: Resuelvo: Actuar así como lo haría si luchara con toda mi fuerza para ser ese uno, quien viviera en mi tiempo. 14 de Enero y 13 de Julio de 1723.

64. Estoy resuelto a cuando sienta estos gemidos indecibles de los cuales habla el apóstol y aquellos suspiros del alma de desear sus juicios en todo tiempo, de los que hace mención el salmista en el Salmo 119:20 que los alentaré con toda mi fuerza y no me cansaré de empeñarme encarecidamente en dar lugar a esos deseos, ni de continuar repitiendo tales anhelos. 23 de Julio y 10 de Agosto de 1723.

65. Estoy resuelto a ejercitarme mucho en esto, toda mi vida, con la mayor apertura de que soy capaz, el declarar mis caminos a Dios y mantener mi alma abierta para él, todos mis pecados, tentaciones, dificultades, penas, temores, esperanzas, deseos; todas las cosas, y todas las circunstancias, de conformidad con el sermón sobre el Salmo 119 del Dr. Manton. 26 de Julio y 10 de Agosto de 1723.

66. Estoy resuelto a que siempre me esforzaré en mantener un aspecto benigno, una forma de actuar y hablar, en todo lugar, y en todas las compañías, excepto si sucediera que los deberes requieran que sea de otra manera.

67. Estoy resuelto a después de las aflicciones, inquirir, cuan mejor soy por ellas, qué es lo que obtuve de ellas y que podría seguir obteniendo de ellas.

68. Estoy resuelto a confesarme francamente a mí mismo, todo lo que encuentro en mí ser ya sea enfermedad o pecado; y si ello

fuera algo concerniente a la religión, también confesarle todo el asunto a Dios e implorarle que necesito su ayuda. 23 de Julio y 10 de Agosto de 1723.

69. Estoy resuelto a siempre hacer aquello que hubiera querido haber hecho cuando he visto a otros hacerlo. 11 de Agosto de 1723.

70. Estoy resuelto a siempre dejar que haya algo de benevolencia en todo lo que hable. 17 de Agosto de 1723.

APÉNDICE 3

Denuncia de los defectos de los predicadores

Búsqueda de la influencia de Stoddard en la predicación de avivamiento de Jonathan Edwards

¿Quién fue Solomon Stoddard? Fue el predecesor de Edwards, el «papa» que influyó en el desarrollo espiritual de su entorno, especialmente de Northampton. Edwards fue contratado por él. Stoddard fue el abuelo materno de Edwards. Edwards relevó a Stoddard tras su muerte en 1727. No podemos minusvalorar la influencia espiritual que Stoddard ejerció sobre Edwards sin equivocarnos. Aunque hay algunos elementos en su teología y eclesiología que Edwards desechaba, tal cosa no debe de llevarnos a engaño pensando que Edwards no fue significativamente influenciado por Stoddard.

Según Stoddard, la decadencia y el letargo del país se debían a la predicación pobre, « ...hay un gran necesidad de una buena predicación. Cuando esto llega a pasar entre los profesores, el espíritu de piedad avanza excesivamente lento» (Kistler: 127). Stoddard delinea lo que considera que son los rasgos o características de la predicación pobre en un mensaje titulado «Denuncia de los defectos de los predicadores». Hemos intentado resaltar aquí aquellos puntos sobresalientes en los que Edwards se muestra conforme o se aleja de Stoddard.

Resumen y conclusión

Hemos intentado de seguir la influencia del tratado de Stoddard «Denuncia de los defectos de los predicadores» en la vida y ministerio de Edwards. Es destacable la influencia que Stoddard tuvo sobre Edwards, y cómo nuestro punto de interés está en la predicación avivadora de Edwards, viendo como Stoddard mismo fue usado por haber participado en cinco importantes «cosechas» durante su pastorado de 60 años en Northampton (1679, 1683, 1696, 1712 y 1718), y ya que Stoddard fue el pastor principal de la iglesia y al que Edwards sustituyó, hay un extraordinario legado espiritual que Edwards recibió de él. Indudablemente, los defectos denunciados por Stoddard demostraron ser una advertencia notable para Edwards, y contribuyó significativamente a su éxito espiritual y ministerial. Las recomendaciones de Stoddard proveen de un maravilloso marco a través del cual interpretar el ministerio de predicación de avivamiento de Edwards, y por ello incluimos esto aquí para la consideración del lector.

Comparación de la acusación de la predicación pobre de Stoddard con la que practicaba de Edwards (Consideración de 9 puntos)

NO ES UNA BUENA PREDICACIÓN» (Stoddard)	SÍ ES BUENA PREDICACIÓN (Edwards)
Stoddard lamenta la decadencia de la buena predicación y describe la pobre predicación.	Evidencia de que Edwards llevó a Stoddard en el corazón de su estilo, contenido y enfoque en la predicación.
Si no se enseña que el hombre frecuentemente ignora cuándo fue su conversión, no es una buena predicación.	Edwards insistió mucho en un llamamiento a la conversión y creía en un momento de conversión.
Si se enseña que la humillación no es necesaria antes de la fe, no es una buena predicación.	Edwards se preocupaba de llamar a la gente al arrepentimiento antes de que ejercieran fe. Esta insistencia puritana impregna la predicación de Edwards. Él llama a los hombres al arrepentimiento y a la humillación evangélica antes de darles el «antídoto». De hecho, algunos dirían que a menudo falta el antídoto (ver comentarios de Wesley sobre «Pecadores»).

Cuando los hombres no predican mucho sobre el peligro de la condenación falta la buena predicación.	Hemos documentado las referencias al «infierno» en los mensajes anteriores y durante el Gran Despertar (ver capítulo 3 sobre la predicación del «fuego del infierno»). Edwards no predicaba solo sobre el infierno, pero es cierto que era un significativo aspecto de su repertorio de predicaciones.
Si explicación que se da de la naturaleza de la fe que justifica es errónea, no es una buena predicación.	Edwards predicó detalladamente sobre la importancia fundamental de la justificación por la fe, y de hecho esta fue la esencia de su tesis magistral... y él atribuye el avivamiento a este punto.
Si alguien da «falsas muestras» de piedad, no es una buena predicación.	Edwards escribió extensamente sobre las «falsas muestras» y las «marcas distintivas», y su obra sobre los *Sentimientos religiosos* puede ser interpretada como un simple despliegue de las «falsas muestras de piedad» a los que alude Stoddard.
Si se enseña a los hombres a edificar su fe en la divina autoridad de la Escritura sobre señales probables, no es una buena predicación.	O este es uno de los puntos de Stoddard que no encuentra mucho paralelismo o simetría con los sermones o escritos de Edwards, o esta conclusión puede traicionar mi ignorancia de Edwards. Ciertamente él creía lo que afirmaba Stoddard, un calvinismo clásico, pero yo no he sido capaz de hallar este punto de interés en su predicación.
Si se predica de libertades que Dios no permite, no es una buena predicación.	Edwards animó libertades no fomentadas por Dios, mientras no estuviesen explícitamente condenadas por Dios.
Si se predica a favor de ceremonias de adoración que Dios no permite, no es una buena predicación.	Edwards permitió aquellos elementos dentro de la ceremonia tradicional siempre que Dios no los prohibiese. Él demostró una considerable libertad en su visión del asunto.

APÉNDICE 4

Pecadores en las manos de un Dios airado (Sermón)

«A su tiempo su pie resbalará» (Deuteronomio 32:35).

En este versículo la venganza de Dios amenazaba sobre los israelitas impíos e incrédulos, que eran el pueblo visible de Dios y quienes vivieron bajo los medios de la gracia; pero quienes no obstante todas los obras maravillosas de Dios para con ellos, permanecieron (como dice el v.28) desprovistos de consejos, no teniendo entendimiento en ellos. De todos los cultivos del cielo, sacaron a la luz frutos amargos y venenosos; como en los dos versículos que preceden al texto. La expresión que he escogido para mi texto, 'a su tiempo su pie resbalará', parece indicar las siguientes cosas con respecto al castigo y destrucción a que están expuestos estos impíos israelitas.

1. Estuvieron siempre expuestos a destrucción; como uno que permanece o camina en lugares resbaladizos está siempre expuesto a la caída. Esto está implicado en la manera de su destrucción cuando viene hacia ellos, estando representada por sus pies resbalando. Lo mismo es expresado en el Salmo 73:18.»Ciertamente los has puesto en deslizaderos; en asolamientos los harás caer.»

2. Implica que estuvieron siempre expuestos a una rápida destrucción repentina. Como el que camina en lugares resbaladizos está expuesto en cada momento a caer, no puede predecir si al siguiente momento permanecerá de pie o caerá; y cuando cae, cae de un sopetón sin advertencia, lo cual está también expresado en el Sal.73:18-19. «Ciertamente los has puesto en deslizaderos; en asolamientos los harás caer. ¡Cómo han sido asolados de repente!»

3. Otra cosa implícita es, que están expuestos a caer por ellos mismos, sin ser arrojados a tierra por la mano de otro; como aquel que permanece de pie o camina en suelo resbaladizo no necesita otra cosa que su propio peso para caer al suelo.

4. La razón por la que no han caído todavía, ni caen ahora, es solamente porque el tiempo señalado por Dios no ha llegado. Porque se dice que cuando ese esperado tiempo, o momento señalado llegue, sus pies resbalarán. Luego se dejarán caer, de la manera en que están inclinados a ello por su propio peso. Dios no los sostendrá ya más en estos lugares resbaladizos, sino que los dejará ir; y luego, en ese mismo instante caerán en destrucción; como aquel que se encuentra en suelos inclinados y resbaladizos, o en el filo de un abismo, que no puede mantenerse firme por sí solo; cuando se deja sin apoyo, inmediatamente cae y se pierde.

La observación de estas palabras en las que voy a insistir es ésta: «No hay otra cosa que mantenga a los hombres impíos fuera del infierno en todo momento que el mero placer de Dios.» Por el mero placer de Dios quiero significar su placer soberano, su voluntad arbitraria, no restringida por ninguna obligación, ni impedida por ninguna dificultad, ni ninguna otra cosa; como si la pura voluntad de Dios no tuviera ni un momento, en el menor grado, o en ningún otro aspecto, ningún lugar en la preservación de los impíos. La verdad de esta observación aparece al considerar lo siguiente:

1. Dios no desea en ningún instante hacer muestra de su poder arrojando a los impíos en el infierno. Las manos de los hombres no pueden ser fuertes cuando Dios se levanta; el más fuerte no tiene

poder para resistirle, ni puede librarse de sus manos. Él no sólo es capaz de arrojar a los impíos en el infierno, sino que puede hacerlo fácilmente. Algunas veces un príncipe terrenal se encuentra con la dificultad de sujetar a un rebelde que ha encontrado medios para fortificarse a sí mismo, y se ha hecho fuerte por el número de sus seguidores. Pero no es así con Dios. No hay fortaleza que sea defensa contra el poder de Dios. Aunque una vasta multitud de los enemigos de Dios, mano a mano se combinen y asocien, son fácilmente quebrados en pedazos. Son como grandes montones de paja ligera ante el torbellino; o grandes cantidades de rastrojo seco ante llamas devoradoras. Nos es fácil pisotear y aplastar un gusano que vemos arrastrarse en la tierra; también es fácil para nosotros cortar o chamuscar un hilo delgado que agarre cualquier cosa; así es fácil para Dios, cuando le place, arrojar a sus enemigos al infierno. ¿Qué somos nosotros para que permanezcamos de pie frente a ñél, ante cuya represión la tierra tiembla y las rocas son arrojadas?

2. Ellos merecen ser echados al infierno; de manera que si la justicia divina se encuentra en el camino, no hay objeción eficaz contra el uso del poder de Dios para destruirlos. Antes, por el contrario, la justicia clama fuertemente por un castigo infinito de sus pecados. La justicia divina dice del árbol que da a luz las uvas de Sodoma, «córtalo, ¿para qué inutiliza también la tierra?» (Lu. 13:7). La espada de la justicia divina blandea en cada momento sobre sus cabezas y no es otra cosa que la misericordia arbitraria y la pura voluntad de Dios que la detiene.

3. Ellos están bajo sentencia de condenación al infierno. No sólo merecen justamente ser arrojados allí, sino que la sentencia de la ley de Dios, esa regla eterna e inmutable de justicia que Dios ha fijado entre Él y la humanidad, ha ido en su contra y permanece en su contra; de manera que ya están dispuestos para el infierno. «El que no cree, ya ha sido condenado» (Juan 3:18). De modo que cada inconverso pertenece propiamente al infierno; ese es su lugar; él es de allí. «Vosotros sois de abajo» (Juan 8:23) y allí estáis atados; es el lugar que la justicia, la palabra de Dios y la sentencia de su ley inmutable les han asignado.

4. Ellos ahora son el objeto de ese mismo enojo e ira de Dios que son expresados en los tormentos del infierno. Y la razón por la que no bajan al infierno en cualquier momento, no es porque Dios, en cuyo poder están, no esté muy enojado con ellos, como lo está con muchas criaturas miserables que ahora están siendo atormentadas en el infierno y allí sienten y experimentan el furor de su ira. Si, Dios está más enojado con otros tantos que ahora están en la tierra; sí, sin duda lo está con muchos que están ahora en esta congregación, con quienes está airado con más facilidad que con muchos de los que se encuentran ahora en las llamas del infierno. Pero no es porque Dios se haya olvidado de su impiedad ni se resienta por ello la razón por la que no desata su mano y los corta. Dios no es en conjunto como uno de ellos, para ellos su condenación no se duerme; el abismo está preparado, el fuego ya está listo, el horno está caliente, listo para recibirlos; las llamas se inflaman y arden. La espada resplandeciente está afilada y se sostiene sobre ellos; y el abismo ha abierto su boca bajo ellos.

5. El diablo está listo para caer sobre ellos y asirlos para sí; en el momento que Dios permitirá. Ellos le pertenecen; él tiene sus almas en su posesión y bajo su dominio. La Escritura los representa como sus buenas dádivas (Luc.11:13). Los demonios los vigilan; siempre están a su diestra por ellos; permanecen esperando como leones hambrientos y codiciosos que ven su presa y esperan tenerla, pero por el momento se retienen. Si Dios retirara su mano, por la cual ellos son restringidos, volarían sobre sus pobres almas. La serpiente antigua los mira con asombro; el infierno abre su amplia boca para recibirlos; y si Dios lo permitiera serían apresuradamente tragados y se perderían.

6. En las almas de los impíos reinan principios infernales que estarían actualmente encendidos y llameando en el infierno de fuego si no fuera por las restricciones de Dios. En la naturaleza de cada hombre carnal está colocado un fundamento para los tormentos del infierno. Hay esos principios corrompidos reinando y en plena posesión de ellos, que son la semilla del infierno de fuego. Estos principios son activos y poderosos, excesivos y violentos en su na-

turaleza; y si no fuera por la mano restringente de Dios pronto estallarían y se inflamarían de la misma manera que lo harían las corrupciones y enemistad en los corazones de las almas condenadas y engendrarían los mismos tormentos que crean en ellos. Las almas de los impíos son comparadas en la Escritura al mar en tempestad (Is.57:20). Por ahora, Dios restringe su impiedad por medio de su gran poder, de la misma manera que lo hace con las coléricas ondas del mar turbulento, diciendo, «hasta aquí llegarás y no pasarás;» pero si Dios retirara ese poder restringente, rápidamente se llevaría todo por delante. El pecado es la ruina y la miseria del alma; es destructivo en su naturaleza; y si Dios lo dejara sin restricción no faltaría nada para hacer del alma algo perfectamente miserable. La corrupción del corazón del hombre no tiene moderación y es ilimitada en su furia; y mientras el impío vive aquí es como un fuego contenido por las restricciones de Dios, que si fuera dejado en libertad quemaría el curso de la naturaleza; y ya que el corazón es ahora un montón de pecado, de no ser restringido, inmediatamente convertiría el alma en un horno ardiente, o en un horno de fuego y azufre.

7. No hay seguridad para los impíos de que en algún momento haya medios visibles de su muerte. No hay seguridad para un hombre natural, que ahora tiene salud, que de ninguna manera vea que pueda partir inmediatamente de este mundo por algún accidente, ni de que no haya ningún peligro visible en ningún aspecto en sus circunstancias. La experiencia múltiple y continua del mundo en todas las edades muestra que no hay evidencia de que un hombre no está en el borde de la eternidad y de que el próximo paso no sea en otro mundo. Lo invisible, el olvido de modos y medios por los que las personas salen súbitamente del mundo son innumerables e inconcebibles. Los hombres inconversos caminan sobre el abismo del infierno en una cubierta podrida y hay innumerables lugares muy débiles en esta cubierta que no pueden soportar su peso; lugares que además no se ven a simple vista. Las flechas de la muerte vuelan a mediodía sin ser vistas; la vista más aguda no las puede discernir. Dios tiene tantas maneras diferentes e inescrutables de

tomar al impío fuera del mundo y enviarlo al infierno, que no hay nada que haga parecer que Dios tuviera necesidad de estar a expensas de un milagro, o salirse fuera del curso de su providencia, para destruir al impío en cualquier instante. Todos los medios por los que los impíos parten del mundo están de tal manera en las manos de Dios; y tan universal y absolutamente sujetos a su poder y determinación, que no depende sino de la pura voluntad de Dios el que los pecadores vayan en cualquier momento al infierno.

8. La prudencia y el cuidado de los hombres naturales para preservar sus propias vidas, o el cuidado de otros para preservarlos a ellos, no les brinda seguridad en ningún momento. De esto dan testimonio la providencia divina y la experiencia universal. Hay la clara evidencia de que la propia sabiduría de los hombres no les da seguridad cuando están frente a la muerte; si fuera de otra manera veríamos alguna diferencia entre los hombres sabios y políticos y los demás con respecto a su propensión a una muerte temprana e inesperada; pero ¿cómo es esto en los hechos? «También morirá el sabio como el necio» (Ecl. 2:16).

9. Todas las luchas y maquinaciones que los hombres impíos usan para escapar del infierno, mientras continúan rechazando a Cristo, permaneciendo así como impíos, no les libra del infierno en ningún momento. Casi todo hombre natural que oye del infierno se adula a sí mismo de que escapará; depende de sí mismo para su seguridad; se lisonjea a sí mismo en lo que ha hecho, en lo que está haciendo o en lo que intenta hacer. Cada quien dispone cosas en su mente sobre cómo evitará la condenación y se engaña a sí mismo planeando su propio bien, pensando que sus esquemas no fallarán. Ellos oyen sin embargo que son pocos los que se salvan y que la mayor parte de los hombres que han muerto hasta ahora han ido al infierno; pero cada quien se imagina que planea mejores cosas para su escape que las que otros han hecho. Él no pretende ir a ese lugar de tormento; dice dentro de sí que intenta tomar un eficaz cuidado y ordenar las cosas de tal manera que no falle. Pero los hijos insensatos de los hombres se engañan miserablemente a sí mismos en sus propios esquemas, en confianza de su propia fuerza

y sabiduría; no confían más que en una mera sombra. La mayoría de esos que hasta ahora han vivido bajo los mismos medios de gracia y han muerto, han ido indudablemente al infierno; la razón no es que ellos no eran tan sabios como los que ahora están vivos; no, fue porque no planearon cosas que les aseguraran su escape. Si pudiéramos hablar con ellos y les preguntáramos, uno por uno, si ellos esperaban cuando estaban vivos y cuando oían hablar acerca del infierno que serían objeto de esa miseria, indudablemente escucharíamos a todos contestar: «No, yo nunca pretendí venir aquí; había dispuesto las cosas de otra manera en mi mente; pensé haber planeado el bien para mí; ideé un buen patrón. Intenté tomar un cuidado eficaz; pero vino sobre mí inesperadamente. No lo esperaba en ese momento y de esa manera; vino como un ladrón. La muerte me burló. La ira de Dios fue demasiado rápida para mí. ¡Oh mi maldita insensatez! Me estaba engañando y agradando con sueños vanos acerca de lo que yo haría en el más allá; y cuando me encontraba diciendo, 'paz y seguridad,' vino sobre mi destrucción repentina.»

10. Dios en ningún momento se ha puesto bajo ninguna obligación por alguna promesa que haya dado, de mantener al hombre natural fuera del infierno. Ciertamente Dios no ha dado promesas acerca de la vida eterna o de alguna liberación o preservación de la muerte eterna, sino aquellas que están contenidas en el pacto de gracia, las promesas son sí y amén. Pero seguramente aquellos que no son hijos del pacto, que no creen en ninguna de las promesas, no tienen interés en las promesas del pacto de gracia y no tienen interés en el Mediador del pacto; De manera que, aunque alguno haya tenido imaginaciones y pretensiones acerca de promesas hechas a hombres naturales que buscan con sinceridad, es claro y manifiesto que no importa los dolores que un hombre natural sufra en la religión, ni las oraciones que haga; hasta que no crea en Cristo. Dios no está de ninguna manera bajo la obligación de librarlo en ningún momento de la destrucción eterna. Así es como los hombres naturales son tornados en la mano de Dios sobre el abismo del infierno; se han merecido el

fiero abismo y ya están sentenciados a él; Dios ha sido terriblemente provocado, su ira es tan grande hacia ellos, como la de esos que están actualmente sufriendo las ejecuciones de la furia de su ira en el infierno y no han hecho nada en lo más mínimo para apaciguar o disminuir ese enojo, ni está Dios atado en lo más mínimo a ninguna promesa de levantarlos en ningún momento. El diablo está esperando por ellos, el infierno está abierto de par en par para ellos, las llamas se reúnen y centellean a su alrededor, los atraparán y tragarán; el fuego contenido en sus corazones está luchando para estallar; y ellos no tienen interés en ningún mediador; no hay medios al alcance que les puedan servir de seguridad. En resumen, no tienen refugio, nada que aferrarse; todo lo que los preserva en cada instante es la pura voluntad y paciencia sin pacto ni obligación de un Dios encolerizado.

Aplicación

Este terrible tema puede ser útil para hacer despertar algunas personas inconversas en esta congregación. Esto que has oído es el caso de cada uno de vosotros que se encuentra fuera de Cristo. Ese mundo de miseria, ese lago de azufre ardiente se extiende debajo de ti. Allí está el espantoso abismo de las llamas ardientes de la ira de Dios; allí está la ancha boca del infierno abierta de par en par; y no tienes nada sobre que permanecer en pie, ni nada dónde agarrarte; no hay nada entre tú y el infierno, sino sólo el aire; es tan solo el poder y el puro placer de Dios el que te soporta.

Posiblemente no eres sensible a esto; te ves fuera del infierno, pero no ves la mano de Dios en ello; pero contemplas otras cosas, como el buen estado de tu constitución corporal, el cuidado de tu propia vida y los medios que usas para tu preservación. Pero en realidad estas cosas no son nada; si Dios retirara su mano, no te beneficiarían más, en cuanto a evitar tu caída, que lo que hace el delgado aire al sujetar una persona que se suspende en él.

Tu impiedad te hace como si fueras tan pesado como el plomo y te dirigirá hacia abajo con gran peso y presión directo al infierno; y si Dios te dejara caer, inmediatamente te sumergirías y rápidamente descenderías dentro del pozo sin fondo; y tu constitución saludable, tu propio cuidado y prudencia, tu mejor plan y toda tu justicia, no tendrían más influencia para sujetarte y librarte del infierno, que lo que una tela de araña puede hacer para frenar una roca al caer.

De no ser por el soberano placer de Dios, la tierra no te sostendría un instante porque eres una carga para ella. La creación gime contigo; la criatura está sujeta a la esclavitud de tu corrupción, no para ayudarte voluntariamente a servir al pecado y a Satanás; la tierra no produce su incremento voluntariamente para satisfacer tus pasiones; ni es voluntariamente un escenario sobre el que tus impiedades actúen; el aire no te sirve voluntariamente para mantener la llama de vida de tus órganos vitales, mientras pasas tu vida al servicio de los enemigos de Dios. Las criaturas de Dios son buenas y fueron hechas para que el hombre sirviera a Dios con ellas y para que no sirvieran voluntariamente a ningún otro propósito, ni para que gimieran cuando eran usadas para propósitos tan directamente contrarios a su naturaleza y fin. El mundo te vomitaría de no ser por la mano soberana de Aquel que lo tiene sujetado en esperanza. Las negras nubes de la ira de Dios están ahora flotando directamente sobre sus cabezas, llenas de terribles tormentas y truenos; y de no ser por la mano restringente de Dios hubieran reventado inmediatamente sobre ti. El placer soberano de Dios, por el presente, detiene su viento agitado; de otro modo vendría con furia, y tu destrucción llegaría como torbellino. Serias como la paja menuda del campo de trillo del verano.

La ira de Dios es como grandes aguas que están destinadas para el presente; aumentan más y más, crecen más y más, hasta que sea dada la salida. Y mientras se detengan las corrientes, más rápido y poderoso será su curso cuando sean desatadas. Es verdad que el juicio contra tus obras perversas no ha sido ejecutado todavía; los diluvios de la venganza de Dios han sido retenidos; pero tu culpa entretanto está constantemente aumentando y está cada día atesorando más ira; las aguas están aumentando constantemente, creciendo más; y más poderosas; y no hay nada fuera del puro placer de Dios que refrene las aguas, las cuales no quieren ser detenidas y presionan duramente para ir hacia adelante. Si Dios tan sólo retirara su mano de la compuerta, se abriría inmediatamente, los fieros diluvios del furor e ira de Dios empujarían con furia inconcebible y vendrían sobre ti con poder omnipotente; y si tu fuerza fuera diez mil veces mayor de lo que es, sí, diez mil veces mayor que la fuerza del más corpulento y robusto diablo en el infierno, no sería nada para resistir o soportar ese furor y esa ira.

El arco de la ira de Dios está encorvado, la flecha lista en la cuerda, la justicia dirige la flecha a tu corazón y estira el arco y no es otra cosa que el mero placer de Dios y el que un Dios airado que sin ninguna promesa y obligación del todo, retiene la flecha de embriagarse con tu sangre. Así todos los que de vosotros nunca habéis pasado por un gran cambio de corazón, por el gran poder del Espíritu de Dios sobre vuestras almas; todos los que de vosotros nunca habéis nacido de nuevo, ni hechos nuevas criaturas, ni sido levantados de la muerte en el pecado a un nuevo estado, ni experimentado la luz y la vida; estáis en las manos de un Dios airado. Aunque hayáis reformado vuestras vidas en muchas cosas, hayáis tenido sentimientos religiosos, hayáis podido mantener cierta forma de religión con vuestros familiares y gente cercana, aun en la casa de Dios, no es otra cosa que Su mero placer que os preserva de ser consumidos en la destrucción eterna. No importa cuán poco convencidos estéis ahora de la verdad que oís, a su tiempo estaréis plenamente convencidos de ella. Aquellos que han partido estando en las mismas circunstancias en que estáis vosotros, ven que así fue con ellos; porque la destrucción vino bruscamente sobre la mayoría de ellos; cuando no la esperaban, y mientras estaban diciendo, 'paz y seguridad.' Ahora ven, que esas cosas de las que dependían para la paz y la seguridad, no eran más que un aire delgado y una sombra vacía. El Dios que te sostiene sobre el abismo del infierno, más que uno que sostenga una araña, o cualquier insecto asqueroso sobre el fuego, te aborrece y ha sido terriblemente provocado. Su ira hacia ti se enciende como fuego; te ve como digno, pero no para otra cosa que para ser echado en el fuego; es tan puro de ojos que no puede ni mirarte; eres diez mil veces más abominable a sus ojos que lo que la serpiente venenosa más odiada es a los nuestros. Le has ofendido infinitamente más que lo que un rebelde obstinado ofende a su príncipe; y sin embargo, no es otra cosa que su mano la que te sostiene de caer en el fuego en cualquier momento. No debe ser atribuido a nadie más que no hayas ido al infierno la última noche; el que hayas sufrido otra vez el despertar en este mundo, después de haber cerrado los ojos para dormir. Y no hay otra razón que dar de por qué no has caído en el infierno desde que te levantaste en la mañana, que el hecho de que la mano de Dios te ha sostenido. No hay otra razón que dar del por qué no has ido al infierno, desde que te sentaste aquí en la casa de Dios, provocando sus ojos puros por tu modo pecaminoso e impío de atender a su solemne adoración. Sí, no hay otra cosa que dar como razón de por qué no caes en el infierno en este preciso momento. Oh, pecador, considera el terrible peligro en que estás. Es sobre un horno de ira, un abismo amplio y sin fondo, lleno del fuego de la ira, en el que estás soportado por la mano de Dios, cuya ira ha sido provocada e inflamada tanto contra ti, como contra muchos de los ya condenados en el infierno. Cuelgas de un hilo delgado, con las llamas de la ira divina destellando alrededor, listas en todo momento para chamuscarlo y quemarlo; y no tienes interés ni por un instante en ningún Mediador, ni en nada en qué aferrarte para salvarte a ti mismo, ni para librarte de las llamas de la ira. Ni siquiera hay algo en ti, nada de lo que hayas hecho ni puedas hacer, para inducir a Dios a perdonarte. Por eso te pido que consideres los siguientes puntos de modo más particular:

1. Mira de quién es la ira. Es la ira de un Dios infinito. Si fuera solamente la ira de un hombre, aunque fuera la del príncipe más poderoso, sería comparativamente pequeña para ser considerada. La ira de reyes es mucho más terrible, especialmente la de monarcas absolutos, que tienen las posesiones y las vidas de sus súbditos enteramente en su poder para disponer de ellas a su mera voluntad. «Como rugido de cachorro de león es el terror del rey; el que te enfurece peca contra sí mismo» (Prov.20:2). El súbdito que se encoleriza mucho contra un príncipe arbitrario, está expuesto a sufrir los tormentos más extremos que el arte humano puede inventar o que el poder humano puede infligir. Pero las más grandes potesta-

des terrenales, en su mayor majestad y fuerza, cuando están vestidas de sus más grandes terrores, no son más que gusanos débiles y despreciables de la tierra en comparación al Gran y Todopoderoso Creador y Rey del cielo y la tierra. Es en realidad poco lo que ellos pueden hacer en el momento en que están más encolerizados y cuando han ejercido el extremo de su furia. Todos los reyes de la tierra son como langostas ante Dios; son nada y menos que nada; tanto su amor como su odio son tornados en poco. La ira del gran Rey de reyes es tanto más terrible que la de ellos, como lo es su majestad. «Más os digo, amigos míos: No temáis a los que matan el cuerpo, y después nada más pueden hacer. Pero os enseñaré a quién debéis temer: Temed a aquel que después de haber quitado la vida, tiene poder de echar en el infierno; sí, os digo, a éste temed» (Luc. 12:4,5).

2. Es a la furia de su ira a la que estás expuesto. A menudo leemos de la furia de Dios; como en Is.59:18. «Como para retribuir con ira a sus enemigos, y dar el pago a sus adversarios.» Así también Is.66:15. «Porque he aquí que Jehová vendrá con fuego, y sus carros como torbellino, para descargar su ira con furor, y su represión con llama de fuego.» Y en muchos otros lugares. También Ap.19:15; allí leemos de «el lagar del vino del furor y de la ira del Dios Todopoderoso.» Las palabras son en extremo terribles. Si solamente se hubiera dicho, «la ira de Dios,» los términos implicarían algo infinitamente terrible; pero es «el furor y la ira de Dios.» ¡La furia de Dios! ¡El furor de Jehová! ¡Oh, cuán terrible debe ser eso! ¿Quién puede pronunciar o concebir lo que estas expresiones implican en sí mismas? Pero además, «el furor y la ira del Dios Todopoderoso.» Como si hubiera una gran manifestación de su poder omnipotente en lo que el furor de su ira realiza; como si la omnipotencia estuviera encolerizada y ejercida de tal manera que los hombres no puedan ejercer su fuerza en contra del furor de su ira. Oh! entonces, ¡cuál será la consecuencia! ¡Qué será de aquellos pobres gusanos que la sufrirán! ¿Quién tendrá manos fuertes para esto? ¿Qué corazón la podrá resistir? ¡A qué terrible, indecible, inconcebible profundidad de miseria estará sumergida la pobre criatura que esté sujeta a esto!

Considera esto, tú que estás aquí presente y aún permaneces en un estado no regenerado. Que Dios ejecutará el furor de su enojo, implica, que Él infligirá su ira sin piedad. Cuando Dios observe la extremidad inefable de tu caso y vea tu tormento que es tan vastamente desproporcionado a tu fuerza y vea cómo tu pobre alma es molida y se hunde como si estuviera en tinieblas infinitas; no tendrá compasión de ti, no contenderá las ejecuciones de su ira, ni siquiera aligerará su mano, no habrá moderación ni misericordia, no apaciguará su viento agitado; no tendrá cuidado de tu bienestar, ni será en ningún sentido cuidadoso, a menos que sufras mucho más de cualquier otra manera, que lo que sufrirías con lo que la justicia estricta requiere. Nada será retenido por el hecho de que sea demasiado fuerte el sobrellevarlo. «Pues también yo procederé con furor; no perdonará mi ojo, ni tendré misericordia; y gritarán a mis oídos con gran voz, y no los oiré (Ez.8:18). Ahora Dios está presto a tener piedad de ti; este es un día de misericordia; puedes gritar ahora alentado para obtener misericordia. Pero cuando el día de misericordia pase, tus gritos y chillidos de lamento y dolor serán en vano; estarás tan enteramente perdido y alejado de Dios, como para que nadie se interese en tu bienestar. Dios no tendrá otra cosa que hacer contigo que ponerte a sufrir miseria; no continuarás existiendo para ningún otro fin que no sea ese; porque serás un vaso de ira preparado para destrucción; y no habrá otro uso para este vaso, que ser llenado a plenitud de ira. Dios estará tan lejos de tener piedad de ti cuando grites, que se dice que solamente «reirá y se burlará» (Prov.1:25,26ss).

Cuán terribles son esas palabras, las cuales proceden del gran Dios, «los pisé con mi ira, y los hollé con mi furor; y su sangre salpicó mis vestidos, y manché todas mis ropas» (Is.63:3). Es quizás imposible concebir otras palabras que expresen con más claridad la idea de desprecio, odio, furia e indignación. Si clamas a Dios para que tenga piedad de ti, Él estará tan lejos de hacer tal cosa en tu doloroso caso, o de mostrarte ningún cuidado o favor, que, en lugar de ello, te hollará bajo sus pies. Y aunque sabrá que no podrás sobrellevar el peso de la omnipotencia sobre ti, no tendrá consideración, sino que te aplastará bajo sus pies sin misericordia; hará volar tu sangre al molerte y que salpicará sobre sus vestidos, de tal manera que manchará todas sus ropas. No sólo te odiará, sino que te tendrá bajo el desprecio más extremo; no habrá otro lugar más adecuado para ti que el estar bajo sus pies, ser pisoteado como el fango de las calles.

3. La miseria a la que estás expuesto es aquella que Dios infligirá con el fin de mostrarte lo que la ira de Jehová es. Dios ha tenido en su corazón el mostrar a los ángeles y a los hombres cuán excelente es su amor y también cuan terrible es su ira. Algunas veces los reyes terrenales tienen en mente mostrar cuán terrible es su ira, por los castigos extremos que ejecutan en contra de aquellos que la provocan. Nabucodonosor, ese monarca poderoso y orgulloso del imperio caldeo, estuvo presto a mostrar su ira cuando se encolerizó contra Sadrac, Mesac y Abednego; y de esa manera dio orden de que el fiero horno ardiente fuera calentado siete veces más de lo que estaba. Sin duda, fue levantado al grado más extremo de furor que el arte humano podía levantar.

Pero el gran Dios está también presto a mostrar su ira, magnificar su terrible majestad y omnipotencia, en los sufrimientos extremos de sus enemigos. «¿Y qué, si Dios, queriendo mostrar su ira y hacer notorio su poder, soportó con mucha paciencia los vasos de ira preparados para destrucción?» (Rom.9:22). Y viendo que ésta es su diseño, aquello que Él ha determinado, mostrar cuán terrible es la ira, la furia y el furor de Jehová cuando no es refrenada, Él lo llevará a cabo. Sucederá ante un testigo algo que será espantoso. Cuando el gran Dios airado se haya levantado y ejecutado su terrible venganza sobre el pobre pecador, cuando el miserable esté sufriendo el peso y el poder infinito de su indignación, entonces Dios llamará al universo completo para que contemple esa terrible majestad y omnipotencia que será vista en él. «Y los pueblos serán como cal quemada; como espinos cortados serán quemados con fuego. Oíd, los que estáis lejos, lo que he hecho; y vosotros los que estáis cerca, conoced mi poder. Los pecadores se asombraron en Sion, espanto sobrecogió a los hipócritas» (Is.33:12-14). Así será con aquellos de vosotros que esten en un estado de no conversión, si continúan en él. El poder infinito, la majestad y lo terrible del Dios omnipotente será magnificado sobre ti, en la inefable fuerza de tus tormentos. Serás atormentado en la presencia de los santos ángeles y en la presencia del Cordero; y cuando te encuentres en ese estado de sufrimiento, los habitantes gloriosos del cielo irán y verán el terrible espectáculo, para que puedan ver lo que es la ira y el furor del Todopoderoso; y cuando lo hayan visto, caerán y adorarán ese gran poder y majestad. «Y de mes en mes y de día de reposo, en día de reposo, vendrán todos a adorar delante de mi, dijo Jehová. Y saldrán y verán los cadáveres de los hombres que se rebelaron contra mí; porque su gusano nunca morirá, ni su fuego se apagará y serán abominables a todo hombre» (Is.66:23-24).

4. Es una ira eterna. Sería terrible sufrir este furor y esta ira del Dios Todopoderoso por un momento; pero la sufrirás por toda la eternidad. No habrá fin para esta aguda y horrible miseria. Cuando mires hacia delante, verás un largo para siempre, una duración infinita ante ti, la cual tragará tus pensamientos y sorprenderá tu alma; y estarás absolutamente desesperado de no tener liberación, de no tener fin, de no mitigar, de no tener reposo del todo. Conocerás ciertamente que deberás consumirte luchando contra esta venganza todopoderosa y ausente de misericordia durante largas edades, millones de millones de edades. Y cuando así lo hayas hecho, cuando esas tantas edades hayan pasado sobre ti de esa manera, conocerás que eso es sólo un punto de lo que queda. De manera que tu castigo será verdaderamente infinito. ¡Oh, quién puede expresar cuál es el estado del alma en tales circunstancias! Todo lo que podamos decir acerca de ello solamente es una representación muy débil; es inexpresable e inconcebible, porque «¿quién conoce el poder de la ira de Dios?»

¡Cuán terrible es el estado de esos que diariamente y a cada hora están en peligro de esta gran ira y miseria infinita! Pero ese es el lúgubre caso de cada alma en esta congregación que todavía no ha nacido de nuevo, no importa cuán moralistas, estrictos, sobrios y religiosos podáis ser. ¡Oh, si tan sólo consideraras esto, ya seas joven o viejo! Hay razón para pensar, que hay muchos ahora en esta congregación oyendo este discurso, que eventualmente serán sujetos a esta miseria por toda la eternidad. No sabemos quiénes son, ni en qué asientos están, ni qué pensamientos tienen ahora. Puede que ahora estén cómodos y que oigan todas estas cosas sin mucha turbación y estén ahora halagándose a sí mismos de que ellos no son esas personas, prometiéndose también que escaparán. Si conociéramos de una persona, sólo de una en esta congregación, que fuera sujeto a esa miseria, ¡qué terrible sería pensar en ello! Si supiéramos quien es, ¡qué vista más terrible sería el mirar a tal persona! ¡Cómo surgiría un grito de lamento amargo por él de parte del resto de la congregación! Pero ¡ay! en lugar de uno, ¡cuántos de ustedes recordarán este discurso en el infierno! Sería un milagro si algunos de los que están ahora presentes no se encontraran en el infierno dentro de poco tiempo, o antes de que este año termine. Y no sería un milagro si algunas personas, de las que ahora están aquí sentadas en algunos asientos de esta casa de reunión, en salud, quietos y seguros, se encuentren allí antes de mañana en la mañana. Aquellos de ustedes que continúen en un estado natural, que piensen que serán librados del infierno más tiempo, ¡estarán allí en poco tiempo! su condenación no se tarda; vendrá velozmente, y, con toda probabilidad, muy prontamente, sobre muchos de ustedes. Ustedes tienen razón al admirarse de que no están ya en el infierno. Es dudoso el caso de algunos que ustedes han visto y conocido, que nunca merecieron el infierno más que ustedes y que una vez parecieron igualmente estar vivos como ustedes.

Su caso ha perdido toda esperanza; ahora están gritando en extrema miseria y perfecta desesperación; pero ustedes están aquí en la tierra de los vivientes, en la casa de Dios y tienen una oportunidad de obtener salvación. ¡Qué no darían esas pobres, condenadas y desesperanzadas almas por un día de oportunidad como el que ahora disfrutas! Y ahora tienes una oportunidad extraordinaria, un día en el que Cristo tiene ampliamente abierta la puerta de la misericordia, permanece allí llamando y gritando con alta voz a los pobres pecadores; un día en el que muchos están uniéndose a el y apresurándose a entrar en el reino de Dios. Muchos vienen diariamente del este, del oeste, del norte y del sur; muchos que estuvieron últimamente en la misma condición miserable en la que están ustedes y que ahora están en un estado de alegría, con sus corazones llenos de amor por aquel que los amó y los lavó de sus pecados con su propia sangre y se gozan en la esperanza de la gloria de Dios. ¡Cuán terrible será ser echado a un lado en aquel día! ¡Ver a tantos festejando, mientras te estás consumiendo y pereciendo! ¡Ver a tantos regocijándose y cantando con gozo del corazón, mientras tienes motivo para lamentarte con pena interior y clamar a gritos con vejación del espíritu! ¿Cómo pueden descansar aun un momento en tal condición? ¿No son sus almas tan preciosas como las almas de la gente de Suffield (un pueblo de las inmediaciones) que están yendo a Cristo día tras día? ¿No hay muchos de vosotros aquí que han vivido un largo tiempo en el mundo y hasta este día no han nacido de nuevo? y ¿son así extranjeros de la nación de Israel y no han hecho otra cosa desde su existencia que atesorar ira en contra del día de la ira?

Oh, señores, su caso, en una manera especial, es peligroso en extremo. Su culpa y dureza de corazón es extremadamente grande. No veis cómo generalmente las personas de vuestra edad son pasados por alto y dejados en el notable presente y la maravillosa dispensación de la misericordia de Dios? Tenéis necesidad de consideraros a vosotros mismos y despertar por completo del sueño. No podéis llevar la carga del furor y la ira del Dios infinito. Y vosotros, hombres y mujeres jóvenes, negaréis esta preciosa época que ahora disfrutáis, cuando tantos otros de vuestra edad están renunciando a todas las vanidades juveniles, yendo a Cristo? Tenéis ahora una oportunidad extraordinaria; pero si la rechazáis, os pasará como a esas personas que gastaron todos los días preciosos de su juventud en el pecado y ahora han pasado a un estado de ceguera y endurecimiento. Y vosotros, hijos, que estáis sin convertir, ¿no sabéis que vais al infierno, a sobrellevar la terrible ira de ese Dios, que ahora está enojado contigo día y noche? ¿Estaréis contentos de ser hijos del diablo, cuando tantos otros niños en la tierra están convertidos y han venido a ser los hijos santos y alegres del Rey de reyes? Que cada uno que esté sin Cristo y colgando sobre el abismo del infierno, ya sea anciano o anciana, de mediana edad, joven o niño, oiga ahora los fuertes llamados de la palabra y la providencia de Dios. Este año aceptable del Señor, un día de tanto favor para algunos, será sin lugar a dudas un día de notable venganza para otros. Los corazones de los hombres se endurecerían y vuestra culpa se incrementaría aprisa en un día como éste, si negaseis salud a vuestras almas. Nunca hubo tanto peligro para estas personas de ser entregadas a la dureza de corazón y ceguera de mente. Dios ahora parece estar reuniendo apresuradamente a sus escogidos de todas partes de la tierra; y probablemente la mayor parte de los adultos que se salvarán, serán traídos dentro de poco tiempo y será como el gran repartimiento del Espíritu sobre los judíos en los días de los apóstoles. Los elegidos obtendrán la salvación y el resto será cegado. Si éste fuera tu caso, maldecirás este día eternamente y maldecirás el día en que naciste al ver el tiempo de repartimiento del Espíritu y desearás haber muerto e ido al infierno antes de haberlo contemplado. Ahora, indudablemente, como lo fue en los días de Juan el Bautista, el hacha está colocada de una manera extraordinaria a la raíz de los árboles, para que todo árbol que no dé buen fruto, sea cortado y arrojado al fuego. Por tanto, que todo aquel que esté sin Cristo, despierte ahora y huya de la ira venidera. La ira del Dios Todopoderoso se cierne ahora sobre una gran parte de esta congregación. Que cada uno huya de Sodoma: «Dense prisa y escapen por sus vidas; no miren tras sí, escapen al monte, no sea que perezcan.»

Relato de un testigo ocular del sermón «Pecadores en manos de un Dios airado»

«Fuimos a Enfield - donde encontramos al estimado Sr. Edwards de Northampton quien predicó un sermón de despertar desde esas palabras - Deuteronomio 32:35 y antes de que (el) sermón acabase - hubo grandes gemidos y llantos por toda (la) Casa - ¿Qué haré

para ser salvo? - Oh, me voy al infierno - Oh, qué haré por Cristo...
Entonces el ministro se vio obligado a desistir - los alaridos y lloros eran penetrantes y asombrosos - tras un tiempo de espera por
la congregación todavía hubo entonces una oración realizada por el
Sr. W. y tras esto descendimos del púlpito y conversamos con la gente
- algunos estábamos en un lugar y otros en otro - y fue visto el poder
de Dios de manera asombrosa e increíble - y muchas almas fueron
esperanzadoramente agitadas esa noche y oh, la felicidad y placer de
sus semblantes que recibieron consuelo - de ese Dios que los fortalecía y confirmaba - cantamos un himno y oramos y despedimos la
asamblea.» (Relato de un testigo ocular recogido por Winslow: 192).